Competências
Coletivas

C736 Competências coletivas : no limiar da estratégia / Didier Retour
...[et al.] ; tradução: Sandra Loguércio. – Porto Alegre :
Bookman, 2011.
xvi, 190 p. : il. ; 25 cm.

ISBN 978-85-7780-922-6

1. Administração. 2. Gestão de pessoal. I. Retour, Didier.

CDU 658.3

Catalogação na publicação: Ana Paula M. Magnus – CRB 10/2052

Didier **Retour**
Thierry **Picq**
Christian **Defélix**
Roberto **Ruas**
e colaboradores

Competências
Coletivas
no limiar da estratégia

Tradução:
Sandra Loguércio

2011

Obra originalmente publicada sob o título
Gestion de compétences: nouvelles relations, nouvelles dimensions
ISBN 9782711768783

© Vuibert – Setembro de 2009 – 5, all de La 2e DB, 75015, Paris
Site Internet: HTTP://www.vuibert.fr

Capa
Paola Manica

Leitura final
Susana de Azeredo Gonçalves

Editora sênior
Arysinha Jacques Affonso

Projeto e editoração
Armazém Digital® Editoração Eletrônica – Roberto Carlos Moreira Vieira

Reservados todos os direitos de publicação, em língua portuguesa, à
ARTMED® EDITORA S.A. (Bookman® Companhia Editora
é uma divisão da Artmed® Editora S.A.)

Av. Jerônimo de Ornelas, 670 – Santana
90040-340 Porto Alegre RS
Fone: (51) 3027-7000 Fax: (51) 3027-7070

É proibida a duplicação ou reprodução deste volume, no todo ou em parte, sob quaisquer
formas ou por quaisquer meios (eletrônico, mecânico, gravação, fotocópia, distribuição na Web
e outros), sem permissão expressa da Editora.

SÃO PAULO
Av. Embaixador Macedo de Soares, 10.735 – Pavilhão 5
Cond. Espace Center – Vila Anastácio
05095-035 – São Paulo – SP
Fone: (11) 3665-1100 Fax: (11) 3667-1333

SAC 0800 703-3444

IMPRESSO NO BRASIL
PRINTED IN BRAZIL

ORGANIZADORES

Didier Retour
IAE – CERAG – Université Grenoble 2 – França

Thierry Picq
Ecole de Management de Lyon – França
picq@em-lyon.com

Christian Defélix
IAE-CERAG, Université Grenoble 2 – França
christian.defelix@iae-grenoble.fr

Roberto Ruas
Escola de Administração – UFRGS – Brasil
rlruas@ea.ufrgs.br

AUTORES

Amaury Grimand
IAE Université de Poitiers – França
agrimand@iae.univ-poitiers.fr

Benoît Grasser
Université de Nancy 2 – França
benoit.GRASSER@univ-nancy2.fr

Brigitte Charles Pauvers
IAE Université de Nantes – França
Brigitte.Charles-Pauvers@univ-nantes.fr

Cathy Krohmer
IAE Université de Nantes – França
Cathy.Krohmer@univ-nantes.fr

AUTORES

Christian Defélix
IAE-CERAG, Université Grenoble 2 – França
christian.defelix@iae-grenoble.fr

Ewan Oiry
Université Aix-Marseille 2 – França
ewan.oiry@wanadoo.fr

Ingrid Mazzilli
Université Grenoble 2 – França
ingrid.mazzilli@upmf-grenoble.fr

Katia Angué
Laboratoire CEMOI, Université de La Réunion – França
katia.angue@univ-reunion.fr

Nathalie Schieb-Bienfait
IAE Université de Nantes – França
nathalie.schieb-bienfait@univ-nantes.fr

Sabrina Loufrani-Fedida
IAE Université de Nice – França
loufrani@gredeg.cnrs.fr

Thierry Colin
Université de Nancy 2 – França
thierry.colin@univ-nancy2.fr

Valéry Michaux
Reims Management School – França
michaux@reims–ms.fr

DEDICATÓRIA

Este livro é dedicado ao professor Didier Retour cuja motivação, entusiasmo e generosidade estarão sempre presentes nas relações acadêmicas entre França e Brasil, assim como entre seus colegas e amigos franceses e brasileiros.

APRESENTAÇÃO À EDIÇÃO BRASILEIRA

Este livro é praticamente a versão brasileira de uma coletânea de artigos publicada na França, denominada *Gestion des Compétences – nouvelles relations, nouvelles dimensions*. Dos oito capítulos da obra francesa, seis fazem parte desta edição brasileira. Os outros dois são agregados em função da sua importância na construção dos conceitos empregados no livro. Além da qualidade intrínseca da obra original, outras razões nos mobilizaram para produzi-la no Brasil.

A primeira delas relaciona-se com a oportunidade de oferecer aos acadêmicos e profissionais brasileiros uma visão abrangente e renovadora acerca da aplicação da noção de competência. Para entender a importância dessa visão no contexto do debate brasileiro é preciso recuperar brevemente o processo de apropriação da noção de competência em grande parte das organizações no Brasil. Esse processo, cuja difusão mais intensa ocorreu a partir dos anos 2000, tem se caracterizado como uma das principais inovações em gestão no Brasil. Entretanto, a aplicação da noção de competências em organizações foi, quase sempre, impulsionada e centrada na política e gestão de recursos humanos e especialmente empregada como alternativa à solução de problemas funcionais da área como, por exemplo, na regularização de sistemas de remuneração ou no desenvolvimento de instrumentos de avaliação. Por isso, na quase totalidade dos casos, a noção de competências foi associada à competência dos indivíduos. Pouco se tratou, nesses processos, da perspectiva dos coletivos, isto é, das competências das organizações como um todo, ou das competências associadas à áreas ou funções das empresas – produção, comercial, logística, etc. Entretanto, o desempenho organizacional parece depender, sobretudo, do desempenho das instâncias coletivas da empresa, ou seja, depende do desempenho coletivo de grupos, de áreas e de funções organizacionais. É pela atuação coletiva que se constitui resultados do tipo produtos de melhor qualidade ou inovadores, ou um melhor serviço de relacionamento com clientes, etc.

Assim, apesar de considerarmos indiscutível a importância das competências individuais na construção de referências recentes para a gestão de RH no Brasil, não há dúvida de que a noção de competências apresenta possibilidades mais abrangentes e mais relevantes para as organizações do que as que foram empregadas até aqui nos ambientes organizacional e acadêmico. Limitado às competências individuais, a perspectiva futura desse poderoso sistema de gestão baseado na noção de competência tende a se esgotar num curto prazo. E nesta perspectiva estará se definindo sua obsolescência antes que seja compreendida e aplicada em suas diversas possibilidades e abrangência.

Por tudo isso, a primeira razão para a produção deste livro no Brasil é oferecer aos acadêmicos e profissionais uma perspectiva diferente e mais abrangente da noção de competência. No decorrer da obra aqui apresentada, teremos a oportunidade de acompanhar a caracterização teórica e prática de outros tipos de competências: as coletivas, as organizacionais e as interorganizacionais. Ao conjunto que abriga esses diferentes níveis organizacionais das competências, estaremos denominando abordagem competência.

Nesse sentido, os capítulos deste livro refletem o amadurecimento daqueles que, ao lidarem durante algum tempo com a noção de competência, compreenderam que as organizações põem em ação procedimentos, práticas e processos relacionados não apenas com o nível individual dessa noção, mas também com os níveis coletivos e organizacionais. De fato, os capítulos da obra desdobram a abordagem competência em diferentes níveis e dimensões organizacionais, sob a forma de competências individuais, coletivas, organizacionais e interorganizacionais. E é com base nesse olhar inovador e abrangente que o livro contribui para a revisão da abordagem competências nas organizações.

A segunda razão que nos estimulou à produção dessa obra no Brasil é a carência, quase absoluta, de publicações em língua portuguesa tratando não apenas das competências individuais mas da interação entre diferentes configurações das competências presentes nas organizações. Embora, seja muito grande a disponibilidade de publicações acerca das competências associadas aos indivíduos, o mesmo não ocorre relativamente a outras dimensões de competências como as coletivas e as organizacionais. Acerca dessas últimas, é ainda possível encontrar uma oferta razoável de publicações, mas o predomínio é de textos com ênfase teórica e genérica. Já sobre competências coletivas, o número de publicações em língua portuguesa é muito pequeno.

A terceira razão diz respeito ao tratamento diferenciado que a obra apresenta em relação ao tema competências: aporta contribuições importantes para o entendimento da natureza das competências coletivas e organizacionais; identifica e analisa formas de interação entre elas e ainda com as competências do nível individual; apresenta ilustrações empíricas sobre as competências coletivas e organizacionais e sobre as interações entre os níveis individual, coletivo e organizacional; oferece pistas para a construção de uma abordagem voltada à gestão integrada das competências, abrangendo diferentes níveis da organização, e integrada à estratégia organizacional, ao contrário da maioria dos trabalhos, nos quais predomina uma visão isolada de cada uma das competências. Dentre os diferenciais desta obra, também desperta atenção o caráter pioneiro de algumas contribuições, as quais relacionam diferentes campos do conhecimento com o intuito de dar conta da complexidade das relações entre os diferentes níveis e dimensões das competências. Dentre elas, destacam-se, a associação entre a teoria dos recursos da firma e a teoria do capital social como forma de explicar processos de formação de competências coletiva, a articulação entre as abordagens gestão por competências e aprendizagem organizacional, a fim de explicar a dinâmica das competências coletivas; e, a relação entre práticas de estratégias concorrenciais e de gestão de recursos humanos, com a finalidade de revelar a articulação entre competências individuais e organizacionais. O mais atraente é que essas conexões são sustentadas por reflexões teórico-empíricas, ou seja, os autores ilustram suas proposições através de situações organizacionais reais. É certo também que algumas destas relações entre diferentes campos do conhecimento mereceriam mais espaço e aprofundamento. Entretanto, tal aprofundamento retiraria dessa produção exatamente a ousadia de arriscar novos olhares sobre temas que têm sido até aqui, ao menos na produção científica brasileira, muito pouco investigados.

A quarta razão que mobilizou a produção da edição brasileira dessa obra se justifica pelo estimulante papel que alguns autores dos capítulos do livro atribuem à gestão de RH no processo de construção de competências coletivas e organizacionais. Ao invés de limitar o papel da gestão de RH às competências individuais, esses autores propõem que essa área mobilize e gerencie a difusão de práticas e procedimentos que valorizem as relações, interações e compartilhamentos entre profissionais. Esse tipo de dinâmicas, no entender desses autores, é fundamental na composição de competências coletivas e organizacionais. Ilustram esse processo com práticas que destacam a atuação coletiva, estimulam relações tácitas, envolvem projetos e grupos de trabalho e reforçam contribuições não tangíveis, mas importantes para as competências coletivas. E todas elas muito próximas de atribuições compatíveis com a gestão de RH, num momento em que essa função carece de espaços de participação no campo das decisões estratégicas.

Finalmente, mas não menos importante, é preciso considerar que esta edição brasileira de obra francesa deve muito à inspiração e à mobilização do inesquecível professor Didier Retour.

O livro é composto de oito capítulos, cujos autores, títulos e sínteses são colocados a seguir:

O primeiro capítulo é de autoria de Valéry Michaux: *Articular as competências individual, coletiva, organizacional e estratégica: esclarecendo a teoria dos recursos e do capital social.*

Esse capítulo teórico ambiciona explorar as relações entre os conceitos de competência individual, coletiva, organizacional e estratégica por meio da mobilização de duas contribuições: a teoria dos recursos e a teoria do capital social. Do primeiro campo de estudos, Michaux revisita a noção de rotina organizacional, destacando que ela integra conhecimentos gerados pela aprendizagem no trabalho e é o resultado de soluções eficazes para problemas particulares. O mais importante, porém, é que a rotina organizacional constitui o compartilhamento de um repertório de atividades, cuja origem não provém de ações de indivíduos isolados, mas sim de seu compartilhamento por esses mesmos indivíduos. Do campo do capital social, Michaux destaca as capacidades de cooperação e de interação, as quais possibilitam a um coletivo agir conjuntamente e se autocoordenar, constituindo, assim, uma perspectiva muito particular de pensar as competências coletivas.

APRESENTAÇÃO À EDIÇÃO BRASILEIRA

O segundo capítulo é escrito por Amaury Grimand: *Das competências individuais às competências estratégicas: uma experiência de modelagem das estratégias concorrenciais com base na gestão de recursos humanos.*

O capítulo trata das condições pelas quais a gestão de RH pode contribuir para gerar uma vantagem concorrencial duradoura com base na lógica da teoria dos recursos. É a partir dela que Grimand examina as modalidades de articulação entre competências individuais, coletivas, competências estratégicas e práticas de GRH. Seu percurso é ilustrado por vários quadros que indicam como as empresas colocam em prática, concretamente, este ou aquele conceito derivado dessa abordagem teórica.

O terceiro capítulo é de Didier Retour e Cathy Krohmer: *A competência coletiva: uma relação-chave na gestão de competências.* Esse artigo, um dos pioneiros na construção de referências próprias às competências coletivas, começa pela identificação de quatro de suas características: referenciais comuns, linguagem compartilhada, memória coletiva e o engajamento subjetivo. A seguir, apresenta as origens do desenvolvimento de competências coletivas e os principais resultados esperados na gestão deste tipo de competências. Finalmente, esse quadro de referências é empregado em pesquisa realizada numa empresa, concentrando-se em dois tipos de competências coletivas: uma intrasserviço e outra interserviço.

Thierry Colin e Benoît Grasser são os autores do quarto capítulo: *Das competências individuais à competência coletiva: contribuições da aprendizagem em um serviço de emergência hospitalar.*

Pelo recurso da abordagem aprendizagem organizacional, esse capítulo trata da articulação entre os níveis individual e coletivo da noção de competência, recorrendo a seus conteúdos e processos. Ao aplicar essa abordagem a um serviço hospitalar de emergência, sua trajetória permite enriquecer as contribuições teóricas existentes em matéria de competência coletiva. Os autores destacam, em particular, como a aprendizagem pode gerar competência coletiva. Segundo os autores, dois outros fatores devem igualmente ser considerados no caso estudado: o aspecto permanente e contínuo da produção e transformação da competência coletiva e a perenidade da competência coletiva apesar da alta rotatividade dos atores envolvidos no ambiente da pesquisa.

O quinto capítulo é escrito por Sabrina Loufrani-Fedida e Katia Angué: *Uma abordagem transversal e global das competências nas organizações por projetos.*

O artigo é centrado na abordagem competência no interior do ambiente grupo-projeto. Nessa perspectiva, Loufrani-Fedida e Angué revisam a literatura sobre gestão de competências e gestão de projeto a fim de encontrar os nexos dessa articulação. Em sua abordagem competência, as autoras propõem que a perspectiva transversal substitua a perspectiva analítica, a qual consiste em tratar de maneira conjunta os níveis individuais, coletivos e organizacionais da competência. Quatro estudos de caso de organizações por projeto servem de base empírica para a análise e as considerações finais deste capítulo.

O sexto capítulo é de autoria de Brigitte Charles Pauvers e Nathalie Schieb-Bienfait: *Competências individuais e coletivas no centro da estratégia: um estudo de caso longitudinal em uma empresa cooperativa de construção* civil.

Partindo também da teoria dos recursos, as autoras entendem que a competência organizacional é o elemento integrador entre as abordagens estratégia e "recursos humanos" da competência. Neste percurso, pretendem responder especialmente duas questões associadas à gestão por competências: como transitar do nível individual ao coletivo e como articular competências individuais e coletivas a fim de desenvolver competências organizacionais estratégicas? Propõem então critérios de análise a fim de compreender os processos sinergéticos e as combinatórias das relações entre competências individual, coletiva e organizacional. Esses critérios são aplicados a uma sociedade cooperativa de produção (SCOP) do setor da construção de imóveis. Finalmente, identificam ali vários exemplos práticos de combinações entre competências individuais, coletivas e organizacionais estratégicas.

O sétimo capítulo é escrito por Ewan Oiry: *A dinâmica das instrumentações de gestão pelas competências: uma proposta de critérios para análise.*

Após a metade dos anos 1980, a pesquisa no campo da administração tem mostrado que o esgotamento dos instrumentos de gestão é um fenômeno recorrente e digno de uma atenção particular, pois coloca em questão a eficácia desses instrumentos e também de seus criadores. Neste artigo, o autor posiciona esse debate em torno da difusão da abordagem competência, sem esquecer da necessidade de desenvolver conceitos gerais a fim de compreender o fenômeno. Através da construção de um ciclo dinâmico dos instrumentos de gestão, o autor se propõe a explicar esse esgotamento, mas também apresenta pistas para reduzir esse processo.

O último capítulo é de Christian Defélix e Ingrid Mazzilli: *Do indivíduo ao território: o longo percurso da gestão das competências.*

A originalidade desse capítulo está em debater uma abordagem da noção de competências ainda pouco tratada no debate sobre o tema. Para os autores, a competência dita territorial é um caso particular da competência interorganizacional. Analisando e avaliando dois polos de competitividade franceses, apresentam as relações entre os esforços de desenvolvimento de competências individuais e de competências territoriais, bem como seus limites no atual momento.

$$* \quad * \quad *$$

Agradecimentos à CAPES, à Maison Du Brésil-CIUP e ao prof. Henrique Freitas – GIANTI/EA/UFRGS

Roberto Ruas

SUMÁRIO

1. Articular as competências individual, coletiva, organizacional e estratégica:
esclarecendo a teoria dos recursos e do capital social 1
Valéry Michaux

2. Das competências individuais às competências estratégicas:
uma experiência de modelagem das estratégias concorrenciais
com base na gestão de recursos humanos 23
Amaury Grimand

3. A competência coletiva: uma relação-chave na gestão das competências 45
Didier Retour e Cathy Krohmer

4. Das competências individuais à competência coletiva:
contribuições da aprendizagem em um serviço de
emergência hospitalar 79
Thierry Colin e Benoît Grasser

5. Uma abordagem transversal e global das
competências nas organizações por projetos 99
Sabrina Loufrani-Fedida e Katia Angué

6. Competências individuais e coletivas no centro da estratégia:
um estudo de caso longitudinal em uma empresa
cooperativa de construção civil 127
Brigitte Charles Pauvers e Nathalie Schieb-Bienfait

7. A dinâmica das instrumentações de gestão pelas competências:
uma proposta de critérios para análise 153
Ewan Oiry

8. Do indivíduo ao território: o longo percurso da gestão de competências 173
Christian Defélix e Ingrid Mazzilli

Índice 187

1

ARTICULAR AS COMPETÊNCIAS INDIVIDUAL, COLETIVA, ORGANIZACIONAL E ESTRATÉGICA: ESCLARECENDO A TEORIA DOS RECURSOS E DO CAPITAL SOCIAL

Valéry Michaux

1.1. PROBLEMÁTICA E OBJETIVO

A discussão que propomos neste artigo pretende aprofundar os elos entre competências individuais, competências coletivas e competências estratégicas. Trataremos aqui especialmente dos possíveis quadros teóricos que permitem explorar as articulações entre conceitos de competências que são desenvolvidos em diferentes campos da ciência da administração.

O conceito de *competência individual* foi explorado progressivamente, em particular nos campos da gestão de recursos humanos e da sociologia do trabalho, a partir dos anos de 1980, com o surgimento do que foi batizado de a "abordagem competência". Um *corpus* teórico e empírico considerável permite situar atualmente esse conceito em nível internacional. Já no âmbito das empresas, o que é sobretudo enfatizado é o uso operacional do conceito (reflexão sobre a avaliação pelas competências, referenciais de competências, gestão previsional dos empregos e das competências, etc.). De modo geral, a operacionalização da competência individual não se vincula ao campo da competência coletiva.

Ao mesmo tempo, o conceito de *competência coletiva* foi associado inicialmente aos fenômenos sociocognitivos analisados principalmente em psicologia, em psicosociologia ou, ainda, em ergonomia, no contexto das coletividades de trabalho, em especial dos grupos e das equipes. Na ciência da administração, o conceito de competência coletiva foi desenvolvido na década de 1990, mas sua difusão maior ocorreu a partir dos anos 2000, gerando a coexistência de várias concepções sobre o tema. Além da competência coletiva na forma de "efeito equipe", concepção dominante ainda hoje, a competência coletiva está ligada também a fenômenos de aprendizagem coletiva na ação, fenômenos esses resultantes da adaptação da coletividade a mudanças diver-

2 COMPETÊNCIAS COLETIVAS

sas, do confronto de práticas profissionais no contexto de grupos de reflexão ou, ainda, da mobilização de competências coletivas transversais para enfrentar os imprevistos quotidianos. Pesquisas (Michaux, 2003, 2005a, 2005b, 2007, 2008) mostram que é mais pertinente considerar formas diferenciadas de competências coletivas em função da natureza do grupo e da situação de trabalho. Um exemplo disso é a especificidade das competências coletivas que emergem no contexto das comunidades de práticas ou das redes (Michaux, 2003, 2005a, 2005b, 2007, 2008). Ainda hoje são desenvolvidos trabalhos de pesquisa empíricos e teóricos que permitem apreender melhor os fenômenos coletivos sociais e cognitivos em questão, sua relação com o desempenho, a forma como podem ser desenvolvidos... Pode-se dizer, então, que esse conceito ainda está em processo de apropriação na academia.

Por fim, a *competência estratégica* faz parte dos conceitos desenvolvidos no quadro da teoria da Visão Baseada em Recursos (VBR). Na segunda metade dos anos de 1980, essa abordagem renovou o quadro teórico da análise estratégica, a qual, até então, era centrada quase exclusivamente na análise do ambiente. Nessa perspectiva, a vantagem concorrencial não residiria apenas na exploração de uma posição dominante em um mercado, mas também em uma maior valorização de seus recursos internos tanto tangíveis quanto intangíveis. É por isso que, progressivamente, a noção de "competência organizacional" ou "estratégica", apareceu na literatura internacional voltada ao tema estratégia como um saber-fazer distintivo que permite a uma empresa se diferenciar e, portanto, como uma fonte de vantagem concorrencial. Na França, se emprega também a abordagem "recursos e competências" para tratar da evolução da corrente VBR. (Tywoniak, 1998). Por vezes, se critica o fato de os conceitos de competências organizacionais e competências estratégicas serem abstrações teóricas e, por isso, difíceis de serem apreendidos de uma forma mais empírica. Por isso, a noção de "rotinas organizacionais" é ainda hoje a noção empírica mais empregada a fim de dar conta da aparência física da competência organizacional e/ou competência estratégica. De modo geral, tanto os elos entre competências individuais e competências estratégicas são pouco investigados nos estudos sobre estratégia, quanto a noção de competência coletiva é pouco explorada nesse contexto.

De qualquer modo, o que se observa, é que os conceitos de competência individual, competência coletiva e competência estratégica se associam a correntes teóricas e empíricas muito diferentes. Para explorar os vínculos entre esses conceitos (Figura 1.1), é necessário explorar as articulações entre cada uma dessas correntes.

É possível abordar essas diferentes articulações, apoiando-se na teoria dos sistemas (Von Bertalanffy, 1951; Mélèse, 1990; Morin, 1990, entre outros) e com base no princípio de que um sistema se constrói a partir da interação de suas partes. É a perspectiva que foi desenvolvida de forma explícita, por exemplo, por Tywoniack (1998) ou Dejoux (2000) os quais postulam que, da interação entre as competências individuais emerge uma competência coletiva e, por sua vez, da interação entre competências coletivas emergem as competências organizacionais (Figura 1.2).

Neste artigo, porém, escolhemos outro caminho. Optamos por abordar as articulações entre os conceitos de competências individuais, coletivas, organi-

Figura 1.1
Problemática explorada neste artigo.

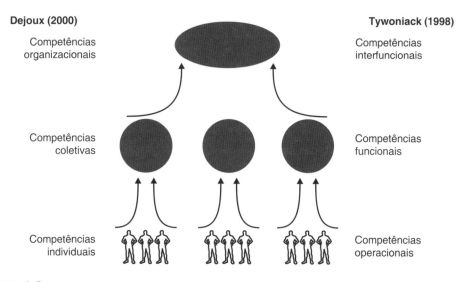

Figura 1.2
Exemplos de abordagens que fazem o vínculo entre o nível individual e o nível organizacional das competências com base na teoria dos sistemas.

zacionais e estratégicas de uma forma diferente, introduzindo um conjunto de referências baseado na teoria do capital social. De fato, sustentada em observações empíricas realizadas em contextos extremamente variados, essa teoria considera o capital humano (conjunto das competências dos indivíduos) e o capital social (normas de reciprocidade, referencial cognitivo que permite interações relevantes) como duas dimensões independentes. Além disso, o capital social propicia às coletividades e às organizações "capacidades para se coordenarem e cooperarem internamente", capacidades que aproximam esses fenômenos do entendimento de competência coletiva, e também da noção de "rotinas organizacionais tácitas", defendida pelos autores da teoria dos recursos como um dos fundamentos da competência estratégica das organizações.

Em um primeiro momento, a análise do contexto no qual aparecem os conceitos de competência estratégica e competência organizacional, no final dos anos de 1990, permite identificar diferenças entre os dois conceitos e de precisar as realidades empíricas sobre as quais se baseiam.

Nesta primeira etapa, é possível isolar um fator de desempenho, humano, coletivo e específico que permita aos atores interagirem e se coordenarem de forma pertinente quaisquer que sejam as circunstâncias: esses processos ocorrem no âmbito das rotinas organizacionais. A teoria dos recursos insiste particularmente no caráter não reprodutível (singular) e interativo dessas rotinas. Em um segundo momento, mostraremos que este fator de desempenho humano e coletivo específico pode ser associado à noção de capital social, noção cujas referências internacionais parecem estar próximas da concepção de competência coletiva. Esta proximidade da noção de competência coletiva com a de capital social permite diferenciá-la da noção de competência individual (próxima da noção de capital humano), revelando uma possibilidade de articulação empírica e teórica entre esses dois conceitos e, ao mesmo tempo, trazendo ao debate as relações entre competências individuais, competências coletivas, competências organizacionais e competências estratégicas.

1.2. A TEORIA VBR E AS ARTICULAÇÕES ENTRE COMPETÊNCIAS INDIVIDUAIS, COLETIVAS, ORGANIZACIONAIS E ESTRATÉGICAS

Na área da administração, a noção de competência organizacional aparece, inicialmente, na literatura estratégica, sobretudo no quadro da abordagem ou teoria dos recursos (*Resource Based View*). Nesta seção, vamos recuperar conceitos desta teoria que podem auxiliar na construção de referências acerca da articulação entre os três tipos de competências acima citados.

1.2.1. A emergência das noções de competência organizacional e de competência estratégica

Na literatura estratégica, o que aparece primeiro é a noção de *capability*.[*] A introdução do termo *distinctive capabilities*, como elemento constitutivo das características de uma organização, remeteria a Selznick (1957) e a Penrose (1959). Alguns autores retomam esse termo na segunda metade dos anos 1980 e falam de *organizational capabilities* como ativos imateriais e tácitos da empresa (por exemplo, Collis, 1991). Isso diria respeito a um saber coletivo,

---

[*] N. de T.: Os termos mencionados em inglês foram mantidos na tradução para o português, assim como os termos usados em francês, quando pertinentes para o significado do conceito. A expressão *capability*, por exemplo, poderia ser traduzida por capacidade. Entretanto, nesse caso, não corresponderia ao significado que lhe é atribuído quando empregada no idioma inglês, no contexto da teoria denominada Dynamic Capabilities.

tácito, que pode constituir uma fonte de lucro ou uma renda econômica. Galbraith (1977, 1994) utiliza também o termo *organizational capability* para designar a capacidade de uma organização executar uma tarefa com sucesso. Ele designa, assim, o momento em que a organização sabe quais são os indivíduos mais competentes para executar uma tarefa, as informações das quais precisa, a maneira de avaliar o desempenho e a forma de estruturar seu esforço. São autores tais como Teece et al. (1997) que agregam a noção de "tempo" e de "adaptação" ao conceito de *dynamic capabilities*. Para a empresa, é o caso não apenas de obter uma vantagem concorrencial no mercado, mas também de ser capaz de conservá-la no decorrer do tempo. Não se trata somente de uma capacidade de fazer um produto ou serviço, mas da capacidade de desenvolver novos *know-hows* e de permanecer competitivo. Esse momento (a década de 1990) nos parece chave na evolução do conceito. De fato, é o momento em que os pesquisadores começam a introduzir a noção de "competências organizacionais". O meio ambiente é avaliado como cada vez mais "turbulento", os produtos se tornam mais rapidamente superados, os consumidores menos fiéis. Trata-se, portanto, de desenvolver a capacidade de se adaptar às evoluções do mercado para conservar uma vantagem concorrencial a longo prazo.

Entretanto, há uma diversidade de entendimentos sobre esse tema. Alguns autores defendem a idéia de que as competências podem se tornar obsoletas e perder seu caráter estratégico (por exemplo, Leonard-Barton, 1992; Lawler e Ledford, 1997; Mascarenhas et al., 1998, etc.). Outros entendem que a noção de competência contém a noção de adaptação (Collis, 1996; noção de *dynamic capabilities* defendida por Teece et al., 1990/1997 ou, mais recentemente, os trabalhos de Feldman e Pentland, 2003). Os autores que mais simbolizaram essa mudança de perspectiva são Prahalad e Hamel (1990) que introduziram o conceito de "competências essenciais" (*core competencies*) em um artigo pioneiro, um dos mais reeditados da história da Havard Business Review. Para Prahalad e Hamel (1990) não é pertinente definir uma empresa pelos produtos que ela fabrica e vende (noção de portfólio de produtos), já que estes são destinados a perder espaço a médio ou longo prazo. Segundo eles, é imprescindível que a empresa analise as competências que são subjacentes e comuns ao conjunto de seus produtos, a fim de construir sua estratégia. Sem essa ação, a empresa corre o risco de vender ou de interromper certas atividades porque passaram a não ser rentáveis e podem, assim, perder um *know-how* que pode garantir futuros desenvolvimentos. De fato, *core competencies* contêm os fermentos das futuras gerações de produtos competitivos e são definidas por Prahalad e Hamel (1990) como o resultado de aprendizagens coletivas. Esses autores privilegiam particularmente aquelas que permitem à empresa coordenar *know-how* e integrar diversas tecnologias. Segundo eles, é essa capacidade específica de coordenação e de integração que é dificilmente imitável. Realmente, é mais simples para um concorrente se apropriar de uma tecnologia ou de um saber-fazer distintivo, mas muito mais difícil duplicar processos de coordenação (*pattern*), de aprendizagem coletiva e de integração.

Alguns autores franceses traduziram o termo *core competencies* por competências estratégicas (Trachard, 1994) ou, também, por competências-chave (Leroy, 1998). No debate francês, há também uma distinção importante entre *competência organizacional* (de acordo com a definição de Galbraith, 1994:

capacidade da organização em executar uma tarefa com sucesso) e competência estratégica (entre as competências organizacionais, aquelas que permitem à empresa obter uma vantagem concorrencial no mercado). Como se observa, o que distingue esses dois conceitos é a perspectiva da concorrência.

1.2.2. Aprofundamento da noção de competência organizacional: quais são os fundamentos empíricos de um conceito normalmente qualificado como abstrato?

O objetivo não é fazer uma revisão exaustiva da literatura sobre a noção de competência organizacional, mas identificar, através de concepções recuperadas da teoria VBR, um certo número de fatores convergentes e de fundamentos comuns capazes de traduzir uma realidade empírica para esta noção. Neste sentido, estaríamos contribuindo para estabelecer uma perspectiva menos abstrata da noção de competência organizacional.

1.2.2.1. A noção de rotina organizacional

É na corrente evolucionista (Nelson e Winter, 1992) que a relação entre a noção de rotina organizacional e competência organizacional passa a assumir um papel destacado.[1] Isso porque essa corrente reforça os resultados de estudos empíricos realizados nos anos 80, os quais revelam que empresas de sucesso atuando num mesmo setor são diferentes umas das outras, sendo essas diferenças marcadas pelas suas trajetórias específicas. Posteriormente, esse fenômeno foi batizado de *path dependancy* (dependência de trajetória). Para explicar esses processos de aprendizagem cumulativa em função de trajetórias diferentes, a corrente evolucionista aprofundou, tanto em economia, como em ciência da administração, a noção de "rotina organizacional". Segundo essa corrente, o conhecimento resultante da aprendizagem é incorporado às "rotinas organizacionais" ou a modelos de ações e de interações que constituem soluções eficazes para problemas particulares (Nelson e Winter, 1992). Essas rotinas organizacionais expressam práticas coletivas que são tornadas rotinas e que resultam em competências organizacionais das quais algumas se revelam estratégicas.

Por essa razão, parte importante dos autores considerados referência na construção da teoria VBR utilizam a noção de "rotina organizacional" a fim de expressar a especificidade da noção de competência organizacional.

1.2.2.2. A relação entre competência organizacional, capacidade de se coordenar e de agir coletivamente e competência individual

O conceito de rotina organizacional permite fazer uma ligação entre a dimensão micro e a dimensão macro das organizações, garantindo uma função de coordenação, mas, ao mesmo tempo, uma função de coesão (Reynaud, 1998).

A noção de rotina organizacional se apóia na noção de rotina como capacidade de encontrar a boa resposta em um repertório de rotinas existentes sem que uma longa reflexão seja necessária (Coriat e Weinstein, 1995). Ela se baseia em saberes e em saberes-fazer obtidos individualmente (um conhecimento preciso do trabalho a ser realizado em um contexto coletivo específico, bem como o conhecimento do que os outros indivíduos devem fazer nesse contexto, uma interpretação ajustada das mensagens enviadas pelos demais indivíduos envolvidos numa interação). São as rotinas organizacionais que permitem aos indivíduos se coordenarem de maneira eficaz e garantem a previsibilidade dos comportamentos individuais, o que é indispensável para a ação coletiva (Thuderoz, 1996). Nelson e Winter (1992) definem as rotinas como modelos, roteiros ou modalidades de interações (Dosi, Teece e Winter, 1992) os quais permitem aos atores entrar em contato uns com os outros, de forma pertinente, no momento adequado, e garantir a coerência entre suas decisões e ações individuais. Essas rotinas são memorizadas pelos coletivos e construídas ao longo da atividade quotidiana por um princípio de seleção permanente (memorização dos modelos eficazes). É por isso que autores mais recentes defendem que as rotinas constituem uma base de saberes ou um repertório compartilhado que não depende, portanto, de ações de indivíduos isolados (Dubuisson, 1998). As rotinas organizacionais independem de competências individuais.

1.2.2.3. O papel da competência organizacional na limitação dos individualismos e no estímulo à cooperação

Quando Nelson e Winter (1982) buscam definir o que entendem por "rotinas organizacionais", abordam, primeiramente, o aspecto "cognitivo", isto é, o que os membros de uma organização sabem para poder agir e para se coordenar e/ou associar suas tarefas individuais a fim de obter um desempenho. Inicialmente, esses autores não consideram a motivação dos atores na escolha de fazer ou não o que lhes é exigido nas rotinas. Num segundo momento, os autores recorrem ao tema motivação mostrando que, apesar das divergências de visão, de conflitos e de estratégias pessoais dos indivíduos, o exercício das rotinas operacionais constitui, de um certo modo, uma "trégua", já que limita o comportamento oportunista dos atores e define uma margem, em limites aceitáveis, de comportamentos coletivos a serem cumpridos no decorrer da ação. Assim, Nelson e Winter mostram que a construção das rotinas leva em conta o aspecto operacional e, ao mesmo tempo, prevê e contorna, de antemão, os problemas de divergências que poderiam interferir na relação dos indivíduos. As rotinas operacionais contêm assim certas "regras de jogo", convenções, no sentido de economia das convenções. Elas são construídas não somente para agir, para interagir, mas também para fazer com que as regras do jogo sejam respeitadas (*rule-enforcement mechanism*) (Nelson e Winter, 1982, p. 110). Enfim, há, portanto, na noção de rotinas organizacionais um fator cognitivo e um fator cooperativo (condições de uma certa trégua que limita os oportunismos individuais) que faz parte da capacidade de realizar bem uma tarefa com certo nível de desempenho.

1.2.2.4. Rotinas organizacionais: fenômenos tácitos difíceis de serem imitados e, portanto, capazes de constituir fatores de sucesso para uma empresa

Todos os autores concordam que as rotinas organizacionais são tácitas e, portanto, dificilmente reprodutíveis, transferíveis ou imitáveis. De fato, essas rotinas são oriundas de um processo coletivo de aprendizagem e de experimentação acumulativas com o passar do tempo, as quais dependem ao mesmo tempo, dos indivíduos que aprenderam durante esse período e, das relações que costuraram ao longo das aprendizagens. Por isso, a apropriação (ou mesmo, a imitação) de uma competência organizacional específica exigiria a reprodução desse processo de aprendizagem.

1.3. O QUE RECUPERAR DA TEORIA DO CAPITAL SOCIAL PARA MELHOR APREENDER A RELAÇÃO ENTRE COMPETÊNCIA INDIVIDUAL, COLETIVA, ORGANIZACIONAL E ESTRATÉGICA

1.3.1. Emergência das noções de capital humano e de capital social e por que essas noções são destacadas neste trabalho

A noção de capital humano foi introduzida por Théodore Schultz (1961) e Gary Becker (1964) nos anos de 1960 para dar conta do papel essencial das competências humanas e dos conhecimentos no sucesso econômico e mostrar, assim, o interesse de investir nessa nova forma de capital via educação e via formação. A partir desse período, o conceito de capital humano foi objeto de uma atenção crescente e gerou numerosas pesquisas. Na década de 1980, a incerteza, a complexidade e a crescente necessidade de adaptação a mudanças vão estimular a difusão do conceito de capital social. O conceito de capital humano se concentrava nos indivíduos e expressava a necessidade de investir nas competências dos indivíduos. O capital social trata das relações entre indivíduos e expressa também a importância de investir nessas relações.

Os promotores do conceito de capital social no contexto acadêmico (Coleman, 1988; Putnam, 1995 e 2000, entre outros) e também no organizacional (o Banco Mundial ou a Organização para Cooperação e Desenvolvimento Econômico, OCDE, para citar apenas essas duas instituições) apoiam-se na ideia de que as redes sociais, o compartilhamento de certas normas e valores e o sentimento de confiança facilitam a coordenação e a colaboração entre indivíduos e grupos. O conceito de capital social seria útil para compreender o papel que essas relações e essas redes sociais têm no desenvolvimento econômico e social. A novidade residiria no fato de considerar a sociabilidade, o compartilhamento de normas e valores e a confiança como um estoque de capital em escala macrossocial (uma região, ou mesmo um país), e de considerar que esses fenômenos sociais são capazes de gerar impactos múltiplos (o bem-estar, o crescimento econômico, a saúde, a eficácia governamental e a segurança, etc.). Em outras palavras, o que é novo é o fato de se levar em conta que as relações sociais constituem uma forma de capital potencialmente gerador de resultados. Schuller (2001, p. 22) propõe de colocar em paralelo o capital social e o capital humano os quais coexistiriam de maneira independente.

No plano teórico, inúmeros pesquisadores provenientes de áreas de pesquisa muito diferentes (sociologia, economia, ciência política principalmente, etc.) buscaram construir um quadro de referência em torno desse conceito. O conceito de capital social mais reconhecido é o de James Coleman, sociólogo da educação. Ele se inscreve na corrente da "nova sociologia econômica", mais difundida durante os nos anos de 1970. Seu percurso se inscreve explicitamente no quadro do individualismo metodológico e na reconciliação entre o indivíduo racional para os economistas (cujas ações refletem as escolhas conforme seu interesse) e a concepção de ator para os sociólogos (cujas ações são guiadas por normas, regras e obrigações). Em um artigo fundador (Coleman, 1988), retomado integralmente em uma obra mais detalhada (Coleman, 1990), esse autor desenvolve uma dupla argumentação. Por um lado, ele mostra que todo ator controla um certo número de recursos. Esse número de recursos pode aumentar se desenvolver transações com outros atores que lhe permitam ter acesso a recursos dos quais não dispõe e que apresentam para ele um interesse. A estrutura social e a rede social se tornam então recursos e fontes de resultados individuais. Por outro lado, Coleman (1990) mostra que certas características da organização social (valores e normas compartilhadas) constituem capital social, isto é, um recurso que permite atingir total ou mais facilmente certos objetivos coletivos: economia dos custos de transações, capacidade de organização, qualidade de vida, lucro, etc. Coleman faz um paralelo entre capital social e capital humano e físico:

> *"Assim como o capital físico é criado através de mudanças materiais que dão forma aos instrumentos que facilitam a produção, o capital humano é criado através da mudança nas pessoas a fim de dar a elas habilidades e capacidades para fazê-las aptas a atuar de outras maneiras. O capital social, por sua vez, é criado quando as relações entre pessoas mudam de modo a facilitar ações. (...) Capital físico e capital humano facilitam a atividade produtiva e capital social a torna melhor."* (Coleman, 1990, p. 304).

Esse paralelo trata da maneira como se desenvolvem as diferentes formas do capital (a transformação) e do objetivo que esse processo pretende (facilitar a atividade produtiva). Fundando-se nos trabalhos de Coleman, o cientista político Robert Putman da Universidade de Harvard faz da noção de capital social um conceito mundialmente conhecido (1995, 2000). No entanto, distancia-se da abordagem fundadora ao fazer do capital social um recurso de coordenação e de cooperação por um benefício mútuo. Como ponto de partida, existe uma questão (por que algumas democracias são mais eficazes

10 COMPETÊNCIAS COLETIVAS

do que outras?) e uma hipótese (o desempenho das instituições políticas se deve ao envolvimento cívico dos cidadãos). Putnam compara várias regiões italianas e mostra que envolvimento cívico, desempenho institucional e sucesso econômico são correlatos. Para o autor, trata-se de um círculo vicioso. Os vínculos sociais horizontais entre atores (ao contrário das relações verticais de poder ou de clientelismo) contribuem para o desenvolvimento de normas de reciprocidade generalizada, ou seja, estimulam a adoção de um comportamento cooperativo imediato, pois se adquire confiança no comportamento cooperativo dos outros atores. Nas sociedades em que são desenvolvidas as normas de reciprocidade generalizada, as tentações de comportamentos oportunistas são menores. A confiança que se instaura, portanto, favorece a troca, a reciprocidade e o engajamento coletivo. Desse modo, o capital social, definido como uma noção relativa às características da organização social, tais como as redes, as normas e a confiança que facilitam a coordenação e a cooperação, permite reconciliar interesse individual e interesse geral.

1.3.2. Coexistência de duas abordagens distintas: o capital social como recurso de um indivíduo e as formas coletivas de capital social

De maneira geral, são as redes sociais, as normas e a confiança as formas mais citadas do capital social atualmente (Judge, 2003). No entanto, como pudemos constatar, as abordagens dos fundadores enfatizam a ambiguidade entre:

- uma abordagem mais centrada no capital social como bem público ou valor pertencente à comunidade e visando a objetivos coletivos; e
- uma abordagem mais focada no capital social como recurso que permite aos atores atingirem mais facilmente seus objetivos individuais.

Essa ambiguidade é ainda mais forte hoje, como mostram, por exemplo, os relatórios da OCDE (OCDE, 2001, p.13). Esses documentos revelam que o capital social pode ser objeto de uma abordagem mais sociológica ou de uma mais econômica. A abordagem sociológica enfatiza as características da organização humana, especialmente a confiança e as normas de reciprocidade, bem como as regras e as sanções que regem os comportamentos dentro dos grupos. Dessa forma, o capital social permite, aos indivíduos, aos grupos e às coletividades resolver juntos, mais facilmente, problemas comuns. A abordagem econômica enfatiza a hipótese de que os atores maximizam sua utilidade pessoal, decidindo interagir com outros, e recorrem aos recursos do capital social para realizar diferentes tipos de atividades. Por exemplo, os trabalhos de Bourdieu (1980, 1986) fazem parte dessa segunda abordagem. Realmente, ele se interessou pela maneira como as elites utilizam suas redes sociais para manter, reforçar e reproduzir seu estatuto privilegiado ou melhorar sua posição na hierarquia social.

1.3.3. O conceito de capital social em ciências da administração: diferentes realidades empíricas por trás de um conceito abrangente e pioneiro

O conceito de capital social tem sido utilizado de forma crescente na área das ciências da gestão e da administração para diferentes problemáticas. Algumas dizem respeito à esfera dos recursos humanos: impacto do capital social no sucesso das carreiras profissionais, na busca de emprego, na qualidade da contratação, na redução do *turnover*, etc. Outras se referem à área organizacional ou estratégica: impacto do capital social na capacidade de trocar e de inovar entre várias unidades organizacionais, na eficácia das equipes-projetos, no fortalecimento das parcerias entre as empresas e seus fornecedores, nos efeitos de aprendizagem nas alianças entre organizações, nos riscos de fracasso ou, ainda, na cultura empresarial.[3]

No campo das ciências da administração, é possível identificar as duas abordagens do capital social desenvolvidas em economia. A abordagem pela estrutura das redes é a mais difundida atualmente. Essa abordagem, que se apoia na sociologia das redes, salienta o recurso produtivo que as redes sociais representam para os indivíduos ou para as organizações na expectativa dos objetivos específicos. Essa perspectiva (às vezes chamada de "externa") permite explicar em que o capital social confere vantagem (acesso a informações, acesso a recursos, etc.) a certos indivíduos ou a certas organizações em seu ambiente concorrencial (carreira ou mercado). Vê-se também, nessa abordagem trabalhos orientados para a análise dos efeitos produtivos provocados pela estrutura das relações no seio de uma rede, os efeitos benéficos ou negativos de uma posição em uma rede, o impacto complementar das relações fortes ou fracas (Lazega e Lebeaux, 1995) ou, ainda, o impacto dos " furos estruturais" definidos como situações em que os atores só podem se comunicar através de um intermediário (Burt, 1992, 2000).

A abordagem pelos fenômenos sociais subjacentes às redes (normas compartilhadas, nível de confiança, etc.) é a menos explorada na área das ciências da administração atualmente. Essa abordagem mostra como o capital social facilita a ação coletiva, confere uma capacidade em cooperar e em se coordenar e contribui para o desempenho coletivo. Essa perspectiva (às vezes chamada "interna") está mais focada nas características internas da rede social, as quais contribuem para o desempenho coletivo: ver os trabalhos de Fukuyama (1995), que privilegiam a confiança; os de Staber (2003), que aproximam a noção de capital social da de cultura organizacional; ou os de Lesser e Storck (2001), que aproximam o capital social das comunidades de práticas.

Em uma tentativa de síntese do conjunto dessas correntes, Adler e Know (2002) buscam construir um quadro de referência único, permitindo enriquecer a teoria das organizações. Esse percurso leva os autores a analisarem as vantagens e desvantagens de um único conceito para designar tantos fenômenos sociais diferentes. Eles concluem, após uma longa argumentação, que o conceito de capital social é um conceito do tipo "guarda-chuva". Essa contribuição aos resultados econômicos legitima, segundo eles, a iniciativa de agregar em um único conceito, no caso o de capital social, certos fenômenos bem conhecidos e já estudados como, por exemplo, a organização informal, a confiança, a cultura, os recursos sociais, as trocas, os contratos, as redes intraorganizacionais e interorganizacionais, etc. As vantagens dessa agregação são múltiplas mesmo que, ao buscar dar conta de diferentes fenômenos por um mesmo conceito, se perca a capacidade explicativa de cada fenômeno.

A primeira vantagem do conceito de capital social é criar uma ponte entre disciplinas diferentes que tratam dos mesmos fenômenos e dos mesmos tipos de efeitos. Paldam (2000, p. 631) refere-se a ele como um "conceito comum a todas as ciências sociais". Segunda vantagem do conceito: ele mostra, explicitamente, que o conjunto desses fenômenos constitui uma categoria de ativos imateriais específicos para as organizações do mesmo modo que outras categorias de ativos imateriais (competências individuais) ou materiais. Adler e Know (2002) sustentam essa posição. O que faz do capital social uma forma de capital no sentido amplo, ao lado do capital físico, financeiro e humano? Em geral, o capital é um recurso no qual se pode investir, que pode ser acumulado e usado para movimentar um fluxo de vantagens potenciais no futuro. Quatro argumentos centrais permitem legitimar a referência à noção de capital social: i) é investindo na construção e na manutenção do capital social que tanto os indivíduos quanto as organizações podem aumentar seu desempenho individual e coletivo (acesso à informação, solidariedade, capacidade de agir coletivamente, etc.); ii) como outras formas de capital, o capital social pode ser transformado em vantagens econômicas (desempenho organizacional) ou outras (bem-estar, por exemplo) e pode substituir ou complementar as outras formas de capital que contribuem para o desempenho; iii) assim como o capital humano e o capital físico, o capital social exige uma espécie de "manutenção". De fato, as redes sociais e as relações sociais precisam ser reativadas, mantidas, ou mesmo adaptadas com o passar do tempo. Se as condições mudam, o investimento pode se revelar, aliás, contraproducente; iv) finalmente, o capital social é um recurso coletivo público (mesmo que possa constituir também um recurso individual).

No entanto, algumas reservas ainda existem. Não é possível avaliar a depreciação (imprevisibilidade, etc.) do capital social. Assim, se torna difícil avaliar com precisão os resultados de um investimento na criação e na manutenção das redes sociais. É por isso que Adler e Know preferem falar, no plano teórico, de "referência metafórica" à noção de capital social, referência que se mostra extremamente útil no plano empírico, tanto na área das ciências políticas ou econômicas, quanto na área empresarial. De fato, a vantagem do conceito de capital social é permitir uma distinção entre capital humano (competência individual) e capital social (capital cooperativo que dota os coletivos de uma capacidade de agir junto e de se coordenar). Essa distinção permite sensibilizar os administradores para investir nas duas direções, uma vez que, como salientam Lengnick-Hall e Lengnick-Hall (2003), a combinação entre capital humano e capital social de alta qualidade parece ser a peça chave na obtenção de vantagem competitiva numa sociedade cada vez mais baseada na informação e no saber.

1.3.4. Quais as relações possíveis entre a teoria dos recursos (competências organizacionais e estratégicas) e a teoria do capital social (capital social e capital humano)?

Um número crescente de pesquisadores (por exemplo, Nahapiet e Ghoshal, 1998) tende a definir o capital social através de três dimensões principais:

- *estrutural* (a estrutura das redes ou a natureza das interconexões entre os indivíduos que compõem a rede, analisadas especialmente no quadro da sociologia das redes);
- *cognitiva* (uma representação ou um referencial compartilhado, modos de interpretação compartilhada sem os quais a ação coletiva não seria possível);
- *relacional* (normas, obrigações e valores compartilhados ou, mais comumente, o tipo de relações estabelecido pelos indivíduos envolvidos através de um histórico de interações).

Neste artigo, decidimos desenvolver a forma como se estruturou inicialmente o conceito de capital social na ciência da administração. Essa abordagem histórico-econômica revela o aprofundamento das normas coletivas de reciprocidade, as quais transcendem o aspecto puramente operacional das ciências da administração (dimensão relacional). As abordagens administrativas privilegiam cada vez mais o compartilhamento de aspectos cognitivos e a presença de aspectos estruturais relacionados às redes sociais. Essa abordagem histórico-econômica permite mostrar também que o capital social é uma noção relacionada com uma forma de agregação de valor específica: a capacidade de se coordenar para agir e reagir coletivamente. Essa forma de agregação de valor aproxima o conceito de capital social da noção de competência coletiva.

Como mostramos na primeira parte deste artigo, as rotinas organizacionais tácitas desenvolvidas no quadro da teoria VBR constituem roteiros de interações e de cooperação operacionais estabilizados, memorizados ao longo do tempo pelos indivíduos, as quais dotam as organizações de uma capacidade de se coordenar para agir e reagir coletivamente. Elas apresentam, portanto, três dimensões relacionadas ao capital social: uma dimensão estrutural (interconexões de natureza informal entre os indivíduos), uma dimensão cognitiva (um referente compartilhado), uma dimensão relacional (noção de trégua organizacional e de condições reunidas para cooperar).

Essa aproximação teórica e empírica (Quadro 1.1) permite estabelecer a relação entre as formas coletivas do capital social e as rotinas organizacionais e ainda mostrar que essas formas coletivas de capital social constituem ativos específicos dificilmente imitáveis e, portanto, fontes potenciais de competências estrégicas.

14 COMPETÊNCIAS COLETIVAS

Quadro 1.1
Comparação entre a teoria do capital social e a teoria dos recursos

	Teoria do capital social	Teoria dos recursos
A capacidade de coordenar, de cooperar e de resolver problemas conjuntamente é baseada em **fatores cognitivos** que estruturam interações pertinentes	Estrutura das interconexões memorizadas dentro das redes sociais – referencial compartilhado	Roteiro de interações que permitem a atores se conectarem de modo pertinente para resolver problemas – referencial compartilhado (rotinas organizacionais tácitas)
A capacidade de coordenar, de cooperar e de resolver problemas conjuntamente é baseada em **fatores cooperativos** que limitam o oportunismo dos atores	Noção de normas de reciprocidade que limitam o comportamento oportunista dos indivíduos	Noção de trégua organizacional que limita o comportamento oportunista dos indivíduos
Relação com a competência organizacional	O capital social dota as organizações e os coletivos de uma capacidade de se coordenar e de agir e reagir coletivamente. Trata-se de um fator de desempenho distintivo do capital humano	As rotinas organizacionais tácitas dotam as organizações e os coletivos de uma capacidade de se coordenar e de agir e reagir coletivamente. Trata-se de um fator de desempenho distintivo das competências individuais e dos outros fatores de desempenho, tais como podem ser as tecnologias

1.3.5. Capital humano e competência individual *versus* capital social e competência coletiva

A aproximação entre os conceitos de capital social mobilizado em um contexto organizacional e o de competência coletiva parece interessante e fecundo, mas pouco explorada (Michaux, 2005b). De fato, esses dois conceitos reúnem os mesmos tipos de fenômenos cognitivos e cooperativos que dotam os coletivos de uma capacidade de agir e reagir de modo coletivo.

Em um texto anterior (Michaux, 2005a), foi apontado que se podia distinguir diferentes concepções da competência coletiva, as quais coexistem atualmente na literatura empresarial e nos trabalhos de pesquisa em ciência da administração:

1. uma concepção majoritária relacionada com a dinâmica que se cria dentro da equipe, a sinergia e o compartilhamento das competências individuais, as regras coletivas de funcionamento que permitem a diferentes indivíduos trabalharem juntos de modo eficiente. Nessa concepção, a competência coletiva tende a ser sinônimo de um "efeito de equipe";
2. uma concepção relacionada com a lógica de aprendizagem e de criação de novos saberes *na* e *pela* ação. Nessa concepção, a competência coletiva

é percebida como o resultado de uma aprendizagem organizacional ou coletiva;

3. uma concepção relacionada com a dinâmica de compartilhamento dos saberes e das experiências que pode ser oriunda de uma reflexão coletiva guiada (grupo de reflexão, grupo de progresso) ou de trocas de experiências via certas tecnologias da informação e da comunicação;
4. uma concepção relacionada com uma lógica de comunicação, de trocas interindividuais e de cooperação transversal necessária para gerir uma incerteza e uma complexidade interna e externa crescentes. Nessa concepção, a competência coletiva não está mais vinculada à noção de grupo ou de equipe, mas à de desempenho coletivo ou à de rede informal de cooperação, redes de atores pertinentes para resolver problemas e de gestão dos riscos e dos imprevistos.

É possível aproximar a abordagem coletiva de capital social e o conceito de competência coletiva (Quadro 1.2). A exploração dos dois conceitos (capital social e competência coletiva) resulta na constatação de que ambos são conceitos genéricos ou abrangentes (conceitos guarda-chuva) que reúnem diferentes fenômenos cognitivos e sociais e que favorecem a capacidade de agir e de reagir coletivamente. Nos dois casos, esses conceitos agregam, na mesma expressão, fenômenos que não ocorrem necessariamente nas mesmas situações e que podem ser de natureza diferente. É possível estabelecer um

Quadro 1.2
Relações entre os conceitos de competência coletiva e de capital social

	Metáfora do capital (aspecto descritivo e estatístico dos recursos humanos em jogo)	Conceito de competência (aspecto dinâmico, mobilização dos recursos na ação para agir)
Dimensão coletiva	Metáfora do "CAPITAL SOCIAL": ativo imaterial específico relacionado às redes sociais no qual é possível investir para gerar um ganho econômico Reunião em um único conceito abrangente de diferentes fenômenos informais ou tácitos (normas de reciprocidade, modelos de interações, repertório de saberes e saberes-fazer compartilhados)	Ampliação do conceito de competência para a noção de "COMPETÊNCIA COLETIVA": capacidade de se coordenar, de cooperar, de agir e de reagir coletivamente relacionada às diferentes formas de coletivos do trabalho (só é constatada na ação) Pode resultar em várias formas (Michaux, 2008)
Dimensão individual	Metáfora do "CAPITAL HUMANO": ativo imaterial específico relacionado aos indivíduos (qualificações, etc.) no qual se pode investir para gerar um ganho econômico Fatores próprios aos indivíduos que contribuem para a ação individual e coletiva e para o desempenho	COMPETÊNCIA INDIVIDUAL: capacidade de agir e de reagir relacionada aos indivíduos (só é constatada na própria ação)

16 COMPETÊNCIAS COLETIVAS

paralelo entre as dimensões estrutural, cognitiva e relacional/cooperativa, relacionando o capital social com os fenômenos subjacentes à competência coletiva (saberes e saberes-fazer compartilhados, normas e convenções compartilhadas, cooperação transversal, etc.). Em ambos os casos, existem várias formas de capital social, assim como existem várias formas de competência coletiva. Além disso, observe-se que, apesar de poder reunir esses diferentes fenômenos num mesmo conceito genérico, eles são geralmente estudados de forma independente.

Nos dois casos, há um aparente interesse empresarial em reunir o conjunto desses fenômenos no mesmo conceito genérico e abrangente. No caso do capital social, o uso metafórico desse conceito permite destacar o caráter produtivo, e também econômico, desses fenômenos sociais nos quais parece ser interessante investir. No caso da competência coletiva, o uso do conceito de competência permite privilegiar o potencial produtivo desses fenômenos sociais e destacar sua contribuição para a capacidade das organizações em administrar e manter um desempenho coletivo.

Tanto em um quanto em outro, esses conceitos surgem para distinguir:

- fatores de desempenho relacionados aos indivíduos (capital humano e competência individual);
- fatores de desempenho relacionados aos coletivos, às redes e às comunidades (capital humano e competência coletiva).

Nos dois casos, existe, por um lado, uma fase prévia conhecida como "de aprendizagem" e, por outro, uma "de acumulação" para desenvolver uma competência coletiva ou criar capital social.

À parte seus aspectos comuns, é possível precisar um pouco mais da relação entre esses conceitos considerando suas origens. O conceito genérico de capital está ligado à posse de recursos específicos, enquanto o conceito de competência à mobilização de um recurso à ação para agir. Lembramos que a noção de capital social está relacionada à resolução de problemas que podem ser individuais e, portanto, distantes dos problemas puramente operacionais e coletivos das organizações. Além disso, o capital social está ligado à existência de normas coletivas de reciprocidade que transcendem o aspecto puramente operacional das ciências da administração. Trata-se, assim, de uma noção mais estática, porém mais ampla do que a de competência coletiva. Assim, toda competência coletiva se apoiaria na mobilização de um capital social latente desenvolvido dentro das entidades sociais do tipo das redes sociais, mas também, por outro lado, dentro das comunidades de práticas, como mostramos em outro trabalho (Michaux, 2007).

1.4. CONCLUSÃO: QUAIS AS ARTICULAÇÕES POSSÍVEIS ENTRE COMPETÊNCIAS INDIVIDUAIS, COMPETÊNCIA COLETIVA E COMPETÊNCIA ESTRÉGICA?

A aproximação entre essas diferentes correntes teóricas permite discutir a existência de uma capacidade coletiva interna às organizações que pode favorecer a coordenação, a solução coletiva de problemas, a integração dos saberes e saberes-fazer e que está ligada ao desempenho coletivo. Essa capacidade coletiva parece se apoiar sempre em duas grandes categorias de fatores: fatores cognitivos (aprendizagem coletiva, repertório de saberes e *know-hows* compartilhados, práticas compartilhadas, roteiro de interações, normas, etc.) e fatores cooperativos (solidariedades identitárias ligadas às redes, normas de reciprocidade, confiança, etc.). Como mostramos nos trabalhos de pesquisa mais empíricos (Michaux, 2003, 2005a, 2005b, 2007, 2008), essa capacidade coletiva está relacionada à existência de diferentes configurações sociais, internas às organizações (equipes, redes sociais, comunidades de práticas, etc.). A comparação entre essas diferentes correntes teóricas permite lembrar também o caráter tácito, não reprodutível, dessa capacidade coletiva, o que faz desta um ativo estratégico para as empresas. As diferentes etapas de discussão deste trabalho levam a propor uma tabela de observação e de análise, unificada e simples, dos elos entre competências individuais, coletivas, organizacionais e estratégicas (Figura 1.3).

As competências organizacionais (das quais algumas aparecem como ativos específicos em um dado momento em um mercado) se apoiam em:

- competências individuais;
- capital social distinto das competências individuais, único e dificilmente reprodutível, que dota as organizações de competências coletivas específicas;
- outros fatores organizacionais e tecnológicos mais facilmente reprodutíveis.

O esquema proposto (Figura 1.3) privilegia as especificidades do conceito de capital social: um fator de desempenho puramente humano (em relação a outros fatores de desempenho organizacionais ou técnicos) e uma dimensão coletiva distinta da competência individual.

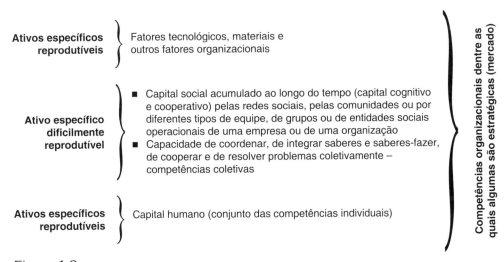

Figura 1.3

Articulações entre as diferentes dimensões que fundamentam as competências organizacionais e estratégicas.

Essa discussão contribui para:

1. aprofundar a descrição dos fenômenos em jogo por trás das diferentes dimensões;
2. destacar o caráter estratégico do desenvolvimento das diferentes formas coletivas de capital social.

Nesse contexto, é interessante, por exemplo, notar que as ações de formação tendem a se distanciar cada vez mais dos programas de formação tradicionais (desenvolvimento do capital humano). Essa nova orientação é voltada para a promoção de ações mais originais as quais permitem desenvolver as competências dos indivíduos e, ao mesmo tempo, desenvolver o capital social pessoal e o capital social da organização: as trocas de serviços (funcionários que vão trabalhar por alguns dias em um outro serviço para compreender melhor suas dificuldades, etc.) ou os grupos de projeto de formação (por exemplo, a reunião de funcionários oriundos de departamentos diferentes da empresa em grupos de reflexão-ação).

NOTAS

1. Durand (1998) apresenta uma adequada revisão de literatura acerca das relações entre abordagem evolucionista e conceito de competência organizacional.
2. Ver a revisão da literatura bastante completa proposta por Adler e Know (2002) ou Baret e Maciel (2004).

REFERÊNCIAS BIBLIOGRÁFICAS

Adler, P.S. et Kwon, S.W. (2002) « Social Capital : Prospects for a New Concept », *Academy of Management Review*, Vol. 27, n° 1, pp17-40.

Arregle, J. L. (1995) « Le savoir et l'approche Ressource Based: une ressource et une compétence », *Revue Française de Gestion* (septembre-octobre), pp. 84-94.

Baret, C. et Maciel, A.S. (2004) « Apports et limites de la mesure du capital social en recherche en gestion des ressources humaines », *Actes du XVème congrès de l'AGRH*, Montréal, 1 au 4 septembre, 26 p.

Becker, G. (1964) *Human capital : A Theorical and Empirical Analysis, with special reference to education*, New York, National Bureau of Economic Research.

Bourdieu, P. (1980) « Le capital social : notes provisoires », *Actes de la Recherche en Sciences Sociales*, n° 30, pp. 2-6.

Bourdieu, P. (1986) « The Forms of Capital », in Richardson J. (Ed) *Handbook of Theory and Research for the Sociology of Education*, New York, Greenwood Press, pp. 241-258.

Burt, R.S. (1992) *Structural Holes*, Cambridge Mass., Havard University Press.

Burt, R.S. (2000) « The Network Structure of Social Capital », in Sutton R.I. et Staw B.M. (Eds) *Research in Organizational Behavior*, Greenwich, CT : JAI Press.

Coleman, J. S. (1988) « Social Capital in the Creation of Human Capital », *American Journal of Sociology*, Vol. 94 (supplement), pp. S95-S120.

Coleman, J.S. (1990) *Fondations of Social Theory*, Cambridge, MA : Havard University Press.

Collis, D. J. (1991) « A ressource-based analysis of global competition; The case of the bearings industry », *Strategic Management Journal*, Vol. 12, pp. 49-68.

Collis, D. J. (1996) « Organizational Capability as a Source of Profit », Moingeon, B. et Edmondson, A. (Eds) *Organizational Learning and Competitive Advantage*, Sage Publications, London, pp. 139-163.

Coriat, B. et Weinstein, O. (1995) *Les nouvelles théories de l'entreprise*, Livre de Poche, Paris.

Dejoux, C. (2000) « Pour une approche transversale de la gestion des compétences », *Gestion 2000,* n° 6, vol. 17, pp. 15-31 (novembre, décembre 2000).

Dosi G., Teece, D. et Winter, S. (1992) « Toward a Theory of Corporate Coherence: Preliminary Remarks » in Dosi, G., Giannetti, R. et Toninelli, P. A. (Eds) *Technology, and Enterprise in a Historical Perspective,* Clarendon Press, Oxford, pp. 184-211.

Dubuisson, S. (1998) « Regard d'un sociologue sur la notion de routine dans la théorie évolutionniste », *Sociologie du Travail*, n° 4, pp. 491-502.

Durand, R. (1998) « Théories évolutionniste et management stratégique » in Laroche H. et Nioche J. P. (Eds) *Repenser la stratégie. Fondements et perspectives*, Collection Entreprendre, Série Vital Roux, Vuibert, Paris, pp. 135-164.

Feldman, et Pentland, (2003) « Reconceptualizing Organizational Routines as a Source of Flexibility and Change », *Administrative Science Quartely,* n° 48, pp. 94-118.

Fukuyama, F. (1995) *Trust : The social virtues and the creation of prosperity*, New York, Free Press.

Galbraith, J. R. (1977) *Organization Design*, Addison-Wesley, Reading.

Galbraith, J. R. (1994) *Competing with flexible lateral organizations*, OD series, Addison-Wesley, Reading.

Judge, R. (2003) « Le capital social, établir les fondements de la recherche et de l'élaboration de politiques, Projet de recherche sur les politiques », Gouvernement du Canada, Vol. 6, n° 3 (6 p.). http://policyresearch.gc.ca

Lawler, E. E. et Ledford, G. E. (1997) « New Approaches to Organizing: Competencies, Capabilities and the Decline of the Bureaucratic Model. » in Cooper C. C. et Jackson S. E. (Eds) *Creating Tomorrow's Organizations: A Handbook for Future Research in Organizational Behavior*, Wiley, Chichester, pp. 231-249.

Lazega, E. et Lebeaux, M.O. (1995) « Capital social et contrainte latérale », *Revue Française de sociologie*, Vol. 36, pp. 759-777.

Leonard-Barton, D. (1992) « Core Capabilities and Core Rigidities: A Paradox in managing new product development », *Strategic Management Journal*, Vol. 13, pp. 111-125 (Summer special issues).

Leroy, F. (1998) « Apprentissage organisationnel et stratégie » in Laroche, H. et Nioche, J. P. (Eds) Repenser la stratégie : Fondements et perspectives, Collection Entreprendre, Série Vital Roux, Vuibert, Paris, pp. 135-164.

Lesser, E.L. et Storck, J. (2001) Communities of practice and organizational performance, *IBM Systems Journal*, vol. 40, n° 4, pp. 831-841.

Mascarenhas, B., Baveja, A. et Jamil, M. (1998) « Dynamics of Core Competencies in Leading Multinational Companies », *California Management Review*, Vol. 40, n° 4, pp. 117-132 (Summer).

Mèlèse, J. (1990, 1995) *Approches systémiques des organisations*, Editions Liaisons, Paris.

Morin, E. (1990) *Introduction à la pensée complexe*, Communication et complexité, ESF Editeur, Odeon-Prague.

Michaux, V. (2003), *Compétence collective et système d'information, cinq cas de coordination dans les centres de contacts*, Thèse de doctorat en Sciences de gestion, Université de Nantes, Facultés Sciences Economiques et de Gestion, Septembre.

Michaux, V. (2005a) « Compétences collectives et haute performance : apports théoriques et enjeux opérationnels », *Revue de Gestion des Ressources Humaines*, n° 58, Octobre-décembre (23 p.).

Michaux, V. (2005b) « Capital social et compétence collective: convergence des enjeux et enseignements », *Journée transdisciplinaire de recherche AIMS-AGRH « management et réseaux sociaux »*, Ecole de Management de Lyon, Lyon, 10 novembre (17 p.).

Michaux, V. (2007) « Intérêt pour la notion de compétence collective des travaux fondateurs sur les communautés de pratiques de Brown et Duguid et de Wenger », *Actes du XVIIIe Congrès de l'AGRH*, Université de Fribourg, Suisse, novembre.

Michaux, V. (2008) « Les différentes formes de compétences collectives et leur rôle indispensable dans la performance des activités complexes » In F. Dupuich-Rabasse (Ed), *Management et gestion des compétences*, L'Harmattan, pp. 12-29

Nahapiet, J. et Ghoshal, S. (1998) « Social Capital, Intellectual capital and organizational Advantage », *Academy of Management Review,* Vol. 32, n° 2, pp. 242-266.

Nanda, A. (1996) « Ressources, Capabilities and Competencies » in Moingeon, B. et Edmondson A. (Eds) *Organizational Learning and Competitive Advantage*, Sage Publications, London, pp. 93-120.

Nelson, R.R. et Winter, S.G. (1982) *An Evolutionary Theory Of Economic Change*, The Belknap Press of Harvard University Press, Cambridge.

OCDE (2001) « The well-being of Nations: the role of human and social capital », OCDE (Présentation : www1.oecd.org/media/publish/pb01-15a.htm)

OCDE (2002) « Social capital : the challenge of international measurement », Conférence OCDE/ONS, Londres, 26-27 septembre 2002 (www.oecd.org)

Paldam, M. (2000) « Social Capital : One or Many ? Definition and Measurement », *Journal of Economic Surveys*, Vol. 14, n° 5, pp. 630-653.

Prahalad, C. K. et Hamel, G. (1990) The Core Competence of the Corporation, *Harvard Business Review*, Vol. 68, n° 3, pp. 79-91 (May, June).

Putnam, R. (1995) « Bowling Alone : America's Declining Social Capital », *Journal of Democracy*, Vol. 6, n° 1, pp. 65-78.

Putnam, R. (2000) *Bowling Alone : The Collapse and Revival of American Community*, Simon and Schuster.

Reynaud, J. D. (1997) *Les règles du jeu, L'action collective et la régulation sociale*, Collection U, série Sociologie, Collin, Paris.

Reynaud, B. (1998) « Les propriétés des routines: outils pragmatiques de décision et modes de coordination collective », *Sociologie du Travail,* n° 4, pp. 465-477.

Selznick, P. (1957) *Leadership in Administration, A Sociological Interpretation*, Harper and Row, New York.

Schuller, T. (2001) « Complémentarité du capital humain et du capital social », *Isuma, Revue canadienne de recherche sur les politiques*, Vol. 2, n° 1, pp. 20-27.

Schultz, T.W. (1961) « Investment in Human Capital », *The American Economic Review*, Vol. 51, n° 1, pp. 1-17.

Staber, U. (2003) « Social Capital or Strong Culture ? », *Human Resource Development International*, Vol. 6, n° 3, pp. 413-420 (septembre).

Tarondeau, J. C. et Wright, R.W. (1995) « La transversalité dans les organisations ou le contrôle par les processus », *Revue Française de Gestion*, pp. 112-121 (juin, juillet, aout).

Teece, D. J., Pisano G. & Shuen A. (1997) « Dynamic Capabilities and Strategic Management », *Strategic Management Journal*, n° 18, pp. 509-534.

Trachard, P. (1994) « Rendre portable le savoir... », *Entreprises-Formations*, n° 81 (janvier, février).

Thuderoz, C. (1996) *Sociologie des entreprises*, Coll. Repères, La Découverte, Paris.

Tywoniak, S.A. (1998) « Le modèle des ressources et des compétences: un nouveau paradigme pour le management stratégique », Laroche H. et Nioche J. P. (Eds) *Repenser la stratégie : Fondements et perspectives*, Collection Entreprendre, Série Vital Roux, Vuibert, Paris, pp. 135-164.

Von Bertalanffy, (1951) « General system theory - A new approach to unity of science », *Human Biology*, Vol. 23, pp. 303-361 (december).

2

DAS COMPETÊNCIAS INDIVIDUAIS ÀS COMPETÊNCIAS ESTRATÉGICAS: UMA EXPERIÊNCIA DE MODELAGEM DAS ESTRATÉGIAS CONCORRENCIAIS COM BASE NA GESTÃO DE RECURSOS HUMANOS

Amaury Grimand

2.1. INTRODUÇÃO: A ABORDAGEM COMPETÊNCIA EM GRH E EM ESTRATÉGIA

O conceito de competência possibilitou aplicações diversas tanto em GRH quanto em estratégia. O deslizamento semântico, identificável na literatura em GRH, da expressão "gestão das competências" para "gestão pelas competências" marcaria o nascimento de um quadro integrador que articula competências individuais e estratégicas, situando de forma mais clara o lugar dos dispositivos dos recursos humanos na construção da vantagem concorrencial.

A importância estratégica dos recursos humanos e das práticas que lhes tomam como objeto parece teoricamente consolidada hoje. Várias escolas concorrentes buscaram definir os contornos dessa Gestão Estratégica de Recursos Humanos (GERH), como, por exemplo, a abordagem universalista, a abordagem contingente e a abordagem configuracional.[1] Se os avanços são consideráveis, é preciso admitir que a relação entre competências individuais, coletivas e estratégicas continua sendo uma "caixa preta" que tais teorias se abstêm de abrir. De fato, o divórcio parece ter se consumado entre as abordagens muito abrangentes, focadas na gestão das competências-chave da empresa, e os percursos mais analíticos, focados na gestão das competências individuais. Nesse sentido, a teoria dos recursos, que, há alguns anos vem realizando uma imersão importante no campo da GRH, parece fornecer algumas contribuições importantes ao debate:

- busca definir as características que devem ser aplicadas às competências individuais ou coletivas para que estas possam se afirmar como "estratégicas";

24 COMPETÊNCIAS COLETIVAS

- atribui um lugar efetivo à instrumentação e às práticas de gestão na exploração da relação entre competências individuais, coletivas e estratégicas;
- desenvolve uma visão mais extensiva da dialética entre GRH e estratégica, recusando-se a resumi-la ao estudo somente da relação entre práticas de GRH e desempenho organizacional. A própria GRH é pensada como algo que faz parte do sistema, isto é, que articula uma filosofia administrativa (uma "visão de recursos humanos"), um conjunto de regras, de práticas e de atores.

Ao se inscrever como contrapoto à economia industrial, a teoria dos recursos atribui a um processo de acumulação, de combinação e de preservação de recursos e de competências-chave, a causa primeira de uma rentabilidade superior de uma determinada firma. A visão baseada em recursos (ou *resource-based view*), tal como apresentada por Barney (1991), se apoia em duas hipóteses centrais:

- dentro de uma mesma indústria, os recursos podem ser sensivelmente diferenciados de uma organização para outra: a tecnologia, os conhecimentos práticos, os ativos financeiros ou, ainda, a localização geográfica. Os recursos se diferenciam especialmente por sua capacidade de criar valor e por sua relativa raridade;
- há barreiras à mobilidade dos recursos entre empresas e é precisamente essa mobilidade imperfeita que pode garantir a alguns uma vantagem concorrencial a longo prazo. A cultura (Barney, 1986), as rotinas organizacionais (Nelson e Winter, 1982) e a reputação são assim citadas regularmente como recursos difíceis, ou mesmo impossíveis de serem imitados.

As características dos recursos e seu impacto na natureza da vantagem concorrencial podem, a partir daí, ser formalizadas da seguinte maneira:

Esse processo é acumulativo: um recurso que cria valor, mas, sem dispor de características de raridade, é única fonte de paridade concorrencial. Um recurso criador de valor, raro, mas facilmente imitável resulta em uma vantagem concorrencial temporária. Apenas recursos criadores de valor, raros, dificilmente reprodutíveis, não substituíveis podem estabelecer uma vantagem concorrencial a longo prazo.

Transpondo para a GRH, a teoria dos recursos sugere que as políticas e as práticas de GRH contribuem para a vantagem concorrencial pelo desenvolvimento de competências específicas à firma, inscritas em sua cultura e em sua história, pela criação de relações sociais complexas e pelo desenvolvimento de processos organizacionais com forte componente tácito incorporado (Lado e Wilson, 1994). Allouche e Schmidt (2006), por sua vez, veem na aplicação da teoria dos recursos no campo de RH, três dimensões essenciais:

1. a integração à estratégia da empresa de atividades de recursos humanos, coerentes entre si;
2. uma maior atenção às capacidades organizacionais, permitindo a reconfiguração dos recursos humanos para adaptá-los às condições de mercado ou criar novas condições;
3. uma lógica com alto potencial de envolvimento dos funcionários em relação aos objetivos e valores da empresa.

Figura 2.1
Os fundamentos da teoria dos recursos.

As abordagens baseadas nos recursos pressupõem assim uma concepção singular da relação entre recursos humanos e criação de valor, considerada como uma "relação mediada pelo desenvolvimento prévio de uma vantagem concorrencial construída com base em processos de recursos humanos que apresentam as características de recursos valorizáveis, específicos, não imitáveis e não substituíveis" (Besseyre des Horts, 2002).

Na verdade, a teoria dos recursos desempenhou um papel considerável na renovação do debate sobre a dimensão estratégica dos recursos humanos (Wright et al., 2001), sugerindo que estes últimos, longe de ficarem confinados a um papel de apoio à estratégia, podem contribuir diretamente para a formação da vantagem concorrencial (Ulrich e Beatty, 2001).

Se existem diferenças substanciais entre a abordagem de competências em GRH e a abordagem de competências em estratégia[2] (Cadin, 2002), este artigo propõe uma tentativa de reconciliação dessas duas correntes. Um elemento capaz de contribuir na intersecção entre esses dois campos consiste na valorização das condições nas quais os recursos humanos são capazes de criar uma vantagem concorrencial a longo prazo. Isso supõe pensar as modalidades de articulação entre competências individuais, coletivas, práticas de GRH e competências estratégicas. Esse esforço de articulação é ainda maior na medida em que as competências individuais, assim como os processos de recursos humanos que garantem sua aquisição, sua mobilização e seu desenvolvimento, ocupam um lugar relativamente marginal na análise das competências fundamentais.

Propomos, em um primeiro momento, uma tentativa de modelagem dos elos entre competências individuais, coletivas e estratégicas, integrando o papel mediador das práticas e da instrumentação de GRH. A relação entre níveis de competências é, então, trabalhada através das características de raridade, criação de valor e imitabilidade imperfeita, relacionadas aos recursos humanos. Por fim, consideramos as implicações da teoria dos recursos para as estratégias de externalização e para as práticas de segmentação dos recursos humanos.

2.2. COMPETÊNCIAS INDIVIDUAIS, COLETIVAS, PRÁTICAS DE GRH E COMPETÊNCIAS ESTRATÉGICAS: UMA EXPERIÊNCIA DE ARTICULAÇÃO

2.2.1. Intenção estratégica e escolha de políticas de recursos humanos: uma relação de dependência recíproca

Se constatamos – como nos leva a crer a teoria dos recursos – que a detenção e o controle de recursos raros são fonte de vantagem concorrencial, então o potencial de geração de rendas[3] se torna dependente (Figura 2.2):

- da estrutura do capital humano da empresa (potencial de criação de valor, raridade e dificuldades de imitação);
- das práticas de GRH que visam a consolidar e a desenvolver esse capital humano;

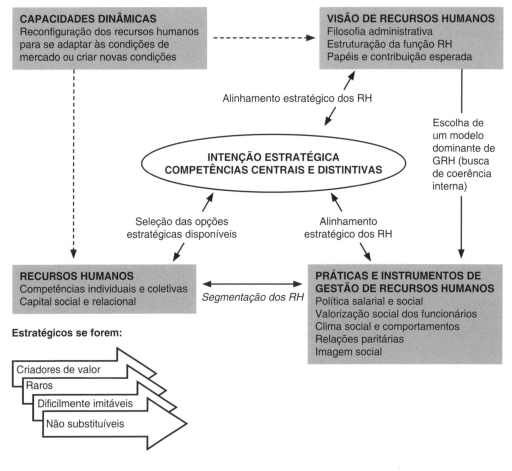

Figura 2.2
A articulação das competências individuais, das práticas de GRH e das competências estratégicas

DAS COMPETÊNCIAS INDIVIDUAIS ÀS COMPETÊNCIAS ESTRATÉGICAS **27**

- da capacidade de aprendizagem da organização e de sua aptidão para re-configurar seus recursos humanos, adaptando-se às condições de mercado ou criando novas condições.

Apresentamos, a seguir, a caracterização dos principais elementos que compõem a Figura 2.2.

A intenção estratégica pode ser definida como a determinação da organização em buscar uma certa opção estratégica ao longo do tempo. Pode nascer de uma filosofia empresarial, ou introduzir uma referência mais explícita às escolhas consideradas: trabalhos, áreas de atividades, **competências distintivas**. Devemos a Hamel e Prahalad (1990) a popularização da noção de competências fundamentais ou distintivas (*core competencies*), que substituiu a visão tradicional da empresa como conjunto de pares produtos/mercados por aquela da empresa como carteira de competências. Abordadas pelos autores como a integração de recursos, tecnologias, saberes-fazer múltiplos, as competências fundamentais podem também ser tanto industriais (procedimentos de coleta de novos materiais na *Salomon*, S/A francesa, especializada em roupas e acessórios esportivos) quanto ligadas ao domínio de um serviço (entrega do produto em 48h e capacidade logística de *La Redoute*, grande loja de departamentos francesa) ou à capacidade de *lobby* (JCDecaux, grupo francês de comunicação externa). Para Hamel e Prahalad, a tarefa essencial da administração consiste precisamente em identificar os pólos de competências pertinentes – atuais e futuros – e em estruturar os processos organizacionais de forma a desenvolvê-los.

A intenção estratégica institui assim um quadro de coerência global no qual se inscrevem os objetivos e as ações da organização. Ela constitui a partir daí um elemento unificador capaz de facilitar a coordenação e a mobilização dos recursos humanos (Durand, 2000). Ela focaliza, de fato, a atenção dos gestores, ajudando-os a apreender as situações estratégicas, as competências e os processos pertinentes.

A intenção estratégica e as escolhas de recursos humanos estão ligadas por uma relação de dependência recíproca: se os recursos humanos e as práticas que as tomam por objeto selecionam as opções estratégicas disponíveis, a intenção estratégica cria, por sua vez, uma concepção dominante para a política de recursos humanos. A abordagem configuracional em GRH (Nizet e Pichault, 2000) dá conta dessa relação de dependência recíproca (Quadro 2.1).

A **visão de recursos humanos** engloba simultaneamente uma reflexão sobre o estatuto e o posicionamento da função RH (grau de estruturação e de autonomia, grau de cumplicidade com a equipe), a filosofia administrativa que a inspira (redução dos custos, busca de flexibilidade, investimento em um capital humano específico) e os papéis e contribuições esperados para a GRH (Conforme Ulrich (1996): especialista administrativo, agente de mudança, parceiro estratégico, campeão dos funcionários.[4])

O nível das **políticas e práticas de GRH** integra o conjunto das decisões e das ações sociais desenvolvidas pela organização. Tomando-se o conceito de *Personnel Mix*, proposto por Martory e Crozet (2008), é possível identificar cinco fatores constitutivos da política e das práticas de gestão dos recursos humanos:

28 COMPETÊNCIAS COLETIVAS

> **Quadro 2.1**
> **A relação entre GRH e intenção estratégica: o exemplo do Grupo Auchan***
>
> No grupo Auchan a gestão de RH tem um papel importante. Seu principal eixo é a abordagem configuracional em GRH (Nizet e Pichault, 2000) e segue a hipótese segundo a qual as políticas de recursos humanos podem ser vinculadas a *ideaux-types* (no sentido weberiano do termo), ou seja, a um conjunto de práticas de GRH coerentes entre si (*Horizontal fit*) e coerente também com a lógica estratégica dominante (*Vertical fit*). Na grande distribuição, Auchan constitui uma ilustração típica da relação de dependência recíproca exposta acima. Em outras palavras, a configuração da gestão de RH vai depender da intenção estratégica, mas, ao mesmo tempo, vai auxiliar na sua consolidação. Essa visão na Auchan é marcada por uma orientação cliente muito forte, uma ênfase determinante na qualidade de serviço, nas relações de parceria com os fornecedores locais e numa lógica de inovação constante. Ela se apoia em uma mão de obra fidelizada, apta a se adaptar às demandas da clientela local, sendo a qualidade do ambiente social vista aqui como a garantia da qualidade do serviço. A visão aparece, assim, na emergência de um modelo individualizante de GRH, orientado para a personalização estreita dos instrumentos e das práticas de GRH, bem como para a redução dos custos ocultos (absenteismo, *turnover*). Esse modelo representa especialmente: uma contribuição para a formação elevada associada à personalização dos percursos de integração, a adoção de uma política de contratação seletiva a qual resulta, às vezes, em superqualificação (exigência de curso superior e pós-graduação para os cargos de chefe de departamento), um conceito de remuneração global (salário sensivelmente superior à média do mercado, prêmios por assiduidade, participação 2,5 vezes superior à obrigação legal, incentivo em dois níveis, participação em ações da empresa etc.), uma forte dinâmica de promoção interna, a criação de autogestão do tempo de trabalho (permitindo uma autonomia relativa aos funcionários que atendem nos caixas, com gestão de suas grades de horário). Essa política de recursos humanos resulta em um desempenho surpreendente no que tange tanto ao absenteísmo quanto à capacidade de fidelização ou ainda à qualidade de serviço reconhecida pelos clientes.

- política salarial e social (nível dos salários, equidade interna, controle salarial, vantagens sociais, etc.);
- valorização social dos funcionários refletida especialmente pelas escolhas de contratação, pelas modalidades de gestão das carreiras e de avaliação dos funcionários, bem como pela criação das condições capazes de favorecer o desenvolvimento das competências (formação, organização do trabalho, condições de trabalho);
- clima social e comportamentos sociais, apreendidos especialmente através do acompanhamento dos custos ocultos assim como do absenteísmo e do *tournover*;
- relações paritárias (dinâmica de negociação coletiva, qualidade do diálogo social);
- imagem social (interna e externa).

---

* N. de R.T.: O Grupo Auchan atua em 12 países da Europa Ocidental e do Leste, além da China e Taiwan, nos ramos de hypermercados e supermercados, negócios imobiliários e instituições financeiras. Os resultados do Grupo em 2010 somaram 42,5 bilhões de euros.

De acordo com Guérin e Wils (2006), duas lógicas dominantes contribuem para estruturar as políticas e as práticas de GRH:

- a primeira favorece o investimento em um capital humano específico. Foca-se em estratégias de fidelização e em um contrato psicológico que faz da empresa uma instância de socialização. Contratação seletiva, ênfase na equidade interna, remuneração por mérito e vantagens sociais, carreiras internas e mobilidade como vetor de aquisição de competências são figuras dominantes dessa primeira orientação;
- a segunda privilegia estratégias de flexibilidade, sendo os funcionários geridos por uma lógica de mercado externa: compra de competências disponíveis no mercado, exigindo apenas pouco investimento posterior, parcela de contratos temporários, ênfase dada à competitividade externa das remunerações, mais busca de lealdade do funcionário do que sentimento de pertencimento à empresa, formação focada na interiorização das normas e dos procedimentos.

Lepak e Snell (1999) observam que essas duas lógicas podem coexistir perfeitamente dentro de uma mesma organização: os funcionários-chave são geridos conforme uma lógica de mercado interna a partir de uma perspectiva de fidelização a longo prazo, ao passo que os outros são geridos por uma lógica de mercado externa, focada na redução dos custos e na busca de flexibilidade a curto prazo.

Os **recursos humanos** englobam as competências individuais e coletivas, bem como o capital social e relacional[5] dos funcionários. De acordo com os preceitos da teoria dos recursos, a contribuição dos recursos humanos para a vantagem concorrencial depende de sua relativa raridade (qualificações, saberes-fazer) e de sua capacidade de criar valor (para o conjunto das partes envolvidas) das dificuldades para imitá-los (Collis, 1991). A dificuldade de imitação está relacionada, entre outras, à noção de ambiguidade causal, ou seja, à incerteza relativa às causas das diferenças de desempenho entre firmas. Essa ambiguidade causal deixa os potenciais imitadores incapazes de saber *o que* imitar ou *como* imitar (Reed e De Filippi, 1990). Os recursos humanos são, desse ponto de vista, difíceis de serem imitados porque aparecem sobrepostos em sistemas sociais complexos[6] e também porque a relação entre esses recursos e o desempenho organizacional não é claramente estabelecida (Lippman e Rumelt, 1982).

2.2.2. As capacidades dinâmicas, vetor de renovação e de integração das competências

As capacidades dinâmicas traduzem a aptidão da firma em construir, integrar, reconfigurar suas competências internas e externas para enfrentar mudanças rápidas em seu meio (Teece et al., 1997). Toda base de competências instalada, assim como os indivíduos e as especialidades que as promovem, funcionam, de fato, como um "filtro cognitivo", ocultando certos traços das situações estratégicas. Longe de ser um conceito estático, as competências-chave podem se tornar obsoletas, se transformar, ao final, em entraves fundamentais. O exemplo da empresa *Lego* comprova essa idéia.

Quadro 2.2
Lego: um exemplo clássico de quando as competências-chave se tornam entraves fundamentais

Criada em 1947, a sociedade dinamarquesa LEGO, 5ª fabricante de brinquedos no mundo, contou durante várias décadas com uma verdadeira renda de situação ligada a seu produto principal, o famoso cubo de plástico. Esse sucesso podia ser associado, na época, à combinação de três competências-chave: a inovação tecnológica, o *marketing* e, sobretudo, um modelo cultural muito atraente, focado na personalidade do fundador e no apreço pelo produto. Essa base de competências instalada acabou levando a empresa ao desastre quando, em 1997, a quase totalidade das patentes depositadas por LEGO caiu em domínio público, abrindo a via para estratégias de imitação por parte da concorrência. Depois de algumas diversificações arriscadas (parques de diversão, multimídia, multiplicação dos acordos de licença, etc.), a empresa parece hoje ter conseguido renovar sua carteira de competências-chave. O uso de um novo suporte de venda (internet) foi a oportunidade para repensar radicalmente a relação com o cliente. Assim, a empresa começa a propor a seus clientes que contribuam com o processo de criação dos modelos virtuais, que publiquem sua criação no *site* e que a compartilhem com outros internautas, comprando as peças necessárias para sua execução (2.700 modelos postos à venda a cada semana). Para LEGO, os benefícios são imediatos: acesso a uma clientela-alvo mais ampla e adulta, multiplicação da oferta do produto, realização de um verdadeiro *marketing* relacional com o cliente.

As capacidades dinâmicas remetem, assim, a capacidades organizacionais distintivas que facilitam a integração, a combinação e a renovação das competências individuais e/ou coletivas. Amit e Schoemaker (1993) as definem como "a capacidade de uma firma desenvolver os recursos, combiná-los e mobilizar processos organizacionais buscando atingir um dado objetivo". Grant, por sua vez, associa as capacidades dinâmicas ao desenvolvimento de estruturas organizacionais flexíveis (estruturas-projeto, equipes semiautônomas, comunidades de prática, empresas em rede, etc.), aptas a estender as capacidades existentes através da integração de novos conhecimentos ou da reconfiguração de conhecimentos existentes no âmbito de novos esquemas de interação. Esta última ideia é retomada por Kogut e Zander (1992) que veem, na reconfiguração de conhecimentos existentes (as "capacidades combinatórias"), um espaço de inovação possível. O desdobramento de percursos estruturados de gestão do conhecimento pode contribuir, finalmente, para a reconfiguração dos recursos humanos através do compartilhamento de boas práticas, da instauração de procedimentos de reflexão acerca das experiências, da capacidade de localizar os *experts* na organização, da capacidade de colocar os atores em rede, etc.

A teoria dos recursos, ao convidar as organizações a (re)descobrir o que elas sabem fazer melhor, isto é, a identificar, analisar e mobilizar suas competências-chave, faz vislumbrar consequências importantes:

DAS COMPETÊNCIAS INDIVIDUAIS ÀS COMPETÊNCIAS ESTRATÉGICAS **31**

- em um nível elementar, supõe identificar em que medida as competências individuais e coletivas podem contribuir com as competências estratégicas identificadas, tanto do ponto de vista de sua construção quanto de sua exploração, ou ainda de sua proteção contra as tentativas de imitação pela concorrência. Exploramos a natureza dessa relação com base nas seguintes hipóteses:

1. a relação entre competências individuais e competências estratégicas atua essencialmente nas características de criação de valor e de raridade potencialmente ligadas aos recursos humanos;
2. a relação que associa competências individuais e coletivas visa a reforçar as dificuldades de imitação;
3. a relação entre competências individuais, coletivas e estratégicas é mediada pelas práticas e pelas políticas de GRH que as tomam como objeto.

Lorino e Tarondeau (1998) sugerem, nesse sentido, que um recurso não é estratégico em si, mas se torna estratégico pelos processos através dos quais se desenvolve.[7]

- em um nível mais agregado, traz *de facto* a questão das estratégias de subcontratação ou de externalização e de seus efeitos na segmentação dos recursos humanos. Convida, por extensão, a trabalhar a relação entre competências estratégicas e competências do ambiente externo, na medida em que a focalização nas competências-chave implica mobilizar de forma complementar as competências dos atores externos (Retour e Krohmer, 2006).

2.3. DAS COMPETÊNCIAS INDIVIDUAIS ÀS COMPETÊNCIAS ESTRATÉGICAS: UMA RELAÇÃO MEDIADA PELAS CARACTERÍSTICAS DE RARIDADE E DE CRIAÇÃO DE VALOR ASSOCIADAS AOS RECURSOS HUMANOS

2.3.1. Competências individuais e estratégicas: uma fronteira às vezes tênue

Capitalizando características de raridade e de criação de valor relacionadas aos recursos humanos, as competências individuais podem se afirmar como "estratégicas". Levada ao extremo, essa lógica pode, aliás, chegar a confundir competências individuais e estratégicas no mesmo registro. Lamarque et al. (2006) salientam assim que, em bancos de negócios, alguns quadros de elite constituem, por sua própria qualificação, uma fonte de vantagem concorrencial para um tipo de produto complexo ou de operações. Pela amplitude de sua rede relacional, esses quadros permitem ao banco conquistar uma posição no mercado das maiores empresas. A fidelização desses quadros de alto nível se revela, então, um processo crucial. Javidan (1998) observa, nesse sentido, que a defesa de uma vantagem concorrencial pode, caso necessário, exigir um investimento contínuo em certas categorias de recursos. Tomando como exemplo as sociedades de serviços de informática, esse autor salienta que a gestão da relação com o cliente é confiada muitas vezes a um consultor ou a um chefe de projeto sênior, capaz de inscrevê-la em uma dinâmica de parceria de longo prazo.

A contratação é seguramente uma das práticas de GRH que expressa melhor o caráter, às vezes sutil, da distinção entre competências individuais e estratégicas. No setor da consultoria, a contratação apresenta assim uma dimensão estratégica, podendo suas características estarem diretamente ligadas ao estatuto da oferta.

Quadro 2.3
Posicionamento estratégico, natureza da oferta e processo de contratação: o exemplo da MacKinsey & Company

No universo da consultoria empresarial, a MacKinsey se singulariza por uma reputação de excelência e por uma vontade afirmada de prestar serviços sob medida, estritamente personalizados. O processo de contratação contribui diretamente para firmar o posicionamento e a legitimidade de sua oferta. Ele se baseia na seleção de jovens diplomados de alto potencial, oriundos das melhores escolas de administração americanas. Sua originalidade está no fato de que essa seleção se apoia na consideração de situações reais: cada candidato passa, em média, por 6 a 9 entrevistas com consultores ou associados do escritório, que os submetem às tarefas nas quais trabalham a fim de se assegurar de suas capacidades analíticas. Esse processo de seleção vai muito além da fase de integração: se o desempenho é insuficiente nos dois anos, os novatos são convidados a deixar a estrutura, perpetuando, então, o famoso adágio do *up or out* (suba ou saia).

Fonte: B. Ramanantsoa, "Une année sabbatique chez MacKinsey", école de Paris, Séminaire vie des Affaires, si anee du 8 octobre 1993.

2.3.2. Uma relação mediada pelas práticas e pelas políticas de GRH

As práticas de gestão de recursos humanos, para a maioria facilmente imitáveis, não bastam, por elas mesmas, para estabelecer uma vantagem concorrencial a longo prazo. De fato, a teoria dos recursos nos mostra que mais importante do que considerar o impacto desta ou daquela prática individual de GRH no desempenho organizacional é analisar seus efeitos na base de competências da firma (Delery, 1998).

O caso da Décathlon confirma essa lógica, pois mostra como uma política ambiciosa de contratação, de integração e de formação pode contribuir para o desenvolvimento do profissionalismo de seus funcionários e faz disso um apoio direto a sua política de marcas próprias.

Deve-se a Hagan (1996) uma análise aprofundada das relações entre as organizações que privilegiam uma abordagem pelas competências-chave e pela natureza das práticas de GRH mobilizadas. De fato, essas organizações parecem desenvolver uma política de contratação proativa, fundamentada em investimentos anteriores em organismos de formação, na atenção especial às competências relacionais, na orientação dos sistemas de remuneração pelo reconhecimento das competências já adquiridas, todo o tempo enfatizando simultaneamente os elementos coletivos dessas variáveis. O autor sugere, fi-

Quadro 2.4
Contratação, integração e formação como suportes
de uma política de marcas próprias: o exemplo de Décathlon

A empresa Décathlon ocupa atualmente um lugar dominante no mercado francês de distribuição de artigos esportivos, além de estar difundida em quase todos os países da Europa ocidental e ter aberto lojas em países como Brasil, China e Índia. Especialmente na França, a posição de dominância foi conquistada graças a uma política ambiciosa de marcas próprias, que representa hoje mais da metade do número de negócios e que está ancorada em torno de sete universos esportivos. A contratação intervém diretamente como apoio a essa política de marcas próprias. Na Décathlon, mais do que em outras empresas, chefes de seções de produtos e vendedores devem demonstrar que têm experiência nas práticas esportivas nas quais atuam na empresa. Integração e tutoria desempenham igualmente um papel determinante na articulação entre competências individuais e estratégicas. A integração de um novo funcionário é feita em duas etapas:

- a primeira etapa favorece o acesso a inúmeros instrumentos de apoio (relatórios de acompanhamento, descrição do cargo, referencial de competências, etc.). A construção de um percurso de formação personalizado permite ao funcionário então passar por diferentes etapas de experiência em seu trabalho;
- em um segundo momento, quando o funcionário atinge o estatuto de especialista, ele pode propor uma mobilidade vertical ou transversal. Pode também optar por um outro ciclo de formação, inscrito na Universidade Corporativa Décathlon, que posicionará na condição de formador interno;

Esses dispositivos contribuem bastante para a consolidação da estratégia da empresa:

- através da profissionalização dos funcionários e para a qualidade da relação com o cliente;
- através da interação entre os funcionários, o que gera uma redução do *turnover* e uma melhora sensível do ambiente social com repercussões favoráveis na qualidade do serviço;
- através do uso extensivo dos procedimentos de tutoria, privilegiando a lógica de marcas próprias, o que acaba por favorecer a consolidação de uma cultura interna que valoriza as marcas.

nalmente, que a avaliação do pessoal recorra mais amplamente, nesse quadro, a mecanismos do tipo 360° (avaliação pelos pares, pelos subordinados, pelos clientes, etc.).

Um outro estudo, realizado em 1997 por Huselid et al., confirma a hipótese de que não são as práticas de GRH por si mesmas que são a fonte de vantagem concorrencial, mas são, sim, seus impactos sobre as competências individuais e as competências coletivas. Pareceria, no entanto, segundo esses mesmos autores, que as práticas de GRH não são todas iguais no que se refere a capacidade de ampliar as condições de criação de valor, de raridade e de imitabilidade imperfeita, condições essas ligadas à gestão de recursos humanos. Nesse estudo, sobre 296 empresas americanas, os autores fazem uma distinção entre o desempenho "técnico" e o desempenho "estratégico" da função recursos humanos. O desempenho técnico remete às práticas de GRH mais institucionalizadas, cuja difusão é amplamente estimulada pelas sociedades de consultoria, pelos organismos de formação, pelos sindicatos profissionais, etc. Seus principais componentes são a contratação, a formação, a avaliação do pessoal, a comunicação interna, a remuneração, as relações sociais, a higiene e a segurança e as pesquisas de opinião internas.

34 COMPETÊNCIAS COLETIVAS

Se o desempenho técnico permite alimentar a organização com recursos humanos raros e criadores de valor, o desempenho estratégico apropria práticas que são mais contextuais, mais integradas e mais diretamente ligadas às escolhas estratégicas da firma (e, por extensão, mais dificilmente imitáveis). A construção de organizações "que aprendem" as práticas de flexibilidade e de segmentação dos recursos humanos (sobretudo gestão dos potenciais) e a gestão previsional são os principais componentes desse desempenho estratégico da função RH.

2.3.3. Uma relação que oportuniza efeitos-sistema[8]

A instrumentação de gestão dos recursos humanos, como vimos, tem um papel não desprezível na articulação entre competências individuais e competências estratégicas. Esse papel pode ser otimizado a partir do momento em que se atente para os efeitos-sistema presentes nos instrumentos e nas práticas de GRH. Para a teoria dos recursos, na verdade, a vantagem concorrencial não reside tanto no fato de desenvolver esta ou aquela prática individual de GRH, mas antes nos efeitos-sistema que sua combinação provoca e em sua inscrição no sistema social da empresa, de modo a se precaver contra as tentativas de imitação. Guérin e Wils (2006) notam, a esse respeito, que a avaliação estratégica dos recursos humanos, outrora centrada na eficácia das práticas individuais, está desde então na eficácia de conjuntos – ou "pacotes"– de práticas de recursos humanos e em seu impacto no desempenho organizacional. A teoria dos recursos constitui, assim, um contraponto útil à abordagem universalista, que dominou com frequência a gestão dos recursos humanos e pressupõe a existência de "boas práticas" de GRH intrinsecamente eficazes (Pfeffer, 1994).

Os percursos "competência" em GRH representam potencialmente um bom exemplo de capitalização nesses efeitos-sistema como mostra o caso desta PME têxtil no Quadro 2.5.

Quadro 2.5
TECHMED, um sistema integrado de gestão das competências

A sociedade TECHMED[9] é uma PME da região de Provença, uma das líderes da França na área do têxtil médico. A qualidade da força de venda e sua capacidade de se adaptar e aprender num mercado muito mutante aparece como uma competência-chave nesse setor. A sociedade, nesse ponto de vista, desenvolveu um sistema integrado de gestão das competências destinado à força de venda. A avaliação das competências é a base desse sistema, distinguindo cinco níveis de experiência na função comercial (da ocupação de uma função a um estatuto de especialista). Esse princípio de avaliação das competências apresenta várias extensões: estabelecimento de uma remuneração diferenciada, acesso à formação de forma coerente com o estágio de experiência atingida, articulação com a gestão das carreiras (os dois últimos níveis de experiência dão acesso a mobilidades transversais ou a funções de equipe). Uma relação é operacionalizada entre a hierarquia dos níveis de competência e o acesso a grupos de trabalho, como, por exemplo, a oportunidade de exercer o papel de tutor interno. A articulação estreita das práticas de GRH, em torno de um percurso integrado de gestão das competências, constitui, desse modo, um forte impulso para o desenvolvimento das competências individuais, as quais valorizam os reforços mútuos entre práticas.

2.3.4. Uma relação fragilizada pela volatilidade dos recursos humanos e pela ameaça permanente do *turnover*

Se comparados com outros recursos, os recursos humanos apresentam uma singularidade: são voláteis, quando submetidos a problemas de assimetria de informação, e sofrem com a ameaça constante do *turnover*. A própria Penrose (1959), precursora da teoria dos recursos, havia desenvolvido em sua obra fundadora, *The Theory of the Growth of the Firm*, uma consciência aguda da volatilidade dos recursos humanos, estando o valor desses últimos subordinado à capacidade de fidelização que a empresa desenvolve junto a seus funcionários.

Nessa perspectiva, uma organização pode desenvolver inúmeros recursos visando a fidelização de seus RH a fim de se precaver contra o risco da mobilidade externa e, portanto, da volatilidade das competências. De fato, por que investir pesadamente em seus recursos humanos se a renda que resulta deles pode, ao final, cair na mão de outros atores, especialmente concorrentes? Doeringer e Piore (1971) mostraram assim que os mercados internos às empresas existiam para proteger os investimentos em formação específica ancorados na situação de trabalho e prevenir um crescimento do *turnover*. A literatura sobre o *turnover*, por sua vez, tende a demonstrar que a propensão de uma pessoa mudar de emprego depende da percepção de seu atual trabalho em relação às alternativas. Ela destaca igualmente o quanto a percepção do emprego atual pode ser influenciada por elementos simbólicos de retribuição (isto é, não financeiros) e por um investimento forte nas competências específicas da firma (Rusbult et al., 1988).

2.4. RECURSOS HUMANOS DIFICILMENTE IMITÁVEIS: CONTRIBUIÇÃO DAS COMPETÊNCIAS COLETIVAS ÀS COMPETÊNCIAS ESTRATÉGICAS

Sem retomar aqui os termos de um debate às vezes controverso, um consenso mínimo sobre as características e os fundamentos das competências coletivas se mostra útil para quem acredita em seu potencial de contribuição, na formação das competências estratégicas. Nos apoiamos nessa ótica e tomamos o trabalho de Retour e Krohmer (2006) a fim de lembrar os quatro atributos constitutivos de uma competência coletiva:

1. a existência de um referencial comum que estrutura a ação coletiva, fruto da comparação entre experiências e representações dos atores;
2. uma linguagem de trabalho compartilhada, ou seja, um vocabulário comum que permite aos atores uma economia cognitiva na ação (compreensão com meias palavras, com simples gestos) e, ao mesmo tempo, contribui para a emergência de uma identidade comum;
3. uma memória coletiva que marca aprendizagens passadas e, ao mesmo tempo, orienta as aprendizagens futuras;
4. um engajamento, uma mobilização subjetiva dos atores orientados para a empresa comum e que integra um tratamento "contingencial" da atividade (ou seja, resolução de imprevistos, de disfunções capazes de interromper o andamento da ação).

36 COMPETÊNCIAS COLETIVAS

2.4.1. As competências coletivas como incentivo de desenvolvimento das competências individuais

O impacto das competências coletivas nas competências individuais pode ser analisado, em primeiro lugar, como um efeito amplificador, multiplicador, um vetor de desenvolvimento da empregabilidade dos salários. Qualquer que seja a forma organizacional na qual se apresentem (equipe semiautônoma, estrutura--projeto, comunidade de prática, etc.), as competências coletivas podem facilitar o acesso a uma rede profissional de ajuda mútua, acelerar a integração dos funcionários, favorecer o exercício da distância reflexiva dos atores em relação a sua própria prática e, ainda, comparar sua prática com a de seus pares. O exemplo das comunidades de prática mostra, desse ponto de vista, o papel da competência coletiva nos mecanismos de transferência dos conhecimentos entre indivíduos. Uma comunidade de prática pode ser definida como uma rede de indivíduos socialmente ligados, envolvidos em uma atividade, uma prática conjunta ou complementar, que compartilham uma linguagem, preocupações e desenvolvem suas competências pela troca e por atividades comuns de resolução de problema (Wenger, 1998). O exemplo de *La Poste* (correios da França) ilustra essa forma singular de transferência de conhecimentos.

Quadro 2.6
Comunidades de prática em *La Poste*

La Poste, a empresa francesa de correios, ex PTT, hoje atua em diversos campos, como Banco Postal, por exemplo. Esse grupo experimentou em várias direções de departamentos uma forma particularmente original de transferência de conhecimentos entre conselheiros financeiros no que se refere a forma de administrar a relação com o cliente. Essa se apoia numa configuração do tipo comunidade de prática. As principais dificuldades encontradas e as boas práticas capazes de responder a essas dificuldades foram capitalizadas na forma de relatos pedagógicos. As consequências individuais e organizacionais dessa comunidade são múltiplas: aceleração e melhor eficiência da transferência de conhecimentos, desenvolvimento da empregabilidade, reforço do sentimento de pertencimento. Esses benefícios dificilmente são imitáveis, considerando a inscrição social e a dimensão contextual da comunidade considerada.

2.4.2. A competência coletiva como elemento constitutivo das competências estratégicas

Independentemente de um efeito amplificador sobre o desenvolvimento das competências individuais, a competência coletiva pode se afirmar também *per se* como um elemento constitutivo das competências-chave, contribuindo diretamente para criar vantagem concorrencial. A literatura sobre as Organizações de Alta Confiabilidade (OAC) mostra, assim, o papel crucial desempenhado pela competência coletiva na resolução das situações disfuncionais ou das situações de crise. Esse ponto foi evidenciado especialmente por Karl Weick em sua análise de desastres organizacionais (o acidente aéreo de Tenerife, o incêndio florestal em Mann Gulch, etc.)

DAS COMPETÊNCIAS INDIVIDUAIS ÀS COMPETÊNCIAS ESTRATÉGICAS **37**

Quadro 2.7
Outro exemplo clássico: o acidente de Tenerife e o papel crucial da competência coletiva nas situações de crise

---

Em 27 de março de 1977, dois Boeing 747, o primeiro da Pan Am, o segundo da KLM, colidem no aeroporto de Tenerife, no arquipélago das Canárias, causando a morte de 583 pessoas. Os dois aviões, impedidos de aterrissar em Las Palmas devido às condições climáticas deploráveis, haviam sido desviados para o aeroporto menor de Tenerife. Foi no momento da decolagem que a colisão ocorreu. A análise dos acontecimentos que antecedem o drama mostra a incapacidade dos atores em desenvolver uma representação comum da situação e em manter interações significantes (ausência de referencial comum). Os controladores alteram a sintaxe inglesa conforme a língua espanhola; o piloto da Pan Am, que consegue se fazer compreender com dificuldade, termina por se submeter às instruções dos controladores (ausência de linguagem comum). O piloto da KLM, submetido a um grande estresse, adota um comportamento regressivo – reendossa seu antigo papel de instrutor – esquecendo assim as soluções encontradas no passado em contextos similares (ausência de memória coletiva). A ausência de legibilidade dos papéis, a dificuldade em dar um sentido à situação, limitam o engajamento na resolução da crise (ausência de mobilização subjetiva).

Segundo Weick, K.E. (1990), "The Vulnerable System: An Analysis of the Tenerife Air Disaster", *Journal of Management*, Vol. 16, pp. 571-593.

2.4.3. A competência coletiva: um expediente para reforçar as barreiras contra a imitação no campo dos recursos humanos

A competência coletiva pode, finalmente, contribuir para a vantagem concorrencial reforçando as barreiras contra a imitação no campo dos recursos humanos e, desse modo, das competências estratégicas com as quais estão relacionadas. A teoria dos recursos considera, de fato, que os recursos humanos e seus processos subjacentes não são necessariamente adaptáveis em diferentes contextos. (Wright et al., 1994). Em primeiro lugar, a "ambiguidade causal" torna delicada a identificação das atividades e dos atores que contribuem para as competências estratégicas. Essa dificuldade é acentuada pela complexidade das relações sociais subjacentes a qualquer tipo de competência. Na verdade, não se pode analisar uma competência individual fora do contexto e da rede de relações sociais nas quais ela se inscreve.

Não basta, dessa forma, apropriar uma competência individual externa para obter uma vantagem concorrencial: essa corre o risco de perder seu valor por não recriar o contexto organizacional nem a rede de interações que a fizeram surgir. Em segundo lugar, o valor dos recursos humanos pode ser dependente das condições históricas únicas que nortearam sua constituição. Assim, um concorrente potencial que pretenda imitar uma vantagem competitiva originada no campo do RH, deve ser capaz, não somente de duplicar os elementos constitutivos dos recursos humanos da empresa, mas também as condições e as circunstâncias particulares nas quais esses recursos funcionam (McWright et al., ibid.).

A teoria dos recursos apresenta, nesse sentido, um parentesco com a teoria do capital humano: essa última sugerindo que as firmas têm interesse em limitar as possibilidades de transferência de seus investimentos em recursos humanos a outras organizações.

38 COMPETÊNCIAS COLETIVAS

Nesse caso, a articulação entre as competências coletivas e os dispositivos de recursos humanos ou organizacionais pode aumentar as barreiras relativamente à imitação dos recursos humanos. A construção de "organizações que aprendem", por exemplo, constitui fortes barreiras à imitação e à transferência para os concorrentes, através da articulação entre diversas políticas e práticas de recursos humanos (formação, desenvolvimento da polivalência, remuneração pelas competências), combinando-as com sistemas de organização (redução da pirâmide hierárquica, desenvolvimento de equipes semiautônomas, comunidades de prática, administração pelos recursos).

2.5. TEORIA DOS RECURSOS, ESTRATÉGIAS DE EXTERNALIZAÇÃO E IMPACTO NA SEGMENTAÇÃO DAS COMPETÊNCIAS INDIVIDUAIS

2.5.1. A identificação das competências-chave, uma empreitada delicada

A teoria dos recursos, ao distinguir as competências estratégicas dos outros tipos de competências, traz à tona a questão das estratégias de externalização. Definida como uma transferência parcial das competências para o exterior, a externalização provém, em geral, de uma revisão estratégica, da redefinição do *core* do negócio e da identificação das competências distintivas. (Quinn, 1992). Os benefícios tradicionalmente associados à externalização são a redução e o redimensionamento dos custos, uma concentração nas etapas-chave da cadeia de valor e uma melhor adaptação ou mesmo uma melhor gestão das atividades externalizadas.

A questão da identificação das competências-chave e, por extensão, das competências periféricas, permanece presente. Deste ponto de vista, os critérios geralmente usados pela teoria dos recursos para classificar uma competência como "estratégica" (criação de valor, raridade, imitabilidade imperfeita, não substitutibilidade, etc.) nem sempre são operacionalizáveis no ambiente empírico, como mostra o estatuto da função produção no negócio de distribuição e comercialização de artigos têxteis, apresentado sucintamente no Quadro 2.8.

Quadro 2.8
A identificação das competências-chave no segmento de distribuição de artigos têxteis

A distribuição de artigos têxteis é hoje um negócio amplamente mobilizado pela globalização e é dominado por alguns grandes *players*, dos quais em primeiro lugar aparecem a sueca H &M, a americana GAP e a espanhola Zara. Considerando uma atividade que movimenta grandes volumes de produtos, o senso comum poderia conduzir à ideia de predomínio, neste setor, de uma estratégica sistemática de externalização produtiva, na qual a função produção seria colocada em segundo plano frente à competências geralmente consideradas mais estratégicas, como marketing, design ou logística. Pois não é o caso da Zara. A empresa espanhola, uma das líderes mundiais do setor, fez uma escolha singular ao limitar a externalização de sua produção exclusivamente aos produtos mais básicos. Ao mesmo tempo, direciona sua produção ao processo de renovação das coleções, fator de fidelização da clientela. Através de uma forma estrita de gerir a produção, associada a um sistema logístico muito eficaz e à produtividade elevada da atividade de *design*, a empresa construiu uma estratégia competitiva muito avançada, quase inacessível à concorrência.

DAS COMPETÊNCIAS INDIVIDUAIS ÀS COMPETÊNCIAS ESTRATÉGICAS **39**

2.5.2. Teoria dos recursos e segmentação dos recursos humanos

Ao distinguir as competências estratégicas das competências menos importantes, a teoria dos recursos conduz de fato a uma lógica de segmentação dos recursos humanos. Essa implicação merece ser enfatizada, uma vez que inúmeras abordagens que tratam do valor estratégico dos recursos humanos empregam a mesma lógica principal, a do investimento em capital humano, a qual lembra fortemente as características do modelo de competências em gestão dos recursos humanos. Guérin e Wils (2006) destacam que os modelos focados na gestão estratégica de RH tomam normalmente como referência a organização e têm dificuldade em considerar a existência de grupos de práticas ou de estratégias de RH diferenciados, no interior da uma mesma organização. Atkinson (1984), há mais de vinte anos, havia estabelecido as premissas de uma tal segmentação, distinguindo o núcleo central composto por funcionários permanentes (funcionários que contribuem para processos ou competências estratégicas em tempo integral, fidelizados e motivados por carreiras internas, com acesso amplo à formação, e regidos por um conceito de remuneração global), o núcleo periférico (funcionários sem segurança de emprego, com competências amplamente banalizadas) e o núcleo externo (subcontratados, temporários, consultores).

2.5.3. Quando as competências estratégicas remetem à competências do ambiente

Toda a empresa engajada numa abordagem orientada para competências--chave deve, por um lado, mobilizar uma rede de competências complementa-

Tabela 2.1 **A distinção das competências centrais, limítrofes, secundárias e suas implicações para a segmentação dos recursos humanos**

Competências centrais, distintivas Núcleo rígido de funcionários posicionados em funções e processos que contribuem fortemente para a vantagem concorrencial	Sistemas de GRH baseados em um reconhecimento da contribuição individual: conceito de remuneração global, carreiras internas, formações customizadas, gestão dos potenciais, dispositivos de integração, administração participativa.
Competências limítrofes Núcleo periférico de funcionários posicionados em funções e processos cujo domínio é necessário para participar do trabalho do setor, mas que não são mais fonte de diferenciação concorrencial	Sistemas de GRH baseados no benefício mútuo empregado-empregador, operando a partir de competências-padrão adquiridas no mercado e exigindo poucos investimentos posteriores. Ajuste da remuneração dos funcionários ao mercado. Funcionários investem pouco na empresa, com foco na própria carreira.
Competências secundárias Núcleo periférico de funcionários posicionados em competências não específicas, com um fraco interesse estratégico para a organização	Externalização dos empregos pouco qualificados visando ao aumento da flexibilidade e à redução dos gastos. Sistemas de GRH baseados nos resultados esperados do trabalho, nos dispositivos de integração e de regulação dessa mão de obra. Formação focada na internalização da cultura, das regras e dos procedimentos internos da empresa.

res presentes em atores externos (competências que podem ser qualificadas de "ambientais") e, por outro, avaliar a relação entre as competências desenvolvidas pelos clientes e seu impacto sobre a natureza das competências individuais e coletivas exigidas aos assalariados dessa empresa. (Retour e Khromer, 2006). Javidan (1998) salienta que as modalidades de acesso a essas competências complementares podem ser múltiplas: alianças, parcerias, fusões, etc., sendo a escolha norteada por condições temporais, pela vontade de controlar os recursos, pelo nível dos investimentos exigidos, etc. A mobilização dessas competências complementares ou ambientais pode, caso necessário, se inscrever em formas mais institucionalizadas de troca e de compartilhamento dos conhecimentos, a exemplo daquelas evidenciadas por Ferrary (2001), nas redes da *Silicon Valley*, na Califórnia (EUA).

Quadro 2.9
As redes de competências na *Silicon Valley*

Ferrary (2001) mostra que as redes de inovação da *Silicon Valley* são fundadas na interação entre meio universitário (Berkeley, Stanford), laboratórios de pesquisa (SRI, Xerox Parc), grandes empresas (Hewlett Packard, Intel, Cisco, Oracle, etc.) e múltiplos prestadores de serviços (capital-empreendedor, juristas, bancos de investimentos, *headhunters*, etc.). Associados nessa rede de recursos, os capitais-empreendedores intervêm, no início do processo, na escolha de prestadores de serviços (escritórios de recrutamento e de *headhunters*, escritórios de advogados e de relações públicas, etc.); favorecem o contato entre clientes e fornecedores; podem, finalmente, servir como intermediários para grandes grupos que querem comprar *start up* a fim de ampliar sua carteira de tecnologias (à imagem de Cisco que comprou 150 *start up* desde dua criação).

2.6. CONCLUSÃO

Apesar das complexidades e paradoxos intrínsecos, a teoria dos recursos constitui um quadro potencialmente integrador para a gestão estratégica dos recursos humanos. Ela torna mais visível a contribuição dos recursos humanos e das práticas correspondentes, na gênese da vantagem concorrencial. Além disso, a teoria dos recursos introduz um novo olhar acerca da articulação entre níveis de competências (individuais, coletivas, estratégicas, ambientais), destacando o papel dos instrumentos de gestão nesse contexto.

Ao final de nossa análise, várias hipóteses centrais podem ser depreendidas quanto à relação entre competências individuais, coletivas e estratégicas:

- essa relação é influenciada simultaneamente pela natureza da intenção estratégica e pela "visão de recursos humanos";
- ela valoriza as características de raridade, de criação de valor de imitabilidade imperfeita, ligadas aos recursos humanos;
- os intrumentos e práticas de GRH desempenham um papel mediador na relação entre competências individuais, coletivas, estratégicas. Esse papel mediador contribui para a constituição dos efeitos-sistema (sistemas integrados ou sinergias de instrumentos RH);

DAS COMPETÊNCIAS INDIVIDUAIS ÀS COMPETÊNCIAS ESTRATÉGICAS **41**

- a relação entre níveis de competências não é necessariamente homogênea, pois reflete as escolhas no campo das estratégias de externalização e de flexibilização, bem como seu impacto na segmentação dos recursos humanos.

Por outro lado, esses avanços são limitados por contradições. A teoria dos recursos, que conheceu um crescimento espetacular no campo da estratégia, custa a integrar, em suas lógicas principais, as especificidades próprias aos recursos humanos. Para Coff (1997), os recursos humanos são uma categoria de recurso singular: por um lado, voláteis (podem facilmente deixar a empresa para migrar para um concorrente), por outro, delicados para serem administrados (motivação e envolvimento instáveis, potencialmente conflituosos, complexos socialmente, sensíveis às condições organizacionais que lhes são ofertadas). Consequentemente, investir em recursos humanos raros e específicos se torna uma opção arriscada, principalmente como um procedimento tomado de forma absoluta. É o que mostram claramente Picq e Autier (2002) em um estudo que trata de 20 empresas do setor do *videogame* na região de Lyon (França). Se as primeiras fases de crescimento foram marcadas pelo investimento em recursos humanos raros e específicos, especialmente em atividades criativas, o acesso ao patamar de líder nacional ou multinacional estimula essas empresas a se desfazerem desses recursos (criativos), em benefício de competências mais banalizadas (funções associadas à comunicação e à distribuição substituem as atividades de criação as quais são externalizadas). A difícil convivência, nesse estágio, entre as funções criativas e administrativas, a complexidade social resultante e a constante ameaça do *turnover* levam a empresa a deslocar a ênfase em recursos humanos individuais para recursos coletivos genéricos e para o domínio de processos organizacionais (gestão de projeto, gestão do conhecimento).

No plano metodológico, por fim, lamentamos que a identificação das competências centrais seja um processo desenvolvido *a posteriori* a fim de explicar o sucesso (ou o fracasso) de uma empresa. Pode-se perguntar a partir daí, com razão, sobre o caráter operativo de um percurso que, nem sempre, permite esclarecer a ação *ex ante*. Neste sentido, a baixa visibilidade de certas competências no contexto organizacional – associada à questão da ambiguidade causal – dificulta, inevitavelmente, a capacidade da empresa de geri-las. Os trabalhos de pesquisa futuros deveriam contribuir para a solução de tais paradoxos.

NOTAS

1. A *abordagem universalista* busca estabelecer um elo entre o desenvolvimento de certas práticas individuais de GRH e o desempenho organizacional. Existiriam, assim, práticas de GRH universais e intrinsecamente eficazes, independentemente do contexto no qual se desenvolvem. A *abordagem contingente* busca ir além dessa relação de causalidade linear entre GRH e desempenho, para in troduzir variáveis de contingência nessa relação, normalmente ligadas ao posicionamento estratégico da empresa. A ênfase é dada aqui mais ao alinhamento estratégico das práticas de GRH do que à sua coerência interna. A *abordagem configuracional* tenta elaborar configurações ideais-típicas, articulando em um conjunto coerente as dimensões estratégica, organizacional, cultural e as políticas

42 COMPETÊNCIAS COLETIVAS

e práticas de gestão dos recursos humanos. É a interação entre essas dimensões que é considerada fonte do desempenho organizacional. Para uma síntese completa dessas três correntes, ver o artigo de Colbert (2004), "The Complex Resource-Based View: Implications for Theory and Practice in Strategic Human Resource Management", *Academy of Management Review*, vol. 29, n°3, p. 341-358.

2. Cadin observa que a gestão estratégica, preocupada em proteger as competências das tentativas de imitação, deve priorizar sua dimensão tácita; já a gestão RH, ao contrário, privilegia o explícito a partir do momento em que a competência se torna o fundamento de uma nova relação salarial.

3. Tomamos aqui a definição da noção de renda desenvolvida por Tarondeau (2002), compreendida como "o lucro obtido por uma firma é superior àquele que viria para o conjunto das firmas se estas dispusessem dos mesmos recursos" (p. 59). A renda resulta, desse modo, ou da detenção de recursos superiores à concorrência, alimentando a redução dos custos e/ou a criação de valor para o cliente (renda ricardiana), ou da utilização mais eficaz e mais adequada destes mesmos recursos (renda quase-ricardiana) ou, ainda, do desenvolvimento de novos recursos e/ou de um aprofundamento e de uma extensão de seus usos (renda schumpeteriana).

4. Fazemos referência aqui à famosa tipologia desenvolvida por Ulrich (1996). O papel de "especialista administrativo" visa a melhorar a eficácia e a eficiência dos processos de recursos humanos, fornecendo aos clientes internos um serviço de qualidade a custo reduzido. O papel de "campeão dos funcionários" almeja aumentar o nível de envolvimento e de competências dos funcionários, desenvolvendo para com eles capacidades de escuta (via a realização de pesquisas de opinião internas, por exemplo). O papel de "agente de mudança" inscreve os recursos humanos em uma abordagem de transformação da organização, seja avaliando suas condições sociais de trabalho, encorajando-o (formação, comunicação), ou seja ainda facilitando uma gestão simbólica. O papel de "parceiro estratégico", por fim, busca harmonizar as decisões e as ações sociais com as orientações estratégicas da firma.

5. Definimos o capital social, a partir de Bourdieu (1990), como o conjunto dos recursos atuais e potenciais que estão ligados à posse de uma rede perdurável de relações mais ou menos institucionalizadas de interconhecimento e de inter-reconhecimento.

6. Distinguiremos, desse ponto de vista, a exemplo de Coff (1997), a complexidade social interna, que remete à noção de competência coletiva e aos dispositivos organizacionais que estão relacionados a esta (administração de projeto, comunidades de prática), e a complexidade social externa que remete às redes profissionais que vinculam funcionários a outras partes envolvidas (clientes, fornecedores, subcontratados, etc.).

7. Notaremos que essa concepção já aparecia em sua forma germinal em Penrose, precursor da abordagem pelos recursos. Essa autora afirma, já em 1957, "nunca são os próprios recursos, entendidos como elementos do processo de produção" que constituem o verdadeiro motor do crescimento, mas "somente os serviços que esses recursos podem verter ou produzir".

8. O autor denomina efeitos-sistema os efeitos que acabam se desdobrando em todo o sistema no qual está inserido.

9. O nome da empresa foi alterado por razões de confidencialidade.

REFERÊNCIAS BIBLIOGRÁFICAS

Allouche J. et G. Schmidt (2006), « 50 ans de la pensée et des outils d'analyse stratégique : entre académie, entreprises et consultants », in Caby et Schmidt (Coord), *50 ans de management*, Pearson Education, 259-297

Atkinson J. (1984), « Manpower Strategies for Flexible Organizations », *Personnel Management*, August, p. 28-31.

Autier F. et T; Picq (2002), « Gestion stratégique des ressources humaines : une situation paradoxale ? *Revue de Gestion des Ressources Humaines*, Janvier.

Barney J.B. (1991), « Firms Resources and Sustained Competitive Advantage », *Journal of Management*, Vol. 17, p. 99-120.

Barney J.B. (1986), « Organizational culture : Can it be a source of sustained competitive advantage ? *Academy of Management Review*, Vol. 11, 656-665.

Besseyre des Horts C.E. (2002), « La GRH est-elle créatrice de valeur ? L'exemple de la e-RH », *Revue de gestion des ressources humaines*, n°46, p. 2-16.

Cadin L. (2002), « Compétence et choix stratégiques de l'entreprise », in Aubret, Gilbert, Pigeyre (Coord), *Management des compétences. Réalisations, concepts, analyses*, Paris, Dunod, 63-82.

Coff R.W. (1997), « Human assets and management dilemmas: Coping with hazards on the road to resource-based theory ». *Academy of Management Review*, 22:2, 374-402.

Colbert B.A. (2004), « The complex resource-based view : implications for theory and practice in strategic human resource management », *Academy of Management Review*, Vol. 29 n°3, 341-358.

Collis D.J. (1991), « A Resource-Based Analysis of Global Competition: the Case of the Bearings Industry », *Strategic Management Journal*, Vol. 12, pp. 49-68.

Delery J.E. (1998), « Issues of fit in strategic human resource management: Implications for research », *Human Resource Management Review*, Vol. 8, 289-309.

Doeringer P. et M. Piore (1971), *Internal labor markets and manpower analysis*, Lexington, MA: Heath.

Durand T. (2000), « L'alchimie de la competence », *Revue Française de Gestion*, Janvier-Février

Ferrary M. (2001), « La logique d'échange dans les réseaux d'innovation de la Silicon Valley », *Personnel* n°42.

Guérin G. et T. Wils (2006), « L'alignement stratégique de la gestion des ressources humaines » dans Allouche J. (Coord.), *Encyclopédie des ressources humaines,* 2ème édition.

Hagan C.M. (1996), « The Core Competence Organization: Implications for Human Resources Practices », *Human Resource Management Review*, Vol. 6, n°2, 147-164.

Hamel G. et C.K. Prahalad (1994), *Competing for the Future*, Harvard Business School Press.

Hamel G. et C.K. Prahalad (1990), « The Core Competence of the Corporation », *Harvard Business Review*, May-June, pp. 79-91.

Huselid M.A.; Jackson S.E. et R.S. Schuler (1997), « Technical and strategic human resource management effectiveness as determinants of firm performance », *Academy of Management Journal*, Vol. 40 n°1, 171-188.

Javidan M. (1998), « Core Competence: What Does it Mean in Practice ? », *Long Range Planning*, Vol. 31, n°1, pp. 60-71.

Kogut B. et U. Zander (1992), « Knowledge of the firm, combinative capabilities and the replication of technology », *Organization Science*, Vol. 3, p. 383-397.

Lamarque E. et F. Lamarque (2006), « Compétence organisationnelle. De la compétence organisationnelle à la compétence humaine », dans J. Allouche (Coord.), *Encyclopédie des ressources humaines*, Vuibert, pp. 167-175.

Lepak D.P. et S.A. Snell (1999), « The Human Resource Architecture: Toward a Theory of Human Capital Allocation and Development », *Academy of Management Review,* Vol. 24 n°1, p. 31-48.

Lado A. et M.C. Wilson (1994), « Human Resource Systems and Sustained Competitive Advantage : A Competency-Based Perspective », *Academy of Management Review,* Vol.19 n°4.

Lippman S.A. et R.P. Rumelt (1982), « Uncertain imitability: An analysis of interfirm differences in efficiency under competition », *The Bell Journal of Economics*, Vol. 13, 418-438.

Lorino P. et J.C. Tarondeau (1998), "De la stratégie aux processus stratégiques", *Revue Française de Gestion*, Vol. 117, Janvier-Février.

Martory B. et D. Crozet (2008), *Gestion des ressources humaines. Pilotage social et performances*, Paris, Dunod, 7ème édition.

Nelson R. et S. Winter (1982), *An Evolutionary Theory if Economic Change*, Belknap Press of Harvard University, Cambridge.

Nizet J. et F. Pichault (2000), *Les pratiques de GRH: approches contingente et politique*, Paris, Seuil.

Penrose E. (1959), *The Theory of the Growth of the Firm*, Oxford University Press.

Pfeffer J. (1994), *Competitive advantage trough people: Unleashing the power of the workforce*, Boston: Harvard Business School Press.

Quinn J. B. (1992), *Intelligent Enterprise*, Free Press, New York.

Reed R. et R. De Filippi (1990), « Causal ambiguity, barriers to imitation and sustainable competitive advantage », *Academy of Management Review*, Vol. 15 n°1.

Retour D. et C. Krohmer (2006), *La compétence collective, maillon clé de la gestion des compétences*, dans C. Defélix, A. Klarsfeld et E. Oiry (2006), *Nouveaux regards sur la gestion des compétences*, Vuibert, Coll. Gracco CNRS, pp. 149-183.

Tarondeau J.C. (2002), *Le management des savoirs*, PUF, Que sais-je?, n°3407, 2ème édition.

Teece D.J. ; Pisano G. et A. Schuen, « Dynamic Capabilities and Strategic Management », *Strategic Management Journal*, 18 :7, 509-535.

Ulrich D. et D. Beatty (2001), « From partners to players : extending the HR playing field », *Human Resource Management*, Vol. 40 n°4, p. 293-307.

Ulrich D. (1996), *Human Resource Champions*, Boston, Harvard Business School Press.

Weick K.E. (1990), « The Vulnerable System: An Analysis of the Tenerife Air Disaster », *Journal of Management*, Vol. 16, pp. 571-593.

Wenger E. (1998), *Communities of Practice. Meaning, Learning and Identity*, Cambridge University Press.

Wright P.M.; Dunford B. et S.A. Snell (2001), « Human Resources and the Resource-Based View of the Firm », *Journal of Management*, Vol.27, 701-721.

Wright P.M.; Mc Mahan G.C. et A. Mc Williams (1994), « Human Resources and Sustained Competitive Advantage: A Resource-Based Perspective », *International Journal of Human Resource Management*, Vol. 5 n°2, 301-326.

3

A COMPETÊNCIA COLETIVA: UMA RELAÇÃO-CHAVE NA GESTÃO DAS COMPETÊNCIAS[1]

Didier Retour e Cathy Krohmer

3.1. INTRODUÇÃO

A gestão das competências ocupa a cena principal em gestão dos recursos humanos há muitos anos. Já suscitou um grande número de contribuições que podem ser apreendidas, em nossa opinião, a partir de quatro níveis de análise: a gestão das competências individuais, coletivas, organizacionais e relativas ao ambiente[2] (Retour, 2005).

Nesse contexto, *A competência coletiva, elo chave da gestão das competências* é um título que muitos leitores acharão demasiado excessivo. Mas ao escolher deliberadamente tal formulação, reafirmamos nossa dupla ambição.

Em primeiro lugar, a de atrair o maior número de pessoas para uma dimensão da gestão das competências que, até o momento, não mobilizou muitos esforços de análise tanto por parte dos pesquisadores quanto por parte dos profissionais. As ações realizadas na empresa trataram, fundamentalmente, da criação de organizações para o funcionamento mais coletivo (unidades elementares de trabalho, equipes de responsabilidade ampliada, equipes operacionais de base de produção, etc.). O sentido dessas ações mais coletivas foi bastante alterado a partir do desenvolvimento da individualização das práticas de GRH (Retour, 1998).

Conceitualmente, em gestão das competências, os trabalhos dos pesquisadores focaram, inicialmente, a dimensão individual. Dessa forma, as pesquisas fundadoras de White (1959) e de Mc Clelland (1973), ao buscarem compreender por que funcionários se revelam mais eficientes do que outros, privilegiam um certo número de características individuais. As empresas, em geral e com alguns anos de atraso, seguiram esses passos. Desde então, em inúmeras organizações privadas e públicas, referenciais operacionais permitem descrever, classificar, avaliar e remunerar as competências dessa ordem

(ANACT, 2004). A gestão das competências individuais é, hoje, amplamente instrumentalizada (Roger, 2004).

Depois, com base nos trabalhos inaugurais de Penrose (1959) e de Wenerfelt (1984), que tratavam dos recursos organizacionais, retomados, desenvolvidos e "popularizados" por Hamel e Prahalad (1990), várias empresas buscaram situar, identificar, caracterizar e mobilizar as competências-chave (*core competence*) da firma.

Essa dinâmica resultou, de fato, em uma reflexão maior sobre as estratégias de subcontratação (Barreyre, 1968) e de externalização (Quélin, 2003). De fato, se a empresa decide concentrar seus recursos-chave, ela mobiliza de forma complementar competências apresentadas por atores externos ou, em outras palavras, competências do ambiente. Além disso, não pode ignorar, num certo número de casos, o desenvolvimento das competências desenvolvidas por seus clientes e que vão influenciar a maneira como seus próprios funcionários vão ter de colocar em prática seu capital de competências (Dubois, Retour, Bobiller-Chaumon, 2003).

A retomada cronológica desses trabalhos em matéria da noção de gestão de competências mostra claramente que a dimensão coletiva dessa noção permanece sendo o "primo pobre". E, por isso, este é um primeiro obstáculo que buscamos vencer tendo consciência das dificuldades do exercício, considerando o número limitado de trabalhos sobre o tema.

A segunda ambição deste artigo é enfatizar o duplo papel fundamental da competência coletiva: fator de desenvolvimento de competências individuais, mas também elemento constitutivo das competências-chave. Em outros termos, buscamos demonstrar, de forma teórica e empírica, a partir de pesquisas realizadas em empresa, como a apropriação de competências coletivas nasce do desenvolvimento das competêncis apresentadas pelos funcionários individualmente. Por outro lado, constatamos que as competências organizacionais fundamentais da empresa resultam da combinação de competêncas coletivas exploradas em vários serviços internos e/ou no interior de diversos departamentos da empresa. Teremos, então, justificado plenamente a escolha de nosso título.

Melhor apreender o conceito de competência coletiva (CC) e seus vínculos com outros níveis de análise da competência (individual e organizacional) constitui o desafio que buscamos desvendar. Nessa perspectiva, pretendemos, inicialmente, a partir da análise de várias definições propostas para a CC, identificar seus atributos essenciais antes de examinar as fontes individuais e organizacionais de criação de CC e de descrever os principais resultados esperados da CC. Essas diversas contribuições constituem os elementos de uma tabela de análise que testamos, em seguida, com duas CC empregadas em uma PME, empresa prestadora de serviços.

3.2. PROPOSTA DE UMA TABELA DE LEITURA PARA AS CC

Apresentamos as características fundamentais da CC, examinando as definições do conceito e seus principais atributos.

3.2.1. Definições

Coletamos um conjunto de definições propostas por vários autores em referência à competência coletiva (Quadro 3.1), pertencente a disciplinas diversas

Quadro 3.1
Definições da CC

Autores	Definições
De Montmollin (1984)	Sem cair no mito do "trabalhador coletivo", pode-se levantar a hipótese de uma competência coletiva e de sua gênese quando, no seio de uma equipe, as informações são trocadas, as representações se uniformizam, os "saberes-fazer" se articulam, os raciocínios e as estratégias são elaboradas conjuntamente. Essa competência coletiva não elimina, obviamente, mas supõe competências individuais complementares.
Nordhaug[3] (1996)	As competências coletivas são "compostas pelos conhecimentos, pelas capacidades e pelo código genético de uma equipe".
Wittorski (1997)	Percurso coletivo e cooperativo de resolução de problemas pela análise crítica do trabalho.
Dejoux (1998)	Conjunto das competências individuais dos participantes de um grupo, mais um componente indefinível, que é próprio ao grupo e oriundo da sinergia e da dinâmica deste grupo.
Dubois e Retour (1999)	Capacidade de um coletivo de indivíduos de inventar, no trabalho, sua organização, que vai além de um simples desdobramento de um esquema de conjunto formalizado pelas regras organizacionais.
Pemartin (1999)	Saber combinatório próprio a um grupo, o qual resulta da complementaridade e da criação de sinergia de competências individuais das quais não é a soma.
Dupuich-Rabasse[4] (2000)	Uma combinatória de saberes diferenciados que são aplicados na ação, a fim de atingir um objetivo comum cujos atores apresentam representações mentais comuns e pretendem resolver conjuntamente os problemas.
Guilhon e Trépo (2000)	Conjunto de conhecimentos (aprendidos e formalizados) e de saberes (tácitos e explícitos) envolvidos em um processo de produção em ação numa organização. A CC é composta pelos produtos da interação dos indivíduos de mesmo *métier* ou de *métiers* diferentes. As CC são o resultado do encontro entre a organização e o ambiente, através da interpretação que cria e define uma linguagem e um modo de coordenação entre as pessoas.
Amherdt *et al.* (2000)	Conjunto dos saberes-agir que emergem de uma equipe de trabalho, combinando recursos endógenos e exógenos de cada um dos membros, criando competências novas oriundas de combinações sinérgicas de recursos.
Bataille (2001)	Capacidade reconhecida a um coletivo de trabalho de enfrentar uma situação que não poderia ser assumida por nenhum dos membros individualmente.
Michaux (2003)	Saberes e saberes-fazer tácitos (compartilhados e complementares) ou ainda trocas informais sustentadas por solidariedades que participam da "capacidade repetida e reconhecida" de um coletivo em se coordenar a fim de produzir um resultado comum ou coconstruir soluções.

e sem buscar estabelecer eventuais filiações entre essas mesmas definições. Nossa ambição, nessa etapa, é examinar a sensibilidade de cada autor em relação à CC, indicando especialmente quais elementos são privilegiados por cada um.

A leitura atenta das diferentes contribuições das quais foram extraídas essas definições revela que a competência coletiva é apreendida por duas acepções diferentes e complementares entre esse painel de autores.

A primeira faz referência a um saber-fazer operacional próprio a um grupo e que lhe permite atingir um desempenho fora do alcance de um único indivíduo ou superior a soma das competências individuais (por exemplo, nas contribições de Nordhaug, Pemartin, Amherdt et al., Bataille, Michaux). Essas competências se desenvolvem mais frequentemente no seio de coletivos de trabalho, perenes ou temporários. Voltaremos a isso posteriormente, na sequência do trabalho.

A segunda remete à constatação de que as pessoas que trabalham em grupos, ou que trocam com outras pessoas próximas de suas atividades profissionais quando do exercício mesmo de suas atribuições ou em reuniões formais ou informais, vão criar uma competência coletiva cuja tradução operacional se concretizará no momento de ações realizadas individualmente (trabalhos de Montmollin, Wittorski, Dubois e Retour, Guilhon e Trépo).

É importante e fundamental notar que, nos dois casos, a CC transcende a competência individual. Essas mesmas definições são importantes de serem estudadas, pois suas formulações variadas contêm, explícita e implicitamente, vários atributos da CC.

3.2.2. Os atributos da CC

Distinguimos aqui quatro atributos fundamentais constitutivos da competência coletiva – o referencial comum, a linguagem compartilhada, a memória coletiva e, finalmente, o engajamento subjetivo –, tendo em mente que as fronteiras entre os atributos, as fontes e os resultados esperados da CC (os dois últimos pontos serão abordados posteriormente) são, às vezes, delicados de serem traçados e podem ser questionados.

3.2.2.1. O referencial comum

Como enfatiza Leplat (2000), a ação coletiva, que exige a coordenação das atividades individuais, exige que os membros de um grupo disponham de uma representação de referência conhecida como *referencial comum*. Esse referencial, ou representações homogêneas (de Montmollin, 1984), é elaborado em função das informações detidas pelos membros do coletivo (Troussier, 1990). Tal referencial não é o resultado de uma soma de representações individuais, mas um patrimônio (mais ou menos) compartilhado que resulta de um verdadeiro trabalho de elaboração coletiva (de Montmollin, 1984; Veltz e Zarifian, 1994). O referencial operativo comum pode ser caracterizado da seguinte forma (Leplat, 1988):[5] é operativo no sentido que é construído para servir à preparação e à realização da ação projetada. Permite uma série de objetivos visados e, ao mesmo tempo, uma adequação das ações (Savoyans citado por Navarro, 1990). É, portanto, efêmero e transitório (De Terssac e Chabaud, 1990); é elaborado, depois, conjuntamente por aqueles que estão implicados na preparação e na realização da ação. Resulta de um confronto (De Terssac e Chabaud, 1990) das representações dos membros do coletivo. Trata-se de um compromisso (Troussier, 1990); é elaborado para o compartilhamento das competências de cada um. Outros especialistas falam de imagens operativas comuns, ou ainda de repertório de ações, situadas para retomar uma expressão de M.C. Combes, inspirada em Thevenot, que remete a um acordo sobre o que convém fazer para a finalidade almejada, sobre os meios a serem empregados, as capacidades e os envolvimentos das pessoas da equipe e sobre o compartilhamento dos esforços (Combes, 2004).

3.2.2.2. A linguagem compartilhada

Uma linguagem comum (Guilhon e Trépo, 2000), ou ainda uma linguagem operativa comum (Falzon, 1991), se refere ao fato de que os membros de um grupo de trabalho elaboram um vocabulário e um "dialeto" particulares, próprios a essa equipe, que permite "conversar por meias palavras, ler nas entrelinhas, ganhar tempo na enunciação abreviada, evitar comentários e explicações" (Le Boterf, 1994). Essa linguagem permite aos membros do grupo forjar sua própria identidade e, ao mesmo tempo, se distinguir dos outros coletivos. É também uma base de economia dos custos de transação.

3.2.2.3. A memória coletiva

A memória coletiva se divide da seguinte maneira (Girod, 1995):

a) a memória declarativa coletiva não centralizada;
b) a memória procedural coletiva não centralizada;
c) a memória coletiva de julgamento.

A *memória declarativa coletiva não centralizada* se baseia no saber junto a um outro indivíduo ou na criação de um novo saber pela interação. A *memória procedural coletiva não centralizada* provém de um confronto de saber-fazer de dois ou vários indivíduos ao longo de um trabalho realizado em conjunto. O saber-fazer comum, que é implícito e diferente da simples soma dos saberes-fazer individuais, é útil para a realização da tarefa coletiva e acaba sendo dominado pelos indivíduos que participaram do trabalho. Finalmente, a *memória coletiva de julgamento* é o conjunto dos conhecimentos oriundos do confronto das memórias de julgamentos individuais. Diante de um problema complexo que os indivíduos não conseguem resolver sozinhos, eles comparam suas interpretações do problema para chegar, via discussão, a uma interpretação comum, geralmente diferente da interpretação inicial de cada um dos indivíduos.

3.2.2.4. O engajamento subjetivo

Várias definições apresentadas no quadro 1 remetem implicitamente a esse engajamento subjetivo: percurso cooperativo de resolução de problemas (Wittorski, 1997); capacidade de um coletivo de indivíduos de inventar de modo permanente sua organização (Dubois, Retour, 1999); criação de sinergia (Pemartin, 1999), etc. Impulsionados por esses conjuntos de ação, os funcionários devem enfrentar as dificuldades, fazer arbitragens e tomar decisões exigidas pela incerteza quotidiana devida aos comportamentos dos clientes e à natureza coletiva do desempenho (Combes, 2004; Segrestin, 2002). Os funcionários, no exercício de seu trabalho, tomam iniciativas, pelas quais respondem; são eles os responsáveis por isso. Essa iniciativa, que supõe uma certa autonomia e a responsabilidade do ato, constitui a alma da competência (Zarifian, 2002).

Depois de ter examinado vários atributos característicos da CC, convém agora analisar a gestão das CC, refletindo sobre os elementos individuais e organizacionais que permitem criar e desenvolver a CC e apresentando, em seguida, os resultados esperados.

3.3. A GESTÃO DAS COMPETÊNCIAS COLETIVAS

3.3.1. As fontes de criação de CC

A análise mostra que as fontes de criação de CC são numerosas e variadas. As contribuições reunidas no quadro 1 indicam vários motores de ação na matéria. Examinamos aqui, sucessivamente, os elementos próprios às pessoas (o capital das competências individuais, as interações afetivas e as informais, a cooperação) antes de examinar os fatores organizacionais (a escolha da composição dos coletivos de trabalho, as interações formais, o estilo de administração e os motores de ação próprios à gestão dos recursos humanos).

3.3.1.1. Os elementos próprios às pessoas

O capital das competências individuais

Em primeiro lugar – é preciso lembrar? – as CC dependem das competências individuais apresentadas por cada um dos funcionários, formando o grupo ou a coletividade considerada. Essa observação não é tão trivial quanto parece. Assim, em uma pesquisa sobre o desenvolvimento das CC, que se apoia na experiência de uma equipe de handebol, Thierry Picq (2005) relata a seguinte opinião de Daniel Constantini, treinador da seleção da França: "Quando você trabalha suas sessões de treino, você tem a impressão de desenvolver os pontos fortes da equipe. Mas, na verdade, você desenvolve os pontos fortes dos indivíduos que compõem a equipe [...]. Um treinador que compreende isso faz, acima de tudo, a gestão individual e constrói a força de seu coletivo com base em talentos presentes, uma vez que são claramente identificados e solidamente confirmados". Quanto maior for o capital das competências individuais aproveitáveis, maiores são, *a priori*, as oportunidades de criação e de desenvolvimento das CC.

As interações afetivas

Novamente, a analogia com o esporte permite esclarecer a ideia: "Como nas equipes esportivas, o fator "afetivo" influenciará fortemente na condição de competência coletiva: à medida que os membros se sentirem à vontade na equipe é que terão prazer de fazer juntos o que fazem, poderão valorizar sua experiência comum, desenvolverão uma imagem positiva de seu grupo e, como resultado, será forte o investimento em uma competência coletiva" (Le Boterf, 1994). O fator afetivo permite a constituição de uma comunidade. Convém, todavia, encontrar aqui o equilíbrio justo, pois, como destaca muito pertinentemente Pemartin (1999), "excesso de cooperação pode resultar na certeza, na convicção de que as maneiras empregadas no fazer são as únicas possíveis. É preciso dissonância em um sistema para que ele evolua, mas essa deve estar associada a convergências representativas para não provocar o esfacelamento".

As relações informais[6]

Além das CC oriundas das relações formais, construções sociais são também construídas com base em progressivos engajamentos informais e cooperativos (Mc Grath, 1984) que criam e estabilizam certas formas de competências coletivas compartilhadas. Isso supõe tempo. Esses processos não podem ser instantâneos. Os hábitos, as rotinas e os costumes coletivos que permitem o desenvolvimento de novas CC se constroem e se negociam no contexto dessas interações quotidianas informais. Através de múltiplas transações, inúmeros conteúdos são trocados nos grupos de trabalho informais. Ao construir assim seu universo social, os membros desses grupos informais influenciam as maneiras de ser, de pensar, de raciocinar, de interpretar a realidade e de agir (Levine, Moreland, 1990).

A cooperação

Não basta que funcionários, dentro de um grupo informal, se comuniquem ou interajam para desenvolver a CC. Essas CC se expandirão ainda mais rapidamente se houver cooperação entre os participantes. Com razão, Zarifian (1995) distingue uma versão "pobre" da cooperação, que se baseia simplesmente em uma melhor coordenação (no sentido de "ordenar junto") dos atos de trabalho, de uma versão "rica", em que se trata de "trabalhar junto, desenvolver todo um espaço de intersubjetividade. Em outras palavras, uma compreensão recíproca e acordos sólidos sobre a natureza dos problemas a serem tratados e dos saberes a serem desenvolvidos, a identidade dos objetivos, o sentido dado às ações e a convergência das motivações dos indivíduos que agem juntos (que é muito mais do que a simples convergência dos atos). Como destaca oportunamente Le Boterf (1994), "essas práticas de cooperação não excluem as tensões nem os conflitos, mas incluem a capacidade coletiva de tratá-los e de considerá-los normais". Nesse ponto, Pemartin (1999) chama a atenção para o fato de que deve existir uma zona de sobreposição suficiente entre os objetivos de cada funcionário e os do grupo e da organização. "Quando não há articulação entre os diversos projetos destes e daqueles, a cooperação é ilusória. O saber-cooperar alimenta relações com as características do indivíduo, mas é mais frequentemente a tradução de um querer-cooperar; é, então, a consequência da existência de interesses comuns, de objetivos idênticos, suficientemente valorizados entre os participantes para gerar condutas orientadas na mesma direção" (Pemartin, 1999). Essa observação permite insistir na distinção, essencial, em nossa opinião, entre coordenação e cooperação, essa última se apoiando em um percurso voluntário dos atores (Picq, Retour, 2001).

3.3.1.2. Os fatores organizacionais

A composição das equipes ou dos coletivos de trabalho

Todo administrador que tem a possibilidade de escolher os membros de seu coletivo, seja ele treinador, responsável pela formação continuada ou chefe de projeto, sabe que deve prestar a máxima atenção na composição de seu grupo, tendo em vista a necessidade de fazer emergir o maior valor coletivo agregado possível. A atenção é tanto para as competências individuais dos membros da equipe quanto para suas personalidades. Trata-se aqui de encontrar a combinação mais harmoniosa dos talentos, reunindo perfis e experiências variadas, compatíveis com as personalidades de cada um.

As interações formais

Com as unidades elementares de trabalho, com as equipes com responsabilidade ampliada, com os grupos-projetos, com as estruturas em rede, etc., o objetivo é colocar em contato direto, e em situação de responsabilidade conjunta, todas as competências que, no sistema "tradicional", interviriam separada ou sucessivamente (Segrestin, 1992). A instalação de tais estruturas formais, capazes de responsabilizar e envolver os atores, apoiando-se deliberadamente na dinâmica coletiva através da constituição de grupos de profissionais, abre potencialmente a via para o surgimento de novas CC.

Notaremos aqui que os grupos de composição temporária (equipe--projeto) terão, por essência, mais dificuldades em dispor do tempo necessário para criar uma CC. Além disso, esses coletivos temporários suscitam a questão indireta e delicada da transferência das CC de um grupo para outro.

O estilo de administração

Além desses fatores apresentados anteriormente, outras características vão interferir na criação e no desenvolvimento de CC. Trata-se especialmente de conhecer como a organização apreende a autonomia e a tomada de iniciativa dos membros do grupo. Em particular, qual será sua atitude diante do erro e/ ou do sucesso do grupo: serão os membros punidos? E de que forma? Assim, o direito ao erro é ou não reconhecido, de que maneira e qual é a atitude administrativa diante do erro ou do fracasso? Daniel Constantini declara a respeito disso: "Fracassamos quando perdemos sem expressar totalmente o que se é capaz de fazer e sem ser capaz de compreender por que se perdeu. Só se pode ganhar errando e analisando os erros. [...] O erro não é grave, mas peço para que mudem de erro a cada vez" (citado por Picq, 2005).

A administração de uma organização pode permitir também aos membros de grupos se situarem em relação às contribuições de outros grupos da empresa ou em relação a atores externos (clientes, fornecedores, concorrentes, etc.). Como salienta Combes (2004), deve-se prestar muita atenção à atividade dos colegas, trabalhar junto para uma finalidade comum, conhecer o conjunto do processo de produção, ter uma ideia das competências vizinhas às suas e conversar. O trabalho integra a conduta das relações tanto com os clientes como com os colegas, bem como com a compreensão dos acontecimentos (Combes, 2004). O papel dos dirigentes e da hierarquia é fundamental nesse estágio. O grupo, para aumentar seu capital de CC, deve compartilhar claramente um projeto comum que lhe permita finalizar o desenvolvimento de CC e lhe dar um sentido (Picq, 2005). O coletivo deve se considerar "uma comunidade orientada para os objetivos". A administração atribui um certo objetivo a ser atingido. Esse deve ser claro, preciso e acessível e, quando alcançado, deve ser, por sua vez, valorizado pela administração (Everaere, 1999). Trata-se de esclarecer aqui o sentido e a finalidade da atividade coletiva considerada (Combes, 2004). Somente uma comunicação da direção e dos membros da hierarquia com os funcionários permite, nessa fase, dar os esclarecimentos e as referências indispensáveis.

Os fatores mobilizadores de CC associados à GRH

A GRH tem papel importante no desenvolvimento de CC. Em primeiro lugar, no momento das etapas de recrutamento, a empresa deve se assegurar que os candidatos capazes de integrar a empresa compartilham os valores coletivos privilegiados pelos dirigentes. Em segundo lugar, quando dos procedimentos de avaliação de desempenhos dos funcionários, os especialistas em recursos humanos devem ficar atentos para distinguir formalmente, entre os critérios

54 COMPETÊNCIAS COLETIVAS

que norteiam os gestores em suas avaliações, elementos como a cooperação, a troca de informações, a transferência de saber-fazer, etc.

Em seguida, as fórmulas que servem de base para o cálculo da remuneração podem conter explicitamente fatores relativos ao desempenho coletivo e podem reduzir a importância de fatores associados ao desempenho individual, reforçando, assim, uma mensagem de cooperação entre os profissionais (Avenier, 2005). Mas, é provavelmente na elaboração de ações de formação que os efeitos no desenvolvimento de competências coletivas podem ser os mais importantes. Há, primeiramente, os mecanismos ligados à criação de organizações de aprendizagem a partir dos quais se deve concretizar a vontade de dar às equipes os espaços de autonomia e de tomada de iniciativas, bases de oportunidades para criar novas competências. Em seguida, inspirando-se nos resultados dos trabalhos de Wittorski (1997), grupos de análise do trabalho, tal como realizada pelos funcionários, são também, nesse caso, vetores potenciais de construção de novas CC, privilegiando as situações e a reflexão coletiva de trabalho (Le Boterf, 1994). A partir de uma pesquisa realizada por Wittorski (1997) numa PME quebequense, dois processos de produção de competência coletiva são identificados e relacionados aos trabalhos de Argyris e Schön sobre a aprendizagem organizacional. O primeiro é um " processo de compartilhamento de formas de pensamento individual sobre o trabalho, no sentido de atualizar, de explicitar não somente as formas de fazer o trabalho, mas também as formas de vê-lo". Parece-se com uma aprendizagem em ciclo simples. O segundo processo corresponde à "elaboração de um pensamento coletivo novo" oriundo de questionamentos recíprocos que levam a novas formas de ver e tratar o trabalho. O autor formula aqui a hipótese de uma aprendizagem em ciclo duplo. Com essa referência à aprendizagem individual e coletiva, estamos entre fonte de criação de CC e resultados esperados.

Antes de examinar os resultados esperados de todos esses fatores individuais e organizacionais, uma última observação se impõe: a CC não é criada somente dentro de estruturas formais e informais. A natureza das interações e das influências recíprocas entre essas duas estruturas integra, a seu modo, o surgimento da competência coletiva. A configuração organizacional elaborada pelos dirigentes interfere nas margens de manobra deixadas para o ambiente informal. De maneira recíproca, as relações informais e a dinâmica de grupo criadas ao longo do tempo vão restringir ou ampliar as exigências e as zonas de liberdade deixadas pela estrutura formal. Desse modo, segundo essa análise, as CC não são construídas unicamente no contexto de regras de controle ou de autônomos (Reynaud, 1997), mas surgem igualmente da interação das estruturas e dos atores.

3.3.2. Os resultados esperados

O primeiro resultado esperado de uma gestão das CC é, evidentemente, a melhoria do desempenho coletivo do grupo considerado. Um melhor desempenho pode ser traduzido por uma eficiência ou uma eficácia maior, uma qualidade superior, uma ampliação do campo das ações realizadas pelo coletivo, etc. Em outras palavras, uma maior capacidade de resolver os problemas encontrados pela empresa, os quais não podem ser tratados individualmente. Esses saberes-fazer resultam, como vimos, de uma combinação harmoniosa entre talentos individuais, elementos organizacionais e estilo de administração. Eles estão ancorados dentro desses coletivos, trate-se de um serviço, de uma oficina, de um escritório, de uma divisão, etc. Essas "capacidades" coletivas, para retomar a análise de Javidan (1998), são intragrupos.[7] Essas CC próprias a um grupo vão reaparecer no plano individual e em um meta-nível coletivo.

Em um meta-nível, a combinação de capacidades coletivas pode acarretar competências *intergrupos*, essas à base de competências-chave, características de competências organizacionais (Javidan, 1998). Assim, um departamento de *marketing* pode ter desenvolvido e dominado a capacidade para detectar rapidamente as evoluções comportamentais dos consumidores da empresa. Por sua vez, o departamento de produção é reconhecido por ser particularmente reativo quando modificações devem ser feitas neste ou naquele componente de um produto. Essas duas capacidades intraserviços podem se transformar em uma competência interserviço se, entre os dois serviços, uma cultura de comunicação e de troca permitir construir um excelente diálogo e um clima de confiança para apropriações concretas e rápidas de novas expectativas dos consumidores.

Se essas CC forem combinadas a outras competências ou capacidades compartilhadas no ambiente da empresa, isso pode resultar na apropriação de uma ou de várias competências organizacionais chave. Consideramos, dessa forma, que a gestão das CC diz respeito às competências intra e intergrupos.

No plano individual, o desenvolvimento de CC pode levar a aprendizagens individuais que traduzem a aquisição de novas competências próprias a cada funcionário, como Dubois e Retour (1999) demonstraram dentro de uma empresa da plasturgia cuja organização do trabalho varia (jornada 2 × 8, 3 × 8, e equipe de fim de semana – FDS). O enquadramento funcional, hierárquico e técnico é reduzido à noite ou ao FDS. Diante das exigências organizacionais, o funcionamento real das equipes em 3 x 8 ou em FDS, para respeitar os critérios de qualidade exigidos pela empresa, leva a aprendizagens, no âmbito local, muito variadas e muito ricas. Assim, para os conhecimentos simples das falhas, os operadores em organização mais rígida (de dia) reconhecem 50% das falhas, ao passo que, em uma organização mais flexível (noite e FDS), os operadores reconhecem 67,85% das falhas. Quanto aos conhecimentos relativos à compreensão do surgimento das falhas, a diferença é ainda mais evidente: 20,35 *versus* 54,82%, assim como para os consertos de falhas: 7,14 *versus* 32,86%, ou ainda para os desvios de parâmetros de regulagem: 26 *versus* 43% (Dubois, Retour, 1999).

Os desenvolvimentos apresentados (esquematizados na Figura 3.1) constituem a tabela de análise a partir da qual vamos estudar duas CC dentro de uma PME francesa, a Acat.

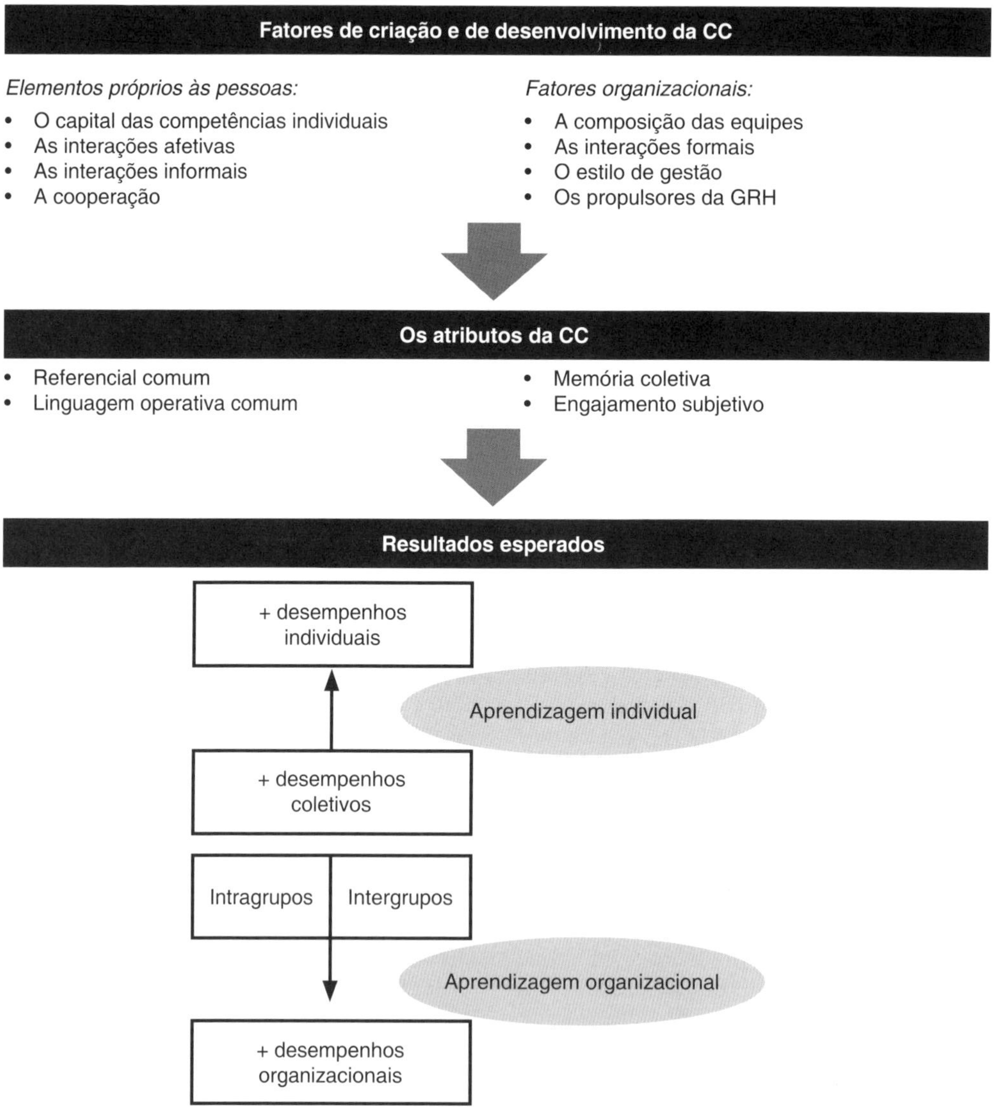

56 COMPETÊNCIAS COLETIVAS

Fatores de criação e de desenvolvimento da CC

Elementos próprios às pessoas:
- O capital das competências individuais
- As interações afetivas
- As interações informais
- A cooperação

Fatores organizacionais:
- A composição das equipes
- As interações formais
- O estilo de gestão
- Os propulsores da GRH

Os atributos da CC

- Referencial comum
- Linguagem operativa comum

- Memória coletiva
- Engajamento subjetivo

Resultados esperados

+ desempenhos individuais

Aprendizagem individual

+ desempenhos coletivos

Intragrupos | Intergrupos

Aprendizagem organizacional

+ desempenhos organizacionais

Figura 3.1

Os fatores de criação e de desenvolvimento, os atributos e resultados esperados da CC.

3.4. ESTUDO DE DUAS CC: O CASO DA EMPRESA ACAT

Trata-se agora de aplicar nossa tabela de análise a fim de estudar duas CC postas em prática na empresa Acat. Depois de apresentar a empresa Acat, exporemos nossa metodologia. As duas últimas partes deste capítulo serão dedicadas à análise de duas CC, uma intragrupo e a outra intergrupo.

3.4.1. Apresentação da empresa Acat

Criada em 1978 por três engenheiros, a Acat é uma empresa francesa de porte médio, com uma centena de pessoas, instalada no noroeste da França. Trata-se de uma empresa prestatária de serviço que depende da convenção coletiva da química. De envergadura internacional, a Acat possui várias filiais no exterior (Arábia Saudita, Itália, Estados Unidos, etc.) e na França.

A Acat intervém no mercado da reciclagem de catalisadores.[*] O mercado europeu se divide entre três prestadores de serviço. Com aproximadamente 50% das partes do mercado, em 2005, a Acat é líder em seu mercado. Seus clientes são, por ordem de importância, empresas refinadoras, empresas petroquímicas, empresas químicas e fabricantes de catalisadores. Usando da estratégia de externalização de certas operações adotadas pelas empresas de refino, a Acat ampliou sua oferta. A empresa propõe, assim, vários tratamentos que intervêm em diferentes momentos do ciclo de vida de um catalisador.

Para serem ativos, os catalisadores precisam de um tratamento prévio. Alguns catalisadores novos ou regenerados só se tornam ativos se os metais que contêm tiverem sido transformados. Nesse caso, a Acat propõe a pré-sulfuração fora do local e o pré-condicionamento. O tratamento elaborado pela Acat é a regeneração fora do local de operação do cliente. Regenerar um catalisador consiste em restituir, por tratamento térmico, suas qualidades intrínsecas: eliminação do enxofre e do carbono, recobrimento da superfície específica, sem alterar as características mecânicas indispensáveis para que possa ser reutilizado. Após alguns ciclos de uso, os catalisadores devem ser destruídos ou porque perderam suas propriedades físicas ou porque estão poluídos por metais que não são extraíveis. A Acat garante a transferência dos catalisadores usados e dos dejetos industriais contendo metais valorizáveis para sociedades apropriadas. Finalmente, a Acat, em parceria com sua filial francesa, propõe a atividade de Reactor Management Services (RMS), que reúne o conjunto das atividades de supervisão de paradas de reatores, de disponibilização de conhecimento ou de coordenação de atividades durante a parada de reatores, em refinaria ou em local petroquímico.

A empresa conta com sete serviços: comercial, financeiro, industrial, recursos humanos, pesquisa e desenvolvimento, meio ambiente e produção (Figura 3.2).

A análise das competências coletivas mobilizadas tratou de dois grupos, simbolizados por pontilhados no organograma:

1. "o grupo dos engenheiros comerciais" (CC intraserviço); e
2. "o grupo do processo "realizar", que compreende serviços que compõem o processo (CC interserviço), seja ele comercial, de transporte, de laboratório ou de produção.

---

[*] Os catalisadores são elementos que agem sobre a cinética ou a orientação de uma reação química sem ser consumido por ela. Eles são empregados em operações na petroquímica e na química.

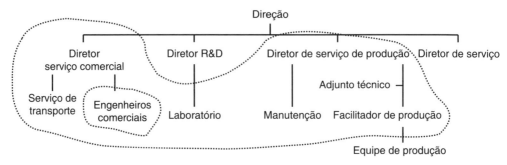

Figura 3.2
Organograma simplificado da Acat.

3.4.2. Metodologia

Nossa metodologia de pesquisa se apoia em quatro técnicas de coleta de dados: um estudo documental, uma observação participante, uma observação passiva e entrevistas semidiretivas.

- O **estudo documental** tratou da leitura e da análise das fichas de função, dos procedimentos de qualidade e do manual qualidade (MAQ), que permite apreender melhor o aspecto formal do trabalho do processo "realizar " e dos engenheiros comerciais. Ele integra também relatórios de reuniões e especialmente daquelas que dizem respeito ao tratamento das reclamações de clientes.
- Uma **observação participante** (Atkinson e Hammersley, 1994) ocorreu a partir do serviço responsável pela qualidade, no qual um dos autores deste texto ocupou um cargo em tempo parcial. Nosso perfil é parecido com o do "participante observador" (Baumard et al., 1999): os membros da empresa sabem que realizamos uma pesquisa assumindo um papel no seio da organização. Participamos da descrição do processo "realizar" quando da passagem para a versão 2000 da norma ISO 9001 em dezembro de 2002. Essa observação participante permitiu compreender melhor os diferentes elementos do processo, identificar atores que participam e assimilar o processo de competência coletiva.
- No entanto, enquanto membros do serviço responsável pela qualidade, não tínhamos acesso a todas as etapas do processo. É por isso que decidimos realizar igualmente uma **observação passiva** (Wacheux, 1996). Nessa perspectiva, seguimos o andamento de duas encomendas de clientes. A observação passiva não foi fácil, especialmente devido à simultaneidade das ações dos diferentes serviços implicados no processo. Pudemos assistir, porém, a reuniões de preparação e de acompanhamento da demanda do cliente (três reuniões de 2 horas) e acompanhar o andamento do processo. Focamos nossas observações nas interações entre os membros do grupo (Mc Grath, 1999). Na etapa de observação, anotamos as interações, identificando os profissionais envolvidos, o que diziam, e, finalmente, o contexto, a fim de termos pontos de referência para a análise posterior. Tratava-se de apreender o funcionamento efetivo do processo e de com-

preender os mecanismos da competência coletiva. Graças a todas essas observações, pudemos identificar os atores pertinentes para a realização de uma demanda de cliente.

- A partir dessa base, realizamos **entrevistas semidiretivas** com 16 pessoas pertencentes aos diferentes serviços implicados no processo. Essas entrevistas tiveram uma duração média de uma hora e meia, foram gravadas integralmente, transcritas e codificadas. Nosso objetivo era compreender o processo da competência coletiva dentro dos dois grupos estudados.

Com esses elementos metodológicos, apresentamos agora análises da competência coletiva (CC) intragrupo antes de axaminar a CC intergrupo.

3.4.3. Competência coletiva intragrupo (os engenheiros comerciais): compreender, responder e formular uma encomenda de cliente

O *métier* realizado pela Acat supõe uma boa compreensão da necessidade dos clientes. O grupo de engenheiros comerciais desenvolveu essa capacidade coletiva a qual é reconhecida na empresa. Trata-se aqui de uma capacidade coletiva intragrupo: o conjunto dos engenheiros comerciais pertencente ao mesmo serviço comercial. Depois de apresentar em que consiste essa competência coletiva, propomos uma análise de seus atributos e de suas fontes.

3.4.3.1. Compreender, formular e responder às necessidades dos clientes

Como os engenheiros comerciais se encontram na interface entre os clientes e os serviços da Acat, sua missão consiste especialmente em compreender as necessidades de um cliente, propor respostas e traduzi-las a fim de que estas possam ser transmitidas ao cliente e realizadas pela empresa. Essa missão comporta várias tarefas, as quais convém apresentar. Primeiramente, assim que o pedido de um cliente é recebido pela empresa, o engenheiro comercial efetua uma revisão de contrato. Essa revisão tem como objetivo garantir que as necessidades do cliente tenham sido claramente identificadas e que a Acat tenha empregado os meios necessários para sua satisfação. Quanto a esse aspecto, o engenheiro comercial verifica, sobretudo, os seguintes pontos: os prazos de transporte e de produção, a organização da logística, as condições de higiene do meio ambiente (HMA) e, por fim, a encapsulação. A formalização da encomenda é, então, enviada ao cliente. Se este aceita seus termos, o processo é posto em prática internamente.

O passo seguinte é o preenchimento da folha de realização de encomenda (FRE), o qual é feito pelo engenheiro comercial. Esse documento comporta a totalidade dos termos de uma prestação de serviço fornecida pela Acat a um cliente externo:

- as informações gerais sobre o cliente;
- as especificações do produto e as informações acerca do condicionamento; da logística e as demandas de análises específicas;

- o período no qual vai ser executado o serviço e o prazo de entrega;
- os dados de faturamento.

A FRE é, então, encaminhada aos outros serviços que intervêm no tratamento da encomenda do cliente: a produção, o laboratório, o transporte e a contabilidade. O engenheiro comercial é responsável pela atualização da FRE em caso de modificação de um dos termos. Essas modificações resultam da mudança das exigências do cliente e/ou de registros de usuários acerca de problemas ou erros.

A missão dos engenheiros comerciais é delicada. De fato, devido às especificidades do *métier* da Acat, a formulação da necessidade de um cliente nem sempre é evidente. Os engenheiros comerciais devem ser capazes de saber o que realmente o cliente deseja, mesmo contando com informações incompletas.

> "Depois de ter enviado a oferta ao cliente, recebemos um pedido que dizia: "aceitamos sua oferta por uma quantia de...". Mas não havia descrição, nenhuma menção... Então, como tinha proposto várias opções, não sabia o que tinha sido escolhido. Não tinha nenhuma informação. Recebi um pedido não detalhado, mas com um número. Então, a primeira coisa que fiz foi telefonar às pessoas com quem eu tinha tido contato e dizer: "agradeço-lhes pelo pedido. Vejo que vamos lhes oferecer nossos serviços, mas você poderia, por gentileza, nos ajudar a compreender quais são os serviços a serem realizados?" Durante 2 ou 3 meses, busquei esclarecer todos os pontos com as pessoas com quem eu tinha tido contato. Há questões que foram esclarecidas rapidamente e outras que foram detalhadas praticamente no último minuto." (Entrevista com Thierry).
>
> "Em seguida, depois da encomenda, você tem a revisão de contrato, porque às vezes as encomendas são feitas oralmente ou são anotadas em um pedaço de papel". (Entrevista com Luc).
>
> *Material 1: entrevistas com Thierry e Luc, engenheiros comerciais*

Várias explicações podem ser feitas em relação a essa observação: o desprendimento do cliente, o esquecimento ou a recusa em tansmitir certas informações. Quando o cliente não traz todos os elementos necessários, a necessidade de um cliente pode ser retranscrita de forma incompleta. Diante de tais dificuldades, os engenheiros comerciais desenvolveram um saber-fazer coletivo no nível da tradução das necessidades de um cliente.

> "Portanto, é aí que se deve contar com todo o nosso saber-fazer e o conhecimento do cliente para tentar fazer com que expresse suas exigências ocultas."
>
> *Material 2: entrevista com Luc, engenheiro comercial*

Instrumentos foram criados para garantir que o conjunto das necessidades dos clientes seja adequadamente expresso para ambas as partes – cliente e serviços internos da Acat. Um procedimento de qualidade indica as grandes linhas a serem seguidas quando de uma encomenda de um cliente. Uma revisão de contrato é feita com base em um documento chamado CRE (*confirmação de recepção de encomenda*). Esse documento enviado ao cliente retoma todos os pontos da encomenda e permite ter certeza de que esta foi bem compreendida. Além disso, os engenheiros comerciais trabalham, atualmente, na criação de uma lista que repertoria os pontos a serem solicitados aos clientes.

"Para isso, emite-se uma confirmação de recepção de encomenda que vai lembrar não somente as exigências expressas do cliente, mas também os pontos importantes da oferta, especialmente as especificações técnicas, a encapsulação, o tempo previsto, de modo que o cliente fique a par de todos os seus detalhes da encomenda. A revisão de contrato, a chamada CRE, serve também para refutar certos pontos da encomenda julgados ilógicos ou contraditórios, ou mesmo absurdos. Às vezes, quando se emite uma CRE, o cliente pode nos dizer: "Ah, sim, de fato, não se deve usar o *big bag*, eu me enganei, o produto é perigoso". Partimos do princípio de que, quando se emite a CRE e o cliente não faz objeção em relação aos termos que lhe passamos, consideram-se os termos aceitos de uma parte e de outra."

Material 3: entrevista com Luc, engenheiro comercial

A competência coletiva apresentada assim pelos engenheiros comerciais diz respeito à compreensão da necessidade de um cliente e à sua expressão formalizada em intenção dos clientes (CRE) e dos serviços internos à empresa (folha da realização de encomenda, FRE). Essa capacidade coletiva do conjunto dos engenheiros comerciais é traduzida não apenas no nível das ações realizadas individualmente, mas também no de ações realizadas coletivamente.

"Os outros [engenheiros comerciais] vendem todos os serviços, mas orientados sobretudo para as refinarias. Eles se ajudam com competências de apoio. Ajudamo-nos mutuamente a fim de aproveitar as competências de cada um."

Material 4: entrevista com Valérie, engenheiro comercial

Tendo dado atenção à competência coletiva mobilizada pelos engenheiros comerciais, analisamos, a seguir, os atributos e as fontes da CC, através da tabela de análise proposta na primeira parte deste capítulo.

3.4.3.2. Interpretação

Os atributos da competência coletiva

**Referencial operativo comum: uma representação
comum das tarefas a serem realizadas**

O conjunto dos engenheiros comerciais tem uma representação comum das tarefas a serem realizadas e de seu encadeamento no nível da gestão de uma demanda de um cliente. Essa representação comum operativa é elaborada coletivamente pelos engenheiros comerciais os quais confrontam as respectivas

62 COMPETÊNCIAS COLETIVAS

representações individuais da gestão de um pedido de cliente. Já menciona-mos que um engenheiro comercial trabalha na elaboração de uma lista que compreende os elementos a serem solicitados obrigatoriamente ao cliente. Nessa perspectiva, ele se apoia no conhecimento dos membros de seu serviço a fim de ter um documento pertinente e representativo das práticas. Trata-se de explicitar as práticas tácitas dos engenheiros comerciais em matéria de revisão de contrato.

Uma linguagem operativa comum

Os engenheiros comerciais têm uma linguagem própria difícil de ser apre-endida num primeiro momento, como pudemos observar diretamente. Essa linguagem compreende a referência a certos clientes, aos números das enco-mendas e dos contratos, etc. Um conjunto de termos técnicos cerca a realiza-ção de suas missões.

Uma memória coletiva: a transmissão de saber individual

A experiência acumulada pelos engenheiros comerciais de forma individual pode ser transmitida aos outros membros do grupo comercial. Por exemplo, no momento de uma nova encomenda de um cliente, a memória coletiva da equipe foi enriquecida. Essa encomenda inédita implicava o desenvolvimento de um novo procedimento de fabricação, e, portanto, de uma gestão adaptada à demanda do cliente. Eis aqui como essa gestão dominada por um engenhei-ro comercial foi transmitida aos outros membros do grupo.

> "[...] é verdade que foi eu quem se encarregou pelas primeiras campanhas de XXX porque o cliente caiu para mim. Então, naturalmente, eu me ocupei dos primeiros contratos de serviços e, quando chegaram os seguintes, eu continuei a acompanhá-los. Não exatamente geri-los, porque os diferen-tes engenheiros comerciais se encarregam de seu trabalho e sabem acerca de seu *métier*, mas me pediram para ajudar um pouco com meu conhecimento sobre a tarefa.
>
> – E quanto à campanha gerida pelo engenheiro Luc?
> – Eu interferi um pouquinho, mas é uma campanha que fizemos várias vezes, e os reflexos come-çam a aparecer. Foi o próprio Luc quem pediu precisões ao cliente sobre o volume que queria exatamente. No momento, ainda tenho um impacto no nível das relações. Mas esse impacto vai diminuindo evidentemente. Quando todos souberem como expressar um balanço de serviço e o que contém, porque isso ainda não está claro, será um trabalho feito por mim e será um conheci-mento que todos terão no serviço. Então se trata de colocar em prática um novo serviço e depois, quando todos dominarem esse novo serviço, não terei mais nenhuma implicação particular."
>
> *Material 5: entrevista com Séverine, engenheiro comercial*

O engajamento subjetivo

O engajamento subjetivo dos engenheiros comerciais é real. Eles se sentem responsáveis pela gestão de seu negócio. Assim, cada engenheiro comercial se sente responsável em relação a seus próprios clientes.

> "Os negócios aqui são, de todo modo, atribuídos nominalmente; cada engenheiro comercial é responsável por sua carteira de clientes e é ele que toma a decisão do tratamento e da informação ao cliente. Não é como se fosse tudo no mesmo saco, e depois você cuida de uma demanda por acaso. Na FRE está claramente indicado quem é o engenheiro comercial e é ele o responsável por isso."
>
> *Material 6: entrevista com Valérie, engenheiro comercial*

Quando há dificuldades, os engenheiros comerciais se envolvem subjetivamente a fim de resolver a situação. O exemplo da gestão, por um engenheiro comercial, de um atraso que poderia prejudicar um negócio de um de seus colegas ilustra essa questão.

> "Eu fiz com que o cliente tivesse consciência de que o fato de adiar a chegada do caminhão poderia adiar o tratamento ou mesmo muito mais, se isso coincidisse com o outro pedido que estava sendo tratado ao mesmo tempo. As duas demandas exigiam os mesmos serviços internos, portanto eu podia ter conflitos e esses conflitos sou eu quem deve geri-los... o atraso que havia na campanha não devia repercutir no pedido gerido por um colega. Então, fiz que o cliente soubesse que o atraso, que já havia, podia ser ainda maior. Finalmente, tudo acabou bem. Para resolver esse problema, falei com a produção que geria o processo do cliente de meu colega".
>
> *Material 7: entrevista com Thierry, engenheiro comercial*

Examinaremos agora quais são as principais fontes de criação de CC mobilizadas na Acat no seio do serviço comercial.

As fontes de criação de CC

Capital de competências individuais e composição do serviço comercial

O grupo do serviço comercial é composto por cinco engenheiros comerciais sob a responsabilidade de um diretor comercial. Os engenheiros comerciais – de formação inicial: engenheiros, doutores em química ou geólogos – são distribuídos por competências e por zona geográfica. Existem dois tipos de competências genéricas:

- uma competência de "base" comercial. Trata-se aqui de vender a regeneração e a pré-sulfuração para refinarias;
- uma competência "específica" que engloba o conhecimento de um procedimento particular (pré-condicionamento), de grandes grupos e de serviços particulares como a RMS e a destruição de catalisadores.

Interação e cooperação

Quando um pedido é feito, os engenheiros comerciais devem mencioná-lo ao diretor comercial. Nesse momento, os preços são discutidos. Se as interações entre os engenheiros comerciais e o diretor comercial são previstas, as interações entre engenheiros comerciais não o são. No entanto, um engenheiro comercial mobiliza informalmente um de seus colegas quando se depara com um problema específico a respeito de uma demanda de cliente.

"Por exemplo, para uma operação dirigida à cliente, se você vê que pode reciclar um catalisador, podemos contar com um colega em especial. Poderemos lhe perguntar qual é a melhor via de reciclagem para esse catalisador, que emprega um reciclador que não é necessariamente aquele que está disponível e será, talvez, um outro. Em função do produto, seleciona-se o lugar mais adequado para reciclar."

Material 8: entrevista com Valérie, engenheiro comercial

Estilo de gestão e fatores mobilizadores da GRH

O diretor comercial tende a favorecer a profissionalização de seus subordinados. Ele privilegia a discussão fixando alguns quadros. Os engenheiros comerciais são, cada um, responsáveis por uma carteira de clientes. A gestão dos recursos humanos é individual e visa a desenvolver as competências individuais dos membros do serviço. Os engenheiros comerciais ganham prêmios a cada negócio bem-sucedido. Esse sistema de remuneração cria alguns conflitos dentro do grupo quando dois negócios se sobrepõem.

"Há pouco tempo, houve um problema com o produto ZZZ. Devia-se impregná-lo com a unidade H e secá-lo para regenerá-lo. O grupo de serviço comercial não estava de acordo porque enquanto se secava o produto em regeneração, ele não era regenerado. Houve um pequeno conflito, um embate [...]. Sim, mas há uma história de números. Se você seca seu produto durante 10 dias, você não o regenera. Então, você perde dinheiro, porque isso não traz muita coisa, a secagem está compreendida no tratamento que se propõe ao cliente. A regeneração é, de todo modo, a vaca leiteira da empresa. É a galinha dos ovos de ouro!"

Material 9: entrevista com Thibault
Adjunto técnico diretor do serviço produção

O Quadro 3.2 sintetiza as análises relativas ao desenvolvimento de CC nos grupos de mesmo serviço (intragrupos);

Quadro 3.2
Atributos e fontes de CC no grupo dos engenheiros comerciais

Atributos da CC	
Referencial comum	**Representação comum das tarefas e de seu encadeamento**
Linguagem operativa comum	Abreviação / nomes dos contratos
Memória coletiva	Detenção de saber, saber-fazer e saber interpretar comuns, oriundos da interação entre os membros
Engajamento subjetivo	Os membros do grupo se sentem responsáveis unicamente por sua própria ação Os membros do grupo podem se engajar para resolver problemas imprevistos
Fontes da CC	
Capital de competências individuais	**Engenheiros comerciais de formação superior (diploma mínimo de especialização)**
Composição do grupo dos engenheiros comerciais	Os engenheiros comerciais são distribuídos em função das zonas geográficas e das competências. Os membros do grupo detêm competências individuais complementares
Interação formal	Unicamente entre engenheiros comerciais e diretor
Interação informal e cooperação	Trocas de conhecimentos
Estilo administrativo	Participativo
Motor GRH	Individualização, criando às vezes tensões, limitada porém por um interesse do grupo

A etapa seguinte trata de observar e analisar as CC mobilizadas no ambiente de processo principal da empresa, envolvendo as diferentes unidades que atuam nesse processo, ou seja, a perspectiva intergrupos.

3.4.4. Competência coletiva intergrupo

A competência coletiva estudada aqui diz respeito ao conjunto dos membros que intervêm no processo "realizar", qual seja, os engenheiros comerciais, os transportadores, o enquadramento da produção e os membros do laboratório.

Os membros do processo que se encontram em uma situação de interdependência realizam uma missão particular. Para levá-la a cabo, vão mobilizar uma competência coletiva.

3.4.4.1. Realizar um pedido do cliente: uma situação de interdependência

Desde junho de 2003, a empresa Acat tem certificação ISO 9001 versão 2000. Enquanto a versão anterior da norma ISO era focada no próprio produto, a norma ISO 9001 versão 2000 trata, fundamentalmente, dos processos que permitem realizar um serviço ou produto. Essa norma leva as organizações a descrever seu funcionamento na forma de processos. O documento que retoma o conjunto dos processos é chamado de a "cartografia dos processos". As atividades da Acat foram assim divididas em nove processos: dois de gestão, seis de suporte e um do serviço. Escolhemos tratar do processo de realização de realização do serviço ao cliente, que é um processo transversal à organização e, portanto, recorre a vários serviços internos: comercial, produção, transporte e laboratório, cuja síntese pode ser observada na Figura 3.3.

Para tratar a demanda de um cliente específico, os funcionários da Acat efetuam não apenas atividades de modo sequencial, mas se colocam também em uma situação de interdependência. Esse processo comporta várias etapas: a encomenda de um cliente, o transporte de busca do produto, a amostra e análise do produto recebido, o tratamento industrial do produto, a análise do produto que sai e o transporte de entrega do produto. Os membros do processo intervêm nessas diferentes etapas, das seguintes maneiras:

1. **A encomenda de um cliente.** Esta etapa já foi descrita na seção anterior "A competência coletiva – compreender, formular e responder às necessidades dos clientes", na p. 59.

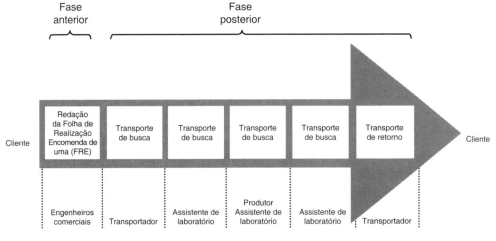

Figura 3.3
Descrição simplificada do processo "realizar".

2. **O transporte do produto.** Além da organização da logística, o serviço transporte confere as datas de chegada e de saída da mercadoria e da recepção dos caminhões. Os membros do serviço informam o *planning de transporte*, documento transmitido aos membros do serviço de produção e do serviço de laboratório. A Acat dispõe também de um serviço alfandegário, para tratar dos encargos necessários.

3. **A amostra e análise do produto recebido.** Quando o produto chega ao local de produção, os responsáveis pela amostragem elaboram um documento denominado "amostra recebida". A partir desta análise, a química emite um bolhetim de análise ao engenheiro comercial e aos membros do serviço de produção. O especialista especifica não somente a qualidade do produto, como também a condição de tratamento e se deve ser tratado ou não. Se o produto for liberado, o processo de tratamento continua. Caso contrário, o laboratório suspende o processo e avisa o engenheiro comercial, que faz contato então com o cliente para decidir sobre a continuidade a ser dada.

4. **O tratamento da produção do produto.** Antes do tratamento industrial, o enquadramento de produção especifica a **realização e o cronograma da encomenda em questão.** O adjunto técnico prepara, a partir dos dados da Folha de Realização de uma Encomenda (FRE) e das análises transmitidas pelo serviço de laboratório, as instruções de produção. Os facilitadores da produção editam os documentos necessários e conferem se os operadores compreenderam bem as instruções de produção. São, então, os operadores que realizam o tratamento industrial. Durante a campanha, os operadores do controle contínuo, sob a responsabilidade do serviço de laboratório, garantem o controle de qualidade do produto. Essas análises são úteis essencialmente aos membros do serviço de produção que ajustam os parâmetros de mercado das unidades de produção. Uma vez finalizado o tratamento industrial, os facilitadores de produção transmitem a **lista de volumes** ao serviço de transporte, ao laboratório e ao setor comercial. A partir da avaliação de produção feita pelos facilitadores, o diretor do serviço de produção estabelece os primeiros elementos da **fatura** (controlada pelo setor comercial e enviada ao cliente pelo serviço de contabilidade) e da **avaliação de campanha** (completada pelo responsável de qualidade).

5. **A análise final do produto.** Ao final da produção, a química transmite as características do produto final aos responsáveis pela produção e ao serviço comercial.

6. **O transporte do produto.** Uma vez recebida a lista de volumes e, portanto, uma vez realizado o tratamento do produto, o serviço de transporte gere o uso dos caminhões para a entrega do produto ao cliente.

A missão dos membros deste processo consiste, então, em realizar a encomenda de um cliente em função de suas exigências. Os clientes julgam o serviço da Acat com base em três critérios: custo, qualidade do produto finalizado (combinações químicas, qualidade intrínseca, recipiente, etc.) e prazo. A dificuldade em satisfazer às necessidades dos clientes depende, principalmente, de dois fatores: primeiro, o tratamento de uma encomenda de um cliente é, com frequência, um tratamento customizado e, segundo, essas encomendas são marcadas, muitas vezes, pela incerteza.

3.4.4.2. Interpretação

A fim de responder de forma pertinente às necessidades dos clientes, os membros do processo mobilizam uma competência coletiva particular da qual vamos agora analisar os atributos e as origens.

Os atributos da competência coletiva

Referencial comum nas campanhas em *turn around*

O processo *turn around* é uma forma de tratamento destinada a clientes da indústria petroquímica que desejam tratar das cargas de catalisadores contidas em seu reator. No primeiro tipo de tratamento, o cliente detém uma recarga de catalisador e solicita sua troca, o que é realizado num período de médio prazo. No segundo, o cliente não possui a recarga para o catalisador, o que significa que a recarga vai exigir a parada do reator enquanto a Acat trata do catalisador. Esse processo leva o nome de *turn around*. É uma operação que consiste em receber o produto, tratá-lo imediatamente e enviá-lo diretamente ao cliente.

Como se pode perceber por sua modalidade, o tempo é um dado primordial para o caso de um *turn around*, pois cada dia de parada tem um custo muito grande para o cliente. Por isso, o conjunto dos membros do processo é sensível ao aspecto *timing*. Os custos de tratamento efetuado pela Acat para um processo *turn around*, acrescido das perdas pela parada do reator, não pode ultrapassar o custo da compra de uma nova carga (processo de recarga tradicional).

> "Um *turn around* significa que o produto chega, é tratado e diretamente devolvido. Isso ocorre muito rapidamente." (Entrevista com Léopold).
> "O *timing* será extremamente importante sabendo que um dia de parada de produção em certas unidades pode ter um custo muito alto. Dois dias de parada a mais podem custar uma nova carga para o catalisador. Uma semana de atraso é dramático para uma refinaria." (Entrevista com Luc)
>
> *Material 10: entrevistas com Luc, engenheiro comercial, e Léopold, transportador*

Entretanto, é preciso considerar que todos os serviços implicados no tratamento de uma encomenda de cliente têm uma percepção idêntica a de um *turn around*: trata-se de uma operação a ser tratada o mais rapidamente possível.

Referencial não comum na qualidade produzida em sentido amplo

Se todos os serviços que fazem parte do tratamento da encomenda do cliente têm como objetivo satisfazer suas exigências, a noção de satisfação do cliente recobre aspectos diferentes segundo cada um destes serviços.

Para os engenheiros comerciais, trata-se de manter o cliente informado do tratamento de sua demanda e de garantir que as exigências iniciais ou as que surgirem ao longo do tratamento da demanda, sejam respeitadas nas diferentes etapas. Os engenheiros comerciais representam o cliente dentro da empresa.

"Acho que o profissional que melhor representa a sensibilidade e a exigência do cliente é o engenheiro comercial."

Material 11: entrevista com Thierry, engenheiro comercial

Quanto ao laboratório, este tem a preocupação de dar boas informações sobre a qualidade do catalisador recebido do cliente e sobre o catalisador tratado no processo. Para o transporte, a satisfação do cliente passa pelo respeito com as datas de retirada e de retorno do produto para o cliente. Finalmente, o serviço de produção busca respeitar as exigências do cliente em termos da qualidade do produto tratado, de especificações e de condionamento.

"É por isso que aqui você nunca tem falhas na qualidade quanto à especificação, porque enquanto essas não forem alcançadas, nós continuamos tratando!"

Material 12: entrevista com Eloi, facilitador de produção

Linguagem operativa comum: dificuldades de compreensão

Cada membro dos serviços dispõe de uma linguagem especializada relacionada à prática de seu *métier*. Isso pode limitar a compreensão entre os membros.

"E depois, às vezes, não é fácil compreender as respostas que o laboratório me dá. Quando um profissional do laboratório parte para as estatísticas, não é ruim, deve-se tentar segui-lo. Eu sou bom em matemática, mas estatística não é meu forte."

Material 13: entrevista com Virginie, enquadramento de produção

Como cada serviço tem sua própria linguagem, alguns buscam usar os mesmos termos a fim de poderem trabalhar junto de modo mais eficaz, conforme se observa no exemplo que segue, acerca da relação entre engenheiros comerciais e membros da produção com respeito a significação de certas expressões.

> Quando uma reunião entre o enquadramento de produção e os engenheiros comerciais trata do preenchimento das FRE, esses dois serviços devem estar de acordo sobre a significação de uma expressão como "etiqueta amarela". Até o momento, esse termo é usado em produção para designar uma etiquetagem específica. O enquadramento de produção explica essa significação aos engenheiros comerciais que decidem, futuramente, empregar esse termo nas FRE.
>
> *Material 14: relatório de observação participante: etiquetagem amarela*

Engajamento subjetivo

Entretanto, se para realizar uma determinada demanda de cliente é necessário combinar competências individuais de profissionais alocados em diferentes serviços, a responsabilidade sobre essa combinação de competências individuais não é assumida por nenhum dos serviços, pois cada seção assume apenas a sua parte nessa ação conjunta.[*]

> A reunião reúne um membro do laboratório, um do grupo do comercial e um da produção. Em primeiro lugar, o engenheiro comercial nos convence de que a comunicação com o laboratório não é perfeita. Ele acha que reebe muitas correspondências por parte do laboratório e que não é possível ficar bem atento a todas essas mensagens. Ele gostaria que o laboratório o avisasse de uma outra forma. Diante disso, a pessoa do laboratório dificilmente se convence, pois acha que a comunicação é adequada. Ela faz seu trabalho enviando o bolhetim de análise. No bolhetim de análise, está indicado que o produto recebido não está de acordo com a FRE. Ela não vê o que o laboratório pode ainda fazer e é contra as medidas de diferenciação das mensagens que, aliás, já existem...
>
> *Material 15: relatório de observação participante: uma reunião de análise das causas de uma reclamação de cliente*

Nesse processo, os membros envolvidos privilegiam os interesses de seu serviço.

> "De qualquer forma, o que vou privilegiar é sempre a produção. Vou sempre defender os facilitadores de produção, é normal."
>
> *Material 16: entrevista com Thibault, enquadramento de produção*

Assim, o engajamento subjetivo é limitado às ações realizadas pelo serviço de cada um e não ao processo. Com frequência, porém, os membros do processo se envolvem subjetivamente em ações para evitar as dificuldades.

---

[*] O serviço responsável pela qualidade da Acat organiza reuniões de análise das causas das reclamações dos clientes. Dessas reuniões devem participar serviços envolvidos nas reclamações.

> "Posso chamá-los [os facilitadores de produção] para esclarecer algumas coisas, como saber sobre o andamento da campanha, ou saber se estamos dentro do prazo previsto, pode-se passar também as informações de último minuto. Por exemplo, pode ocorrer de o cliente nos indicar, na última hora que vai recuperar peças do conjunto; então, você liga rapidamente para o chefe de turno dizendo-lhe: "atenção, vou mudar a FRE porque o cliente mudou de opinião"."
>
> *Material 17: entrevista com Thierry, engenheiro comercial*

As fontes de CC

O capital de competências individzuais e a composição do processo

As competências individuais dos diferentes membros envolvidos no tratamento de uma demanda de cliente são variadas. Cada membro, em função do serviço ao qual pertence, apresenta uma competência específica. Essas competências individuais são complementares. Na realidade, sem a competência individual do engenheiro comercial em matéria de tradução da exigência do cliente, o transporte, a produção e o laboratório não poderiam trabalhar.

Ao mesmo tempo, é necessário fazer o cliente entender os diferentes serviços que a empresa pode oferecer, a fim de que ele possa optar por aquele que lhe é mais conveniente.

> "É importante justamente esclarecer no momento da oferta se, por exemplo, o serviço *turn around* é o mais adequado. Então, deve-se respeitar uma data de retorno extremamente precisa e ter os meios para isso. (....) Mas é um elemento que deve ficar bem esclarecido ou no momento da oferta ou no momento da assinatura do contrato."
>
> *Material 18: entrevista com Séverine, engenheiro comercial*

O transporte detém um conhecimento específico em matéria de logística. Alguns membros desse serviço trabalharam anteriormente em empresas de transporte o que é útil para que esse seviço saiba negociar com as empresas de transporte e conheça a legislação em vigor. Essa competência permite encaminhar o catalisador nas melhores condições e de acordo com a legislação. Já o conhecimento do laboratório está relacionado com a capacidade de fazer amostras do produto, de analisá-lo e de produzir avaliações sobre a qualidade do catalisador. Os membros do serviço de produção detêm, por sua vez, um conhecimento relativo ao tratamento industrial do produto.

As interações formais

As interações formais podem ser descritas a partir dos procedimentos de qualidade relativos a cada serviço, mas também a partir dos documentos informatizados que acompanham o tratamento de demanda do cliente. O Quadro 3.3

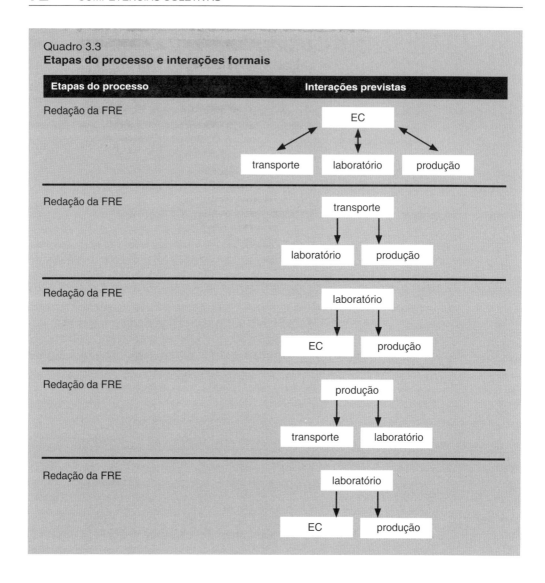

Quadro 3.3
Etapas do processo e interações formais

menciona as interações formais nas diferentes etapas do processo. Se essas interações se revelam necessárias, não são, no entanto, suficientes para dar conta das dificuldades ligadas à realização da demanda de clientes que exigem algo além dos procedimentos formais previstos.

A cooperação e as interações informais

As interações formais assistidas, em parte, pelo computador nem sempre permitem resolver algumas situações. Por isso, a interação informal entre esses atores contribui para garantir uma solução para as dificuldades.

Limitar a situação de incerteza

Como vimos, as informações provenientes do cliente nem sempre são confiáveis. O engenheiro comercial aparece como o interlocutor pertinente quando se trata de obter informações sobre as exigências do cliente ou o aval deste, a fim de solucionar incertezas nas demais áreas do processo. Entrentanto, o engenheiro comercial não é o único interlocutor. De fato, à medida que vai ocorrendo o tratamento da encomenda do cliente e, assim, a passagem pelos distintos serviços, a informação vai se tornando precisa. Trata-se, então, para os atores do processo, de mobilizar os atores pertinentes em função das informações importantes. O transporte, por exemplo, pode ser questionado para se saber as datas de chegada e de partida do produto.

> "Para saber quando o produto deve chegar, no caso de um *turn around*, por exemplo, não adianta ligar para o engenheiro comercial. Não, ele não saberá dizer. Nesse caso, entro em contato diretamente com o setor de transporte porque ele terá a informação."
>
> *Material 19: entrevista com Eloi, facilitador de produção*

O laboratório traz esclarecimentos sobre a natureza do produto, sobre o tratamento que deve receber e sobre a qualidade do produto tratado.

> "É o laboratório que vai definir se um produto está apto para ser tratado ou não. São eles também que decidem sobre uma desmontagem. Vão fazer a análise e vão marcar no controle do produto se essa operação é necessária ou não."
>
> *Material 20: entrevista com Séverine, engenheiro comercial*

A produção é mobilizada não somente para saber como se passa o tratamento industrial, mas também a fim de conhecer a data de final de tratamento.

> "Depois, para toda regeneração do catalisador, há uma especificação interna. [...]. A produção ficará a par da situação se, por acaso, a taxa de perda for significativa. Nesse caso, cabe a nós [engenheiros comerciais] ir atrás das informações ou, às vezes, a produção nos diz que o processo está muito dispendioso e que houve muitas perdas."
>
> *Material 21: entrevistas com Luc, engenheiro comercial*

Cada serviço mobiliza assim o ator pertinente que detém a informação ou que pode tomar a decisão. Pode acontecer, no entanto, de os atores pertinentes não serem mobilizados. A reclamação que provém do cliente ilustra essa situação. Além disso, a confiança entre os membros do processo pode, às vezes, ficar ameaçada, o que se evidencia quando os serviços destinatários da FRE questionam o engenheiro comercial que a redigiu.

74 COMPETÊNCIAS COLETIVAS

> "Mas é verdade que às vezes faltam informações ou há erros na FRE, informações que o grupo dos comerciais poderiam saber ou, então, que eles sabem, mas se calam ... Podem cometer erros desse tipo porque esse tipo de conhecimento não é sua prioridade."
>
> *Material 22: entrevista com Thibault, enquadramento de produção*

Da mesma forma, as análises fornecidas pelos laboratórios aos engenheiros comerciais e aos membros da produção são também questionadas. Enfim, a confiança entre os membros das unidades que participam do processo (comercial, laboratório, produção e transporte) parece bastante aleatória, e questionamentos entre eles são frequentes.

O estilo de gestão e os fatores mobilizadores da GRH

A gestão dos recursos humanos é focalizada essencialmente nas competências individuais dos funcionários. No entanto, a criação de funções na interface entre as diferentes unidades de serviços traduz também a vontade de aumentar a cooperação entre os diferentes atores. Além disso, um dos critérios para bonificação corresponde ao número de reclamações de clientes observadas em um ano. A gestão no dia a dia pode ser às vezes classificada como do tipo "autoritário", especialmente quando o dirigente não está satisfeito com o resultado. E as reclamações de clientes motivam a insatisfação do dirigente.

Finalmente, o Quadro 3.4 (página ao lado) reúne os atributos e as fontes de CC mobilizadas quando na realização do processo como um todo, os quais foram detalhados nos tópicos acima.

3.5. CONCLUSÃO

Apreender melhor o conceito de competência coletiva e suas relações com outros níveis de análise da competência (individual e organizacional) era a ambição deste texto. A partir de uma revisão da literatura, propusemos uma tabela de interpretação aplicada, em seguida, à empresa Acat.

A revisão da literatura permitiu, primeiramente, destacar vários atributos da competência coletiva: o referencial comum, a linguagem compartilhada, a memória coletiva e o engajamento subjetivo. Esses quatro elementos são considerados constitutivos da competência coletiva. Depois, buscamos identificar os fatores capazes de favorecer o desenvolvimento da CC relativos às pessoas e as suas relações (desenvolvimento das competências individuais, das interações afetivas, das relações informais e da cooperação) e aqueles relativos aos fatores organizacionais (composição das equipes, interações formais, estilo de gestão e elementos propulsores de ação oriundos da gestão dos recursos humanos). Mostramos, depois, que o objetivo de uma gestão das CC era triplo: melhorar o desempenho coletivo (CC intragrupo e CC intergrupo), o desempenho organizacional e o desempenho individual.

A COMPETÊNCIA COLETIVA

Quadro 3.4
Fontes e atributos da CC do processo "realizar"

Atributos da CC	
Referencial comum	**Sim para o prazo** **Não para a qualidade do produto**
Liguagem operativa comum	Cada serviço dispõe de uma linguagem própria que pode às vezes limitar a compreensão entre os membros do processo
Memória coletiva	Aprendizagens relativas às experiências passadas (cf. reclamação de cliente) + histórico
Engajamento subjetivo	Os membros do processo se sentem responsáveis pelas ações unicamente realizadas por seu serviço. Em caso de disfuncionamento, os membros do processo buscam resolver a situação.
Fontes de CC	
Capital de competências individuais	**Especialistas**
Composição do grupo dos engenheiros comerciais	Competências individuais complementares
Interação formal	Prevê um serviço sequencial
Interação informal e cooperação	Interações frequentes + cooperação flutuante (cf. problema de confiança)
Estilo de gestão	Às vezes autoritária com margens de autonomia
Motor de GRH	Prática de individualização + coletiva (bônus: critério de reclamação de cliente)

A aplicação dessa tabela interpretativa à situação vivida dentro da empresa Acat facilita, inegavelmente, o exame das CC, seja quando concentra a atenção em seus atributos, seja quando se volta para seus fatores de mobilização. No caso em questão, aparece clar amente que a Acat dispõe de várias margens de progressão. A tensão entre interesses individuais e trocas coletivas gira em torno ainda da vantagem dos percursos individuais. As CC progridem mais facilmente em intragrupo (aqui, no seio do departamento comercial) do que em interserviços. A confiança entre atores se revela ainda muito limitada. Felizmente, os indicadores de engajamento subjetivo mostram um potencial interessante de desenvolvimento.

Convém agora aplicar a outras situações de mobilização de CC essa mesma tabela de análise a fim de melhorá-la, completá-la e, ao mesmo tempo, testar nosso conhecimento da competência coletiva, elo chave da gestão das competências.

76 COMPETÊNCIAS COLETIVAS

NOTAS

1. Os autores agradecem a C. Dejoux e a E. Oiry por seus comentários sobre uma versão preliminar deste texto e a todos os membros do grupo de gestão das competências do GDR GRACCO pelas discussões a respeito desse mesmo documento.
2. Por competências do ambiente fazemos referência às competências apresentadas por entidades ou por atores fora do controle direto da empresa (fornecedores, parceiros, clientes, consultores, universitários, etc.) e cuja prática influencia a mobilização das competências internas da empresa (competências individuais, coletivas ou organizacionais).
3. Citado por Dejoux (2001).
4. Citado por Dupuich-Rabasse e Trépo (2002).
5. Citado por Leplat (1991).
6. Esse parágrafo e aqueles dedicados às interações formais e à interação entre relações informais e formais retomam, essencialmente, ideias já desenvolvidas por Dubois e Retour (1999).
7. Na segunda parte deste capítulo, será apresentada uma ilustração competência intragrupo.

REFERÊNCIAS BIBLIOGRÁFICAS

Amherdt C.H., Dupuich-Rabasse F., Emery Y. et Giauque D. (2000), *Compétences collectives dans les organisations*, Presse de l'université de Laval, Québec.

ANACT (2004), séminaire des 13 et 14 octobre 2004 consacré aux référentiels compétences. Les différentes communications ont depuis lors été publiées in *Élaborer des référentiels de compétences*, sous la direction de Christian Jouvenot et Michel Parlier, Éditions ANACT, 2005.

Atkinson P. et Hammersley M. (1994), «Ethnography and Participant Observation», in Denzin N.K. et Lincoln Y.S., *Handbook of Qualitive Research*, Sage, Londres.

Avenier M.-J. (2005), « Du renversement managérial à l'économie du sens. L'expérience de l'entreprise Beauvais International », *Le management du troisième millénaire*, 4e édition augmentée, coord. Saloff Coste Michel, Paris, Guy Trédaniel, pp. 331-346 (Management).

Barreyre P.-Y. (1968), *L'impartition, politique pour une entreprise compétitive: une stratégie industrielle pour le marché interne*, Hachette, Paris.

Bataille F. (2001), « Compétence collective et performance », *Revue de gestion des ressources humaines*, avril-mai-juin, pp. 66-81.

Baumard P. et al. (1999), « La collecte des données et la gestion de leurs sources ? », in Thietard R.A., *Méthodes de recherche en management*, Paris, Dunod, pp. 224-256.

Codello-Guijarro P. (2004), *Vers une approche du management associatif: une analyse par la professionnalisation de la relation de service*, thèse de doctorat en sciences de gestion, soutenue le 14 octobre 2004, CNAM.

La compétence collective, maillon clé de la gestion des compétences 171

Combes M.C., (2004), *Identifier la dimension collective des compétences pour gérer le travail*, Paris, séminaire ANACT, 13 et 14 octobre 2004.

Dejoux C. (1998), « Pour une approche transversale de la gestion des compétences », *Gestion 2000*, novembre-décembre, pp. 15-31.

Dejoux C. (2001), *Les compétences au coeur de l'entreprise*, Éditions d'Organisation, 348 pages.

De Montmollin M. (1984), *L'intelligence de la tâche. Éléments d'ergonomie cognitive*, Peter Lang, New York.

De Terssac G. et Chabaud C. (1990), « Référentiel opératif commun et fiabilité », in *Les Facteurs humaines de la fiabilité dans les systèmes complexes*, dir. Leplat J. et De Terssac G., éditions Octarès, pp. 111-139.

Dubois M. et Retour D. (1999), « La compétence collective: validation empirique fondée sur les représentations opératoires de travail partagées », *Psychologie du travail et des organisations*, 5 (2-1), pp. 225-243.

Dubois M., Retour D., Bobillier-Chaumon M.E., (2003), « Évolution des compétences clientèle et des systèmes d'information: quelles conséquences pour les compétences du conseiller clientèle » in *GRH Innovons*, actes du 13e congrès AGRH, tome 2, pp. 939-960.

Dupuich-Rabasse F. et Trépo G. (2002), « Compétences collectives, NTIC et *knowledge management:* la place de la GRH dans la mise en oeuvre des outils stratégiques de gestion l'entreprise », Actes du 13e congrès annuel de l'AGRH Nantes, tome 2, pp. 9-21.

Everaere C. (1999), *Autonomie et collectifs de travail*, ANACT, collection Points de repère, 273 pages.

Falzon P. (1991), « Les activités verbales dans le travail », in *Modèle en analyse du travail*, dir. Amalberti, De Montmollin et Theureau, Pierre Margada éditeur, pp. 229-247.

Girod M. (1995), « La mémoire organisationnelle », *Revue française de gestion*, septembreoctobre, pp. 30-42.

Guilhon A. et Trépo G. (2000), « La compétence collective: le chaînon manquant entre la stratégie et la gestion des ressources humaines », actes de la 9e conférence de l'AIMS.

Hamel Gary et Prahalad C-K., « The Core Competence of the Corporation », *Harward Business Rewiev,* 1990, mai-juin, pp. 79-91.

Javidan M. (1998), « Core Competence: What Does it Mean in Practice ? », *Long Range Planning*, vol. 31, n° 1, pp. 60-71.

Krohmer C. (2004), « Repérer les compétences collectives: une proposition d'indicateurs », actes de l'AGRH, Montréal.

Krohmer C. (2004), « Le management des processus permet-il de dépasser les frontières des métiers ? Une étude de cas », actes Métamorphose des organisations, Nancy.

Le Boterf G. (1994), *De la compétence, essai sur un attracteur étrange,* Paris, Les Éditions d'Organisation, 176 pages.

Leplat J. (1991), « Compétence et ergonomie », in *Modèle en analyse du travail*, dir. Amalberti, de Montmollin et Theureau- Pierre Margada éditeur, pp. 263-278.

Leplat J. (2000), « Compétences individuelles, compétences collectives », *Psychologie du travail et des organisations*, 6 (3-4), pp. 47-73.

Levine J.M., Moreland R.L. (1990), « Progress in Small Group Research », *Annual Review of Psychology*, 41, pp. 585-634.

Mc Clelland, D. C. (1973). « Testing for Competence rather than for Intelligence », *American Psychologist*, vol. 1, p. 1-14.

Mc Grath J. et Altermatt W. (1999), « Observation and Analysis of Group Interaction over Time: Some Methodological and Strategic Choice », in Hogg and Tindale, *Handbook of Social Psychology Group Process*, Blackwell Publishers, pp. 525-556.

Mc Grath J.E. (1984), *Groups: Interaction and Performance*, Englewood Cliffs, N.J., Prentice Hall.

Michaux V. (2003), *Compétence collective et systèmes d'information. Cinq cas de coordination dans les centres de contacts*, thèse de doctorat en sciences de gestion, université de Nantes.

Navarro C. (1990), « Une analyse cognitive de l'interaction dans les activités de travail », *Le Travail humain*, tome 54, n° 2, pp. 114-128.

Nonaka I. (1994), « A Dynamic Theory of Organizational Knowledge Creation », *Organization Science*, 1994, vol. 5, n° 1, février, pp. 14-36.

Pemartin D. (1999), *Gérer par les compétences ou comment réussir autrement ?*, Caen, EMS, 128 pages.

Penrose É. (1959), *Facteurs, conditions et mécanismes de la croissance de l'entreprise*, éditions Hommes et Techniques.

Picq T. et Retour D. (2001), « La coopération dans les organisations par projets. Les politiques de gestion des ressources humaines », *Personnel* (417), pp. 29-39.

Picq T. (2005), « Comment développer des compétences collectives ? Quand le handballeur vient au secours du manager », *Gérer et comprendre*, mars 2005, n° 79, pp. 76-83.

Quélin B. (2003), « Externalisation stratégique et partenariat: de la firme patrimoniale à la firme contractuelle ? », *Revue française de gestion*, n° 143, mars-avril, pp. 29-39.

Retour D. (1998), *Le développement de la coopération dans l'organisation et les politiques actuelles de gestion des ressources humaines sont-ils compatibles ?*, actes du colloque « La coopération dans les organisations: enjeux, formes et instruments », janvier 1998, pp. 32-48, IAE Lyon.

Retour D. (2005), « Le DRH de demain face au dossier des compétences », *Management & Avenir*, n° 4, avril 2005, pp. 187-200.

Reynaud J.D. (1997), *Les règles du jeu. L'action collective et la régulation sociale*, 3e édition, Armand Colin.

Roger A. (2004), « Gestion des ressources humaines et management des compétences », in *Comprendre le management, Cahiers français*, n° 321, juillet-août 2004, pp. 52-57.

Segrestin D. (1992), *Sociologie de l'entreprise*, Paris, Armand Colin.

Segrestin D. (2002), compte rendu du séminaire organisé par le CERAG sur la gestion des compétences, organisé le 21 février à Grenoble.

Troussier J.-F. (1990), « Évolution des collectifs du travail et qualification collective », in *Les Analyses du travail*, CEREQ, pp. 115-124.

Veltz P. et Zarifian P. (1994), « Travail collectif et modèles d'organisation de la production », *Le Travail humain*, 57 (3), 1994, pp. 239-249.

La compétence collective, maillon clé de la gestion des compétences 173

Wacheux F. (1996), *Méthodes qualitatives et recherche en gestion*, Paris, Economica.

Wenerfelt B. (1984), « A Resource-Based View of the Firm », *Strategic Management Journal*, vol. 5, pp. 171-180.

White R.W. (1959), « Motivation Reconsidered: The Concept of Competence », *Psychological Review*, vol. 66, n° 5, pp. 297-333.

Wittorski R. (1997), *Analyse du travail et production de compétences collectives*, L'Harmattan, Action et Savoir.

Zarifian P. (1995), « Coopération, compétence et système de gestion dans l'industrie: la recherche de cohérence », AGRH, pp. 15-20.

Zarifian P. (2002), compte rendu du séminaire organisé par le CERAG sur la gestion des compétences, organisé le 21 février à Grenoble.

4

DAS COMPETÊNCIAS INDIVIDUAIS À COMPETÊNCIA COLETIVA: CONTRIBUIÇÕES DA APRENDIZAGEM EM UM SERVIÇO DE EMERGÊNCIA HOSPITALAR

Thierry Colin e Benoît Grasser

Questionamo-nos neste texto sobre a existência de um nível especificamente coletivo da competência. Essa questão é levantada tanto pelas abordagens teóricas, que reconhecem mais facilmente os níveis individuais e organizacionais da competência, quanto pelas abordagens empíricas, que enfrentam as contradições oriundas das propriedades coletivas da competência e as dificuldades de identificação e de gestão que suscitam.

Inscrevemo-nos nesse debate, propondo abordar a competência coletiva sob o ponto de vista dos processos de aprendizagem. Mostraremos, em um primeiro momento, que as situações de aprendizagem podem, de uma perspectiva analítica, servir de revelador da competência coletiva. Aplicaremos esses elementos de análise, em um segundo momento, a um conjunto de observações realizadas em um serviço hospitalar de emergência no qual, para nós, situações recorrentes de aprendizagem geram uma competência coletiva. Isso nos permitirá, em um terceiro momento, refletir sobre a singularidade do nível coletivo da competência.

4.1. IDENTIFICAR E DEFINIR A COMPETÊNCIA COLETIVA

A existência de competências de nível coletivo não é evidente, pois a entidade à qual pertence esse tipo de competência (o coletivo) não apresenta na literatura uma definição clara, nem homogênea.

80 COMPETÊNCIAS COLETIVAS

4.1.1. O coletivo, uma entidade menos identificável
do que o indivíduo ou a organização

O nível do indivíduo não traz problemas de definição, é inclusive o nível elementar de muitas abordagens analíticas. O nível da organização apresenta mais dificuldades, mas é sempre possível associá-la a uma entidade relativamente bem identificada: o grupo, a empresa, a unidade funcional, etc.

Nos dois casos, ninguém duvida que se possa falar de competências, uma vez que a atividade, correspondente seja individual ou organizacional, leva a um resultado visível, que demonstra, de fato, a mobilização de diversas capacidades, atribuídas ou aos indivíduos ou à organização-entidade.

A noção de coletivo não apresenta a mesma visibilidade: com contorno e composição mais imprecisos, o "coletivo" se apoia nas relações mais informais do que nas formais, cuja própria natureza varia do funcional ao afetivo, passando pelo cognitivo ou pelo social. Por outro lado, é sempre difícil identificá-lo fora de um contexto, de uma temporalidade e de uma finalidade bem precisa. Consequentemente, ao passo que existem dimensões coletivas da competência, há sempre uma hesitação no momento de avançar e afirmar a existência de uma competência coletiva singular.

No entanto, a observação parece nos impor a evidência de uma competência coletiva, uma vez que o exame da situação mais insignificante de trabalho revela complementaridades, sinergias, cooperações ou mesmo cumplicidades que elevam a competência de um grupo a um nível superior ao da soma das competências individuais. Essa formulação, encontrada com frequência, é insatisfatória no plano do rigor (é possível somar competências?), mas constitui um caminho rápido e cômodo para descrever o fato de que o que o grupo, envolvido em uma ação comum, *sabe fazer* não pode ser deduzido *a priori* das competências apresentadas individualmente. Os esforços empreendidos para definir a competência coletiva apresentam, porém, inúmeras dificuldades: na prática, é descrita, em geral, fazendo referência aos níveis inferior (a competência coletiva é mais do que a competência individual) e superior (a competência coletiva é menos do que a competência organizacional). Dessa forma, nos vemos diante de objeções levantadas frequente e legitimamente: a competência coletiva existe de fato? Distingue-se de um elemento intermediário entre dois níveis mais facilmente identificáveis? Consegue mostrar que tem natureza própria e singular? Constitui realmente uma competência?

4.1.2. Competência coletiva, competência individual
e competência organizacional: relações essenciais

Para ir mais adiante, é necessário precisar sucintamente as relações entre competência coletiva, competência individual e competência organizacional.

A relação com a competência individual pode ser declinada de várias formas. Por exemplo, para Retour e Krohmer (2006), as definições da competência coletiva podem ser separadas entre aquelas que são principalmente focadas em um saber-fazer operacional, próprio a um grupo de indivíduos, e aquelas que insistem no fato de que a emergência de uma competência coletiva encontra uma tradução operacional em ações realizadas individualmente. A competência individual aparece, então, ao mesmo tempo, como fonte e como beneficiária da competência coletiva. Por outro lado, entre as competências identificadas como individuais, as competências cooperativas (Richebé, 2007) ou comportamentais (Cavestro, Colin, Grasser, 2007) parecem desempenhar um papel na gênese de uma competência coletiva.

Quanto à relação com a organizaçao, destaquemos que a competência coletiva é, no mínimo, duplamente dependente desta. Por um lado, do ponto de vista da organização das competências individuais que ela opera e, por outro, do ponto de vista dos recursos que coloca à disposição dos agentes (Richebé, 2007). Em uma outra perspectiva, destacamos que o nível organizacional da competência enquanto tal está na base da corrente da "visão baseada em recursos" (Arrègle e Quélin, 2000). Nessas teorias, a relação entre as competências dos indivíduos e a competência da firma está longe de ser bem definida, o que se explica, em parte, pelo "caráter relativamente impreciso, ou mesmo incerto, desses conceitos de recursos, competências e capacidades" (Castro, Guérin e Lauriol, 1998). Parece-nos delicado, de qualquer forma, vincular diretamente competências individuais e competências das empresas. Provavelmente, o nível da competência coletiva pode contribuir para fazer esse elo entre esses dois níveis.

A competência coletiva aparece definida com frequência em relação a dois níveis de referência que são: o indivíduo e a organização. Esse problema de identificação de uma competência coletiva específica constitui um desafio do ponto de vista da análise, mas representa igualmente um obstáculo de um ponto de vista mais pragmático. Assim, como integrar as competências coletivas na concepção e na realização dos percursos de competências? Os referenciais de competências, reduzidos à descrição de competências individuais e introduzindo, por sua natureza, uma boa dose de formalismo, não são instrumentos de gestão conflitantes com as competências coletivas (Cavestro, Colin, Grasser, 2007)? É justamente essa contradição que Allouche e Gilbert indicam: "Ao passo que a individualização da gestão dos homens na empresa aparece desde o início dos anos de 1990 como uma categoria imperativa, a partir desse período a ênfase na gestão das organizações passa a ser o desenvolvimento de um capital social organizacional o qual exige uma gestão dos homens mais orientada para o coletivo". (Allouche e Gilbert, 2006, p. 145).

Para responder a essas preocupações teóricas e empíricas, a questão é saber, portanto, como compreender melhor a competência coletiva. Nessa perspectiva, sugerimos examinar algumas pistas oriundas das teorias da aprendizagem organizacional.

4.1.3. Pistas para a compreensão da aprendizagem organizacional

Na literatura reunida sob a expressão *Aprendizagem Organizacional*, encontram-se análises interindividuais e análises das relações entre indivíduos e coletividades. Trata-se, na verdade, de fenômenos de difusão e de criação de conhecimentos, dos quais se pode pensar que levem à produção de uma competência coletiva.[1]

A noção normalmente mobilizada é a de conhecimento (*knowledge*). Entretanto, o debate introduz inúmeros termos representando significados mais ou menos próximos como informações, saberes, conhecimentos, competências, entre outros. O que é certo é que a acepção do termo *conhecimento*, tal como o vemos na literatura sobre a aprendizagem organizacional, é suficientemente ampla para abranger, ao menos parcialmente, a noção de competência. Neste sentido, Leonard (2007, p. 59) destaca que o *conhecimento* se desdobra em *know what* (fatos, informações, dados), *know why* (relações de causa e efeito), *know how* (saber-fazer) e *know who* (rede interpessoal). Por sua vez, Ferrary e Pesqueux (2006, p. 73) salientam que a abordagem "Aprendizagem Organizacional" tem como objeto da aprendizagem elementos como informações, saberes, comportamentos, conhecimentos e representações. Dessa forma, nos dois casos, a ideia não é aquela de uma convergência perfeita entre abordagens pelas competências e abordagens pela aprendizagem organizacional, mas a de uma sobreposição significativa dos objetos em questão.

Por outro lado, o coletivo está amplamente presente nessas abordagens, pois em certos casos ele aparece como o lugar essencial da aprendizagem (Peillon, Boucher, Jakubowicz, 2006, p. 74). As noções de coletivos, associadas a esses processos, são múltiplas (grupo funcional, equipe, rede, comunidade de prática, comunidade epistêmica) e podem gerar princípios de aprendizagem diferentes (*learning by doing, by interacting, by exchanging, in working, searching*). No entanto, e isso é fundamental para nossa proposta, os coletivos constituem lugares de troca e de difusão de conhecimentos e de competências. Do ponto de vista das relações entre indivíduos no interior das coletividades, Leonard (ibid. p. 57) insiste especialmente no fato de que as transferências de conhecimentos e de competências têm, na grande maioria dos casos, duplo sentido: cada um em um grupo sendo, alternadamente, emissor e receptor do conhecimento. Mais amplamente, os autores clássicos da aprendizagem organizacional (por exemplo, Argyris e Schön, 1978; Senge, 1990; Nonaka, 1994) posicionam suas análises nas **interações entre indivíduos dentro das coletividades que compõem a organização** e buscam teorizar sobre o papel dessas interações na difusão e na criação de conhecimentos.

Por se referirem a uma concepção mais ampla dos conhecimentos que recobre, ao menos parcialmente, a de competência, e por atribuírem um lugar central aos grupos e às relações interindividuais, as teorias da aprendizagem organizacional parecem levantar pistas para a compreensão das competências coletivas, especialmente para a articulação, quanto aos conteúdos e processos entre os níveis individual e coletivo da competência.

São essas pistas que desejamos mobilizar na parte empírica deste trabalho. Mostraremos como aparece uma competência coletiva em um serviço hospitalar, cuja organização deve, de modo repetido, iniciar processos de aprendizagem para enfrentar a alternância das equipes de internos.[*]

---

[*] N. de R.T.: São denominados "internos" estudantes de medicina cursando os últimos semestres do curso e atuando como estagiários em hospitais.

4.2. APRENDIZAGEM E COMPETÊNCIA COLETIVA EM UM SERVIÇO HOSPITALAR DE EMERGÊNCIA

Exporemos aqui, inicialmente, a natureza do trabalho realizado nesse serviço de emergência hospitalar. Detalharemos, então, os modos de aprendizagem, enfatizando os aspectos coletivos. Finalmente, analisaremos os resultados do processo de aprendizagem e seus limites. Apoiaremo-nos, fundamentalmente, em trechos oriundos de entrevistas com os internos e em alguns dos resultados do questionário distribuído a todos os membros do serviço (Quadro 4.1).

Quadro 4.1
Metodologia

Para compreender as aprendizagens individuais e coletivas nesse serviço de atendimento de urgência[2] (SAU), aplicamos uma metodologia que se divide em quatro momentos:

Em um primeiro momento, observações de curta duração (4 meio-turnos de trabalho) do funcionamento do serviço e uma série de entrevistas preliminares com um responsável (do corpo clínico hospitalar – CH) nos permitiram conhecer o funcionamento e a organização do serviço.

Num segundo momento, buscamos examinar as representações dos atores sobre o funcionamento do serviço de emergência através de uma enquete, que usou um questionário, junto ao universo dos funcionários. Buscamos, assim, precisar a natureza e as características do trabalho no SAU, obter uma avaliação dos atores sobre o desempenho coletivo do serviço e identificar os contextos, os momentos e os lugares da aprendizagem. O questionário foi enviado via correio para todas as categorias de funcionários que trabalham no SAU de forma quase exaustiva, o que permitiu coletar as respostas de 70 indivíduos.

Em um terceiro momento, para completar esse questionário, realizamos seis entrevistas semiestruturadas com funcionários não internos do SAU: dois consultores especializados, dois clínicos hospitalares (CH), uma enfermeira e uma enfermeira-chefe. O objetivo foi o de conhecer o posicionamento dos internos no SAU em relação aos funcionários "permanentes", esclarecer certos elementos de contexto e, mais globalmente, validar os resultados do questionário.

Por fim, o núcleo de nossa metodologia se baseia em duas séries de entrevistas semidiretas com seis internos. Uma primeira entrevista era feita pouco tempo após sua chegada ao serviço, para conhecer suas expectativas e seu posicionamento em relação ao SAU. Uma segunda entrevista era feita cinco meses depois, pouco antes de sua partida, para fazer um balanço de seu estágio em matéria de aprendizagem.

O conjunto dessas investigações permitiu coletar um extenso material que trata das motivações, dos objetos e dos limites da aprendizagem dos internos ao longo de seu estágio nesse serviço.

4.2.1. O trabalho no Serviço de Atendimento de Urgência (SAU)

Um dos relatórios empregados acerca das cooperações entre profissionais de saúde enfatizava que "o desempenho dos serviços de emergência depende da capacidade de mobilização e de orientação, em curto prazo, de equipes de composição variável, o que supõe um super investimento no trabalho em equipe." (Gheorghiu e Moatty, 2007, p. 103). De fato, mostraremos em que

84 COMPETÊNCIAS COLETIVAS

aspectos o trabalho em um serviço desse tipo é fortemente coletivo. Usaremos alguns resultados de nosso questionário para traçar os contornos do grupo de trabalho e, por fim, apontaremos o papel central dos internos dentro do grupo.

4.2.1.1. Uma gestão dos fluxos que resulta em um trabalho coletivo

A característica primeira de um SAU é poder dar uma resposta imediata a qualquer situação patológica através da presença de pessoal médico e para-médico 24 horas por dia.[3] O SAU tem como primeira função identificar as verdadeiras emergências e, nesses casos, estabilizar o paciente e organizar sua transferência para o serviço hospitalar adequado. Esse papel fundamental de "triagem" dos pacientes e a capacidade de distinguir o grau de emergência são mais importantes do que o estabelecimento de um diagnóstico definitivo sobre a patologia do paciente. Trata-se, acima de tudo, de um diagnóstico acerca do nível de gravidade. Não se conseguindo estabilizar a condição do paciente, é importante detectar, sobretudo, os riscos de degradação rápida. Um diagnóstico preciso não é obrigatoriamente necessário: "É poder evitar as coisas graves. E é realmente... eu penso de fato nas emergências, é isso: resolvo o que é mais grave e, então, passo adiante o doente" (um interno).[4]

O SAU pesquisado recebe, em média, 124 pacientes por dia durante a semana e 144 no fim de semana. Entre esses, os casos de emergências com grande risco de sobrevivência representam 1,5% e os casos "potencialmente graves" representam 9%.[5] A boa gestão dos fluxos é, portanto, essencial: "Deve-se diagnosticar rapidamente a fim de verificar se a hospitalização do paciente é justificada. Acredito que é preciso fazer isso rapidamente para aliviar o serviço" (um interno). Se a prioridade está no diagnóstico e na estabilização dos 10% de pacientes mais graves, o essencial da atividade em termos de volume reside no tratamento dos 90% dos pacientes "menos urgentes". É preciso compreender que o tratamento dos pacientes está longe de ser sistematicamente contínuo. Diferentes funcionários alternam, e exames biológicos ou radiológicos mais ou menos longos podem ser necessários. Em média, o tempo de espera para atendimento no SAU é de 56 minutos, e o tempo de atendimento é de 3 horas. A redução desses tempos de espera e de tratamento é unanimemente considerada como um objetivo importante para o serviço. Se acrescentamos a esses elementos que o nível de atividade é extremamente variável no dia, compreender-se-á por que a atividade de um SAU pode ser descrita como a gestão de um fluxo de pacientes e que esse trabalho é, por essência, eminentemente coletivo.

4.2.1.2. O coletivo de trabalho

"Qualquer pessoa que pesquise os hospitais, universo hierarquizado por excelência, toma rapidamente consciência de que o problema não é tanto saber quais são as margens de manobra das quais dispõem os indivíduos para se livrar das amarras das regras e dos estatutos, mas compreender como, no fluxo

DAS COMPETÊNCIAS INDIVIDUAIS À COMPETÊNCIA COLETIVA **85**

de uma mudança permanente, um mínimo de ordem é possível" (Lallement, 2007, p. 408). A percepção dos funcionários, tal como vemos em nosso questionário, confirma essas constatações.

O estrito respeito pelas atribuições está longe de ser a norma (Tabela 4.1), e a adaptação aos colegas e à atividade é permanente (Tabela 4.2). Não se trata nesse caso de simples facilidades, mas de uma condição de eficácia do serviço (Tabela 4.3). A rotação interna dos profissionais é considerada um aspecto importantes na aquisição das competências no trabalho (nota média de 3,68/5). Apesar da estratificação hierárquica particularmente forte no hospital, quando se tenta saber quais são as funções que participam dessa rotação interna, observa-se que desse processo participam diferentes categorias de funcionários. (Tabela 4.4).[6] Quatro categorias aparecem no centro da atividade: as enfermeiras, os auxiliares, os internos e os funcionários do serviço de maca. As comunicações entre os médicos que acompanham os pacientes e os Clínicos Hospitalares são menos frequentes. Essas conversas ocorrem essencialmente de modo informal (Tabela 4.5). As reuniões de serviço aparecem como o único momento formal mencionado. Em compensação, a equipe de serviço e a revisão dos arquivos médicos do período da manhã parecem não atingir seu objetivo.

Tabela 4.1

Já aconteceu de você fazer mais do que suas atribuições ou tarefas habituais?	Em %
■ De forma sistemática	2,9
■ De forma regular	41,2
■ De forma ocasional	48,5
■ Nunca	7,4

Tabela 4.2

Qual é a frase que melhor descreve o funcionamento do SAU?	%
■ As tarefas de cada um e os métodos de trabalho foram fixados com antecedência e cada um busca cumpri-las na totalidade	17,6
■ As tarefas de cada um e os métodos de trabalho variam conforme as situações e/ou conforme as equipes presentes	82,4

Tabela 4.3

Para que o SAU trabalhe de forma mais eficaz, é preciso:	%
■ Que cada um se limite a realizar as tarefas que lhe foram confiadas	29,2
■ Que cada um modifique suas tarefas em função do trabalho dos outros e/ou da situação do momento	70,8

86 COMPETÊNCIAS COLETIVAS

Tabela 4.4

Durante seu trabalho, você tem conversas profissionais (de informações, de conhecimentos) com:	Nota máx. 5
■ A enfermeira	4,07
■ O auxiliar	3,90
■ Os internos	3,81
■ Os funcionários do serviço de maca	3,79
■ O médico que acompanha o paciente	3,55
■ Os CH	3,41
■ Os externos	3,37
■ O chefe do serviço	2,72
■ Os especialistas	2,68
■ Os manipulador de radiologia	2,54
■ Os administradores	2,32
■ O agente admnistrativo	2,32

Tabela 4.5

As conversas profissionais (de informações, de conhecimento, etc.) com outros funcionários ocorrem:	Nota máx. 5
■ Durante os períodos de inatividade do serviço	2,99
■ Durante as pausas (café, almoço, etc.)	2,95
■ Em salas de atendimento	2,95
■ Durante a substituição	2,88
■ Durante as reuniões de serviço	2,83
■ Em equipe de serviço	1,80
■ Durante a revisão dos arquivos da manhã	1,63

4.2.1.3. O papel central dos internos

No grupo de trabalho, os internos desempenham um papel central, pois estão no âmago de um paradoxo em termos de eficácia do serviço. Eles estão em formação durante um estágio de 6 meses, mas, ao exercer as funções de um médico, ocupam um papel-chave no tratamento dos pacientes: "nas emergências, é o interno que é um pouco o pivô, eu diria, do sistema, que examina os pacientes, que toma as decisões qualquer que seja seu nível de experiência. É o funcionamento que impõe isso e depois, quando há algum problema, ele solicita o CH" (um CH). Os internos se encontram no coração da atividade de atendimentos, ainda mais na medida em que o número de clínicos hospitalares é relativamente pequeno se comparado ao que representa o volume da atividade médica.

Um verdadeiro desafio é lançado à organização a cada semestre, pois os internos são substituídos em bloco a cada seis meses. Disso emerge a questão das modalidades da transmissão dos saberes aos internos, de seu ritmo de aprendizagem e da conservação, a longo prazo, da competência organizacional do serviço.

Os internos, se possuem conhecimentos médicos robustos, desenvolvem de forma progressiva as competências necessárias ao bom funcionamento do serviço. Devem, ao mesmo tempo, aprender e tratar o paciente e devem tratar rápido; daí a reclamação, já antiga (ver, por exemplo, Peneff, 1992), de hospitalizações abusivas e da multiplicação inútil de atos e de exames que aumentam o prazo de espera dos pacientes.

Os internos estimam que a equipe em seu conjunto, enquanto tal, constitui um fator determinante para uma aprendizagem que vai além do aspecto médico: "Na minha opinião, não existe subtrabalho; portanto, mesmo que não se trate de aprender algo do ponto de vista médico, mesmo que seja no sentido humano, é interessante também" (um interno). O trabalho de equipe permite aos internos ficarem livres de outra parte do tratamento (preparação do paciente, exame de sangue, uso de proteções urinárias, etc.) e se concentrarem em seu trabalho de médico. No entanto, todo esse trabalho periférico constitui também uma primeira abordagem do paciente e permite coletar informações preciosas, ainda mais na medida que o interno, por necessidade, se concentra nos motivos pelos quais o paciente se apresenta. Por exemplo, "se se tem a impressão de que há um ponto de dor torácica, a enfermeira e a auxiliar vão tirar sua roupa e vão então nos dizer 'olha, nas costas, vimos isso', que nós às vezes não vimos porque passamos rapidamente pelas costas, interessados mais no coração... Em nosso exame, pode-se passar por cima de alguns aspectos, porque se trata, de todo modo, de um exame mais orientado, focado nos motivos pelos quais o paciente veio ao hospital" (um interno).

4.2.2. Os modos de aprendizagem

Apresentaremos aqui o princípio da "sêniorização", que é o modo principal de aprendizagem na SAU. Mostraremos, em seguida, quais atores participam da aprendizagem e terminaremos evocando o papel e os limites dos momentos formais de aprendizagem.

4.2.2.1. A "seniorização" como processo principal

De um ponto de vista legal, nenhum paciente deveria sair do SAU sem validação de um CH. Além de seu papel regulamentar, os CH desempenham um papel de guia dos internos. Ajudam com sua experiência, intervêm dando sua opinião sobre os atendimentos e controlam a consistência dos diagnósticos e das decisões (exames, prescrições).

No plano do processo de aprendizagem propriamente dito, os médicos "seniores" parecem atuar em duas formas de apoio "pedagógico".

O primeiro desses apoios à aprendizagem é através do acompanhamento rigoroso dos processos de diagnóstico: "Eles nos ensinam a sistematizar todos os exames complementares, a investigar certos sintomas em função da doença e isso acaba por tornar-se um instrumento pedagógico completo. Quando se está sozinho, usamos nossa bagagem de conhecimento, o que aprendemos na faculdade, mas às vezes falta experiência" (um interno). Por isso, a preocupação dos médicos seniores com a sistematização e com o rigor no processo de diagnóstico acaba por motivar, orientar e estruturar as aprendizagens.

O segundo apoio reside na dialética "orientação/autonomia", através da qual os médicos seniores conduzem o acompanhamento dos internos. De fato, os internos buscam, ao mesmo tempo, essas duas dimensões aparentemente contraditórias e complementares: "Alguns CH querem que a gente vá vê-los quando é necessário solicitar um exame biológico, ao passo que outros nos dão mais autonomia, mas verificam tudo ao final" (um interno). A autonomia é buscada, pois os internos têm o sentimento de aprender mais quando são confrontados com as situações. Ao mesmo tempo, entretanto, alguns reclamam a necessidade de uma verdadeira orientação: "Em um serviço de atendimento de emergência, o interno deve ser sempre conduzido. Deve fazer seu trabalho de diagnóstico, de tratamento, mas sendo orientado. [...] Se temos um sênior que assegura essa função junto ao interno, é nesse momento que ocorre o ensinamento. Vemos o paciente, discutimos, fazemos um protocolo, um tratamento, e ele é bem instruído" (um interno). Se o médico sênior não está presente, o interno tenta não fazer nenhum grande erro, mas nem sempre consegue dar o melhor atendimento: "Procuramos não fazer bobagem, pois é isso que é perigoso. É que não se pode identificar o tratamento ideal para o paciente, pois não temos conhecimento suficiente, não temos base suficiente, sobretudo quando se inicia. Mas a gente evita cometer uma grande besteira" (um interno).

Nas primeiras entrevistas, em sua chegada ao serviço, os internos expressavam uma grande expectativa em relação a essa aprendizagem com os médicos. Esperavam que os CH os supervisionassem, o que consideram uma segurança, mas dando-lhes autonomia no atendimento dos pacientes e só intervindo para retificar os eventuais erros durante o diagnóstico e/ou para reorientá-los.

Ao final do estágio, todos os internos elaboram uma avaliação de sua relação com os CH. Alguns CH são muito diretivos e intervêm muito rapidamente no atendimento, especialmente nos casos graves em que o interno fica reduzido a um papel secundário – "de super enfermeira", constata um interno. Outros CH nem sempre estão disponíveis para discutir patologias encontradas ou para trocar informações sobre este ou aquele protocolo.[7] Como resume muito bem um deles: "os CH nem sempre desempenham o papel do tutor sênior: alguns consideram os internos ignorantes, mas não é o caso pois trata-se de pessoas em formação" (um CH).

4.2.2.2. Uma aprendizagem que mobiliza múltiplos atores

Em graus diversos, outros agentes do serviço são percebidos como atores da aprendizagem, a começar pelos próprios internos. De fato, seus percursos diferenciados originam possibilidades de cooperação: "Sim, nos completamos uns aos outros. Fazendo perguntas entre internos, vamos talvez pensar em outros diagnósticos que não teríamos cogitado". E, com frequência, as conversas entre internos antecedem o recurso ao médico sênior.

Os externos também podem aparecer como recursos em termos de conhecimento em razão especialmente do caráter mais recente de seus ensinamentos: "para mim, as trocas se dão também com os externos porque são mais verdes do que nós, acabaram de ver o módulo. Quando dizem, "olha só, havia um sinal eletrocardiográfico com tal medicamento", digo "você tem certeza?", "sim, acabamos de vê-lo..." (um interno).

As enfermeiras aparecem igualmente como elementos-chave, representando ao mesmo tempo a experiência, a continuidade e um conhecimento prático do serviço e do tratamento: "As enfermeiras, penso que contribuem... diria, quase tanto quanto os CH porque estão lá [...] há muito tempo, conhecem bem seu trabalho e, vez por outra, nos dão conselhos também. Sabem como funciona o serviço nesta ou naquela situação" (um interno). As intervenções da enfermeira não ocorrem unicamente em uma conversa com os internos, mas em uma relação *triangular* com os CH: "Se me pedem para fazer uma avaliação e isso não é necessário, eu digo. Se deve ser feito, vou falar com o CH" (uma enfermeira).

Os paramédicos também desempenham um papel: "Normalmente são eles que vêm nos dizer 'você não acha que deveria fazer isso ou aquilo', fazer uma perfusão ou não, hospitalizar ou não. Vêm também nos assoprar alguma dica, uma vez que têm uma grande experiência, estão lá há muito mais tempo" (um interno).

Finalmente, se somente os internos e os externos estão oficialmente em formação, eles são também fonte de aprendizagem para o serviço. "Aqueles que têm uma certa curiosidade nos fazem perguntas as quais às vezes não esperávamos, questões que não faríamos a nós mesmos" (um consultor em psiquiatria). A constatação é particularmente forte para os internos que já realizaram vários estágios: "A comparação, sobretudo para aqueles que já passaram por outros serviços, é importante. 'Em tal serviço, eu vi fazerem assim... o que o senhor acha?' ou 'O que não se deve fazer? Por que não se deve fazer?', etc. Portanto isso são contribuições de fora e a gente discute... Por exemplo, por que se escolheu, neste caso, tal produto, tal procedimento ou tal funcionamento" (um CH).

4.2.2.3. Aprendizagens formais não preponderantes

As revisões de arquivos permitem fazer um balanço da atividade da véspera ou da semana anterior, compartilhar as experiências, cruzar os pontos de vista sobre casos mais específicos. Permitem, igualmente, aos médicos mais experientes ficarem a par dos casos apresentados, para propor fundamentos teóricos e, sobretudo, compará-los com sua própria experiência de médico emergencista. Mesmo que os limites do exercício se manifestem muito rapidamente, os internos emitem, em sua chegada, um julgamento positivo sobre as revisões de arquivos: "pode ser interessante porque se vê o que os outros fazem, [...] podemos nos perguntar o que nós teríamos feito naquele momento. É sempre interessante ter uma troca assim de nossa atividade".

As equipes constituem também momentos formais de aprendizagem ao longo do estágio. Duas equipes semanais permanecem no SAU, mas o interesse por elas é considerado fraco pelos internos. Uma das equipes é mais adaptada em nível de conhecimento dos externos, e os internos não participam muito. A outra equipe, concebida para os internos, não corresponde a suas expectativas. É considerada teórica demais e pouco focada em casos práticos. Os CH questionados confirmam, aliás, o julgamento dos internos sobre o conteúdo inadequado das equipes: "o funcionamento atual da equipe é mais um julgamento crítico sobre o que é preciso fazer" (um CH).

4.2.3. Os resultados da aprendizagem

O resultado da aprendizagem dos internos não trata dos saberes formais de tipo acadêmico, mas de competências relacionadas ao trabalho em equipe e à capacidade de diagnóstico e de aplicação dos protocolos oriundos da formação médica.

A aprendizagem de uma capacidade associada ao processo de diagnóstico baseia-se, em primeiro lugar, na acumulação de experiência. Os internos vêem passar uma grande quantidade de casos e constroem uma experiência acelerada. "Ao término de um estágio, é no aspecto experiência que se ganhou mais. Mais contatos com pacientes, mais contatos com patologias diferentes, atendimentos que são variados" (um interno). "É acima de tudo um trabalho que exige experiência" (um interno). No processo de diagnóstico, se utiliza evidentemente os saberes teóricos acumulados durante a formação, mas supõe-se sobretudo, uma aprendizagem em situação para construir o saber-fazer e a capacidade de avaliação.

Em segundo lugar, baseia-se na grande amplitude dos diagnósticos possíveis. Contrariamente aos outros serviços hospitalares, na emergência os pacientes geralmente não receberam diagnósticos prévios acerca daquela situação. As possibilidades em termos das diferentes patologias possíveis é ainda maior na medida em que os sintomas são, com frequência, formulados com dificuldade, e que o saber-fazer reside também na capacidade de interrogar o paciente: "Quando se vê um doente, é preciso fazer perguntas de uma forma hierárquica e, depois, possivelmente chegar mais rapidamente a um diagnóstico do que no início do estágio" (um interno). Isso é particularmente o caso quando os pacientes se encontram confusos; o diagnóstico só pode ser feito, então, quando se conseguiu obter as informações dos doentes.

Essa competência de diagnóstico não é completamente separável de uma outra competência que vem complementá-la. Os internos estimam, de fato, ter aprendido muito em matéria de gestão de uma equipe médica. O trabalho é mais coletivo no SAU: "uma vez que você coordena o paciente, você tem uma enfermeira, talvez você ainda tenha dois atendentes e, então, tem a equipe que começa a trabalhar, é 'você faz isso, você faz aquilo, você coloca a via venosa, preparem o material para entubar'" (um interno). Esse trabalho de equipe é ainda mais importante quando a restrição do tempo é grande: "Existem outros pacientes esperando para serem atendidos, portanto é preciso ser rápido, e, nesse momento, penso que o espírito de equipe é importante" (um interno). É, aliás, com base nessa capacidade que se reconhece um interno que já tenha realizado um estágio em emergência, "na forma de atender as pessoas, na forma de gerir a equipe" (um CH). Quanto menos previsíveis os fluxos, mais importante é essa capacidade de trabalho coletivo.

O trabalho de equipe é importante para o que se poderia qualificar de gestão dos fluxos, mas parece também crucial para o estabelecimento do diagnóstico: "saber trabalhar em equipe também, com todo o mundo, seja externo, enfermeira, auxiliar, e ouvir a todos, os doentes, as pessoas... penso que isso é importante. Saber colaborar com todo o mundo, escutar todo o mundo porque cada um tem sua visão do paciente" (um interno). Mais uma vez, é o caráter global do ato diagnóstico que se destaca. Não se pode ser bem-sucedido apenas com o conhecimento "teórico" das patologias e dos protocolos, é preciso ser capaz de identificar os sintomas clínicos e interpretá-los. Nesse sentido, a experiência é, às vezes, mais importante do que a formação acadêmica. Como expressa um funcionário da área de enfermagem: "enfermeiros podem orientar alguns internos sobre decisões nas quais esses não tinham pensado seriamente, pois os primeiros, em seu cotidiano, acabam por ver um certo número de pacientes e um certo número de casos".

4.2.4. Dos limites da aprendizagem aos limites da competência coletiva

A geração de competência coletiva enfrenta dificuldades relacionadas à rigidez dos *status*, no âmbito do corpo hospitalar, e às dificuldades encontradas pelos internos para conhecer o que ocorreu com os pacientes após sua passagem pela emergência.

A aprendizagem do trabalho em equipe é limitada pela heterogeneidade dos *status* e das funções. A diversidade de funções é, às vezes, percebida como algo que freia a emergência de um verdadeiro grupo de trabalho, como mostra a enquete por questionário. A presença de "espírito de equipe" só é percebida por 22% das pessoas do serviço; somente 25% julgam o "compartilhamento das informações sobre o paciente" ou o "funcionamento do serviço" completamente satisfatório e apenas 30% estimam que a "comunicação oral durante o atendimento dos pacientes" é completamente satisfatória. Assim, a respeito das trocas com os internos, uma enfermeira salienta: "há aqueles que não se incomodam de pedir conselhos; para outros, por uma questão hierárquica, não se deve pedir conselhos a uma enfermeira".

Por outro lado, a dificuldade em acompanhar o paciente após sua passagem pelo SAU é um grande obstáculo em termos do desenvolvimento da capacidade de definir um diagnóstico. Isso ocorre porque o paciente fica, em média, 3 horas na emergência, de onde ele volta para casa ou é transferido para um outro serviço. Ocorre que o retorno de informações sobre esse andamento não é estruturado nem sistemático. O arquivo médico é levado pelo paciente e uma correspondência postal com a evolução médica do paciente é enviada pelo serviço hospitalar à secretaria do SAU. Como não há menção do interno que atendeu o paciente, essa correspondência não é transmitida ao interno em questão. Os internos solicitam, no entanto, retorno de informações – fizeram o bom diagnóstico? – e, por isso, tomam às vezes a iniciativa de contatar por telefone os serviços que internaram o paciente após a passagem pela emergência. A iniciativa é difícil devido à presença descontínua dos internos no SAU e raramente é bem-sucedida devido à multiplicidade dos serviços e ao tamanho do centro hospitalar universitário.[8] Além da ausência de retorno sobre a experiência, o que limita a aprendizagem, essa observação traz à tona a questão das fronteiras físicas deste coletivo: nesse caso, atores que seriam necessários para tratar da eficácia da aprendizagem estão fora da esfera da coletividade do SAU. Isso resulta, portanto, em um ciclo de aprendizagem incompleto, e apenas procedimentos adotados no âmbito organizacional poderiam remediar tal situação.

Finalmente, parece que a valorização e a formalização das aprendizagens, no plano organizacional, continua relativamente limitada. Isso se explica, em primeiro lugar, pela considerável carga de trabalho no serviço, o que relega toda a atividade não imediatamente produtiva a um futuro improvável. Uma segunda razão reside, ao mesmo tempo, no caráter informal dos saberes produzidos e na escassez de "momentos institucionalizados" que permitiriam sistematizar, ao menos parcialmente, os saberes produzidos. A ineficácia das equipes de apoio à gestão e das revisões de protocolos de atendimento dos pacientes é, desse ponto de vista, prejudicial. Enfim, em função da sobrecarga de trabalho e do peso da hierarquia no hospital, os internos não ficam muito envolvidos com os processos de questionamento acerca do funcionamento do serviço, "eu diria que as sugestões dos internos seria mais em relação aos clínicos, mas... enfim, que eu saiba, não tenho muitas lembranças de situações em que a proposta, a demanda de um interno, tenha se tornado, como dizer, um procedimento adotado no funcionamento do serviço" (um CH). Mas não seria justamente uma característica do caráter coletivo da competência a de não se deixar "codificar" facilmente em procedimentos organizacionais?

Vê-se aqui, portanto, que a aprendizagem coletiva ocorre em um contexto organizacional que a condiciona, ao menos parcialmente. Conforme observamos acima, a organização pode favorecer a aprendizagem através da valorização da senioridade (*seniorização*), isto é, ampliar a disponibilidade dos clínicos seniores como consultores dos processos. Ao mesmo tempo, pode restringi-la como consequência de inflexibilidades no espaço de atuação dos profissionais ou de limitações no acesso aos protocolos, o que provoca desconhecimento acerca do que de fato ocorreu com os pacientes após sua passagem pela emergência. Por outro lado, não há, por enquanto, perspectiva de valorização de processos de aprendizagem coletiva e, menos ainda, uma estratégia capaz de transformar alguma aprendizagem coletiva em competência do tipo perspectiva de valorizar organizacional.

As observações feitas no SAU nos permitem assim chegar a duas constatações.

A primeira constatação é de que há **produção coletiva de competências individuais**. Quando da atividade do serviço, os internos constroem competências de diagnóstico e de gestão de uma equipe médica. Essas competências são apropriadas pelos indivíduos, mas sua produção é indissociável da atividade comum.

A segunda constatação trata do nível organizacional. No caso do SAU, identificamos **obstáculos à produção de uma competência organizacional**. Assim, por exemplo, as aquisições de cada grupo de internos não são formalizadas, e a aprendizagem recomeça quase do zero a cada novo processo.

Compreende-se por essas duas constatações que os níveis individual e organizacional da competência não são suficientes para permitir uma análise dos resultados de aprendizagem no SAU. Gostaríamos de destacar, na parte seguinte, que além da produção de competências individuais, as atividades analisadas acima acabam por gerar também competências coletivas.

4.3. A APRENDIZAGEM PRODUZ UMA COMPETÊNCIA COLETIVA?

Quando se trata de entender a competência coletiva, o risco está em considerar uma lógica de agregação ou de justaposição de fenômenos de ordem individual. Em outras palavras, para falar de competência coletiva, não basta observar um grupo de pessoas colocando em prática competências individuais na direção de uma atividade comum. É preciso que esse encontro de competências individuais inicie uma dinâmica de compartilhamento, de transformação, de criação de uma competência nova, inseparável da coletividade que a viu emergir. Transposta para o contexto do SAU, isso consiste em se perguntar se a competência observada na ação coletiva é, ela mesma, de natureza coletiva ou se trata de uma soma de competências individuais.

Esta reflexão nos conduz aos "quatro atributos singulares da competência coletiva", destacados por Retour e Krohmer (2006): a existência de um referencial comum, de uma linguagem compartilhada, de uma memória coletiva e de um envolvimento subjetivo. No caso observado, encontramos essas quatro propriedades. O referencial comum e a linguagem compartilhada são observados em múltiplas ocasiões, especialmente no momento das trocas que ocorrem durante o processo de diagnóstico e nas reuniões formais (equipes) e informais (pausas). "Discutimos sempre sobre a experiência deles. [...] isso se faz assim, ao longo do serviço, conforme a disponibilidade de uns e de outros, conforme os casos que se apresentam" (um CH). A memória coletiva se manifesta através das retomadas que são feitas regularmente acerca de "casos" emblemáticos que alimentam as lembranças comuns e que são transmitidos, quase como "histórias", aos grupos sucessivos de internos. O envolvimento subjetivo é visto, indiscutivelmente, através do interesse manifestado em relação à especificidade das emergências (trabalhar em um SAU é uma escolha) e, além disso, através da reivindicação da "identidade" da medicina de emergência enquanto especialidade médica por inteiro. Se esses atributos estão bem presentes no caso do SAU, eles deixam entrever uma imbricação de níveis que excede a dimensão coletiva da competência. Dessa forma, o referencial comum provem também de uma dimensão organizacional, por meio dos modos operatórios adotados e formalizados na forma de protocolos da unidade. Do mesmo modo, a linguagem comum remete também a dimensões institucionais, na medida em que depende, por exemplo, das práticas perpetuadas no ensino médico universitário.

Além desses quatro atributos, percebe-se, ao observar o SAU, outras dimensões que poderiam contribuir para uma definição específica da competência coletiva.

Entre os apontamentos possíveis, seria preciso mencionar, em primeiro lugar, o fato de que a **competência coletiva resulta de uma aprendizagem**. O caso do SAU mostra particularmente a elevação progressiva do nível de eficácia coletiva ao longo do período de estágio dos internos, a qual resulta em economias de tempo e de meios para diagnósticos mais rápidos. Ora, o que evolui nesse período não é tanto o nível das competências individuais, mas o desenvolvimento das capacidades de trabalhar melhor no quadro de um grupo singular, a equipe do SAU, particularmente heterogênea e complexa. Essa manifestação, que deve ser chamada de uma competência coletiva, se dá por processos de aprendizagem, de busca de soluções, de compartilhamento de pontos de vistas e de modelos de ação, de conversão de saberes tácitos e explícitos, ou ainda de transmissão de rotinas. Esses elementos remetem inevitavelmente às teorias da aprendizagem organizacional, o que faz da relação entre competências coletivas e aprendizagem organizacional uma pista muito oportuna para pesquisas futuras.

A **heterogeneidade do grupo** é igualmente um fator que influi na competência coletiva. O grupo ator da aprendizagem do SAU é um grupo heterogêneo do ponto de vista dos *status* e dos papéis, dos saberes e das competências. Essa heterogeneidade é fonte de riqueza, o que é essencial para a criatividade (Leonard e Swap, 1999): a variedade do grupo permite multiplicar os recursos cognitivos. O clínico hospitalar, o interno, o enfermeiro, o auxiliar, etc., cada um contribui para o atendimento do paciente, norteado por um interesse compartilhado, mobilizando um conjunto específico de competências. Cada ator, seja ele qual for, é capaz assim de realizar atos ou de alcançar uma eficácia além do alcance de sua competência individual, sendo o melhor exemplo disso a multiplicidade das opiniões, das ações e das trocas, que resultam no diagnóstico. Essa diversidade não remete a uma justaposição de competências individuais que permitiria reproduzir o nível de desempenho com um conjunto de atores diferentes. Ao contrário, ela é o ponto de partida de um processo de fusão de competências individuais, fusão que se renova para cada grupo conforme as modalidades específicas.

A competência coletiva supõe, igualmente, um certo nível de "**multilateralidade**". A lógica de trocas que norteia as ações comuns é de natureza muito mais multilateral do que bilateral, estando cada ator implicado em redes de relações múltiplas. Os internos e as enfermeiras desempenham uma função de revezamento e são, em geral, mais solicitados. No entanto, nenhuma categoria está excluída das trocas de ideias. Trata-se de uma verdadeira rede de relações e não de uma sucessão de binômios.[9] Essa multilateralidade reforça o caráter coletivo da competência produzida, dependendo sua mobilização e seu controle do envolvimento simultâneo e convergente do conjunto dos atores em questão. Em uma tal rede de transferência de conhecimentos, Leonard (2007) salienta que não há de um lado fontes e, de outro, receptores de aprendizagem; ao contrário, cada um desempenha, alternadamente, os dois papéis. E, além das capacidade individuais de aprendizagem, é a qualidade do conjunto das relações interindividuais que vai determinar e orientar o potencial de aprendizagem e, portanto, o de produção da competência coletiva.

O quarto aspecto remete ao **aspecto dinâmico** das competências coletivas. Em razão da variabilidade dos meios e dos objetos de trabalho, das pessoas e de suas qualidades, e do ambiente, o processo de produção e de transformação da competência coletiva é permanente e contínuo. As fontes de variabilidade são numerosas e incessantes: a composição do grupo oscila e o próprio grupo é de geometria variável (em função de quem conduz o paciente, das especialidades solicitadas, dos ritmos e das etapas de planejamento); as reorganizações internas, funcionais, físicas ou administrativas são frequentes; os casos que dizem respeito aos pacientes nunca são completamente idênticos, isso porque não se trata de situações "puramente" médicas; os esforços de formalização são permanentes, através dos protocolos colocados em ação no serviço e dos procedimentos para qualidade. A sistematização/codificação é reforçada ainda pela proximidade com a pesquisa universitária, por um lado, e pela judicialização da atividade médica em seu conjunto, por outro. Variabilidade e codificação estão na origem de uma aprendizagem coletiva permanente. Cada nova situação e cada nova tentativa de explicação e de formalização pode resultar na produção de saberes novos de ação, de respostas e de competências novas. Essa produção não é um simples processo de difusão nem de transmissão, mas um processo de criação de soluções, de competências específicas e localizadas. Ora, é natural estimar que o que foi criado em comum permaneça, ao menos parcialmente, e por um tempo mínimo, um atributo indivisível e inseparável do grupo em questão. É justamente por a aprendizagem ser um processo criativo que a competência resultante dela é necessariamente coletiva, até que, processos de apropriação, por um lado, e processos de transferência para codificação/formalização, por outro, a transformem em atributos individualizados. Assim, quando de uma revisão de protocolos ou de uma reunião de equipe, os casos mencionados fazem referência a situações nas quais o tratamento ocorreu graças à mobilização de uma competência coletiva, em grande parte tácita e amplamente distribuída, resultado de aprendizagens anteriores. A apresentação e a discussão desse caso, a fixação dos ensinos consensuais verificados nas recomendações, nas prescrições novas ou mesmo nas aplicações informáticas do serviço, permitem reforçar a competência coletiva e, ao mesmo tempo, tornar possível seu desdobramento parcial em competências individuais.

O quinto elemento, por fim, é o da **perenidade** da competência coletiva para além das chegadas e partidas dos indivíduos. O estudo do serviço de emergência nos traz aqui uma dupla direção de análise. Em primeiro lugar, ele propicia a observação de um caso de conservação da competência coletiva apesar da renovação constante e em blocos dos internos do SAU, função que desempenha um papel central na produção do serviço de atendimento e tratamento. Em segundo lugar, o estudo desse serviço de emergência incita a uma reviravolta de perspectiva: a renovação regular dos internos não pode ser analisada como apenas uma perda de competência coletiva, mas também como uma oportunidade regularmente oferecida de regeneração dessa competência coletiva. Compartilhamos nesse sentido a opinião de Büchel (2007) que aponta para a existência de uma espécie de ciclo associado ao desempenho das trocas de conhecimento e de competências dentro de um grupo: à medida que a densidade interna da rede se desenvolve, as trocas com o exterior se tornam mais raras e o desempenho criativo, depois de ter se desenvolvido, termina por decair: "Com o tempo, a equipe desenvolve as regras e as rotinas que limitam sua habilidade de desvios dos cursos de ação pré-concebidos e de movimento para as ações inovadoras..." (p.51). De fato, pudemos observar que os internos constituem receptores, mas também fontes de conhecimento e de competência por seu contato recente e atualizado com o saber acadêmico, pelas experiências em outros serviços, as quais carregam consigo, pelas interrogações e pelos questionamentos que sua integração suscita.

4.4. CONCLUSÃO

As situações de aprendizagem observadas dentro do serviço de emergência permitiram identificar um nível especificamente coletivo da competência que se distingue de características puramente individuais ou puramente organizacionais. Esse nível de competência desempenha, de forma evidente, um papel na confiabilidade e na eficácia do serviço e permite até mesmo amenizar dificuldades ou insuficiências estruturais.

De um ponto de vista empírico, essa observação permite (e permitiu no nível do serviço) uma tomada de consciência da existência dessa competência coletiva, tendo por consequência, por um lado, o reconhecimento do caráter compartilhado dessa competência entre o conjunto dos atores e, por outro, a necessidade de reforçar as articulações formais entre os níveis individual e organizacional. Nessa perspectiva, pode-se imaginar, com o tempo, o surgimento de instrumentos de gestão explicitamente dedicados à competência coletiva, não para sua pilotagem *direta*, mas para o domínio das condições de emergência, de difusão e de renovação (reconfiguração das equipes, melhora da seniorização, etc.). Desse ponto de vista, não há dúvida de que pistas das formas de gestão dos recursos humanos devem ser buscadas, especialmente em termos de gestão das mobilidades e das carreiras. De um ponto de vista teórico, as abordagens que associam fenômenos de grupos e processos de aprendizagem, usadas somente a título exploratório aqui, parecem indicar pistas promissoras, pois insistem em propriedades dinâmicas, criativas e informais que parecem caracterizar a competência coletiva.

NOTAS

1. Neste trabalho, nos interessa sobretudo destacar os processos de aprendizagem coletiva que ocorrem no ambiente organizacional.
2. Em francês, conhecido como SAU, *serviço d'accueil et de traitement des urgences*.
3. Para uma descrição mais aprofundada do funcionamento do serviço, ver Colin, Grasser e Pedon (2005).

4. As passagens entre aspas não seguidas de referência bibliográfica são trechos transcritos literalmente das entrevistas.
5. Retomamos aqui os termos usados na nomenclatura médica.
6. Triagens não apresentadas aqui permitem confirmar essa análise para cada categoria.
7. Alguns internos chegam até a evitar este ou aquele CH, buscando saber com antecedência seus horários no SAU.
8. Uma interna menciona assim a "volatilização" de um de seus pacientes, de quem não teve mais notícias após o paciente sair do SAU e ingressar no hospital.
9. Seria interessante, para dar continuidade a este estudo, aplicar metodologias de identificação das redes, de sua coerência e de sua densidade.

REFERÊNCIAS BIBLIOGRÁFICAS

Allouche J. et Gilbert P. 2006 «50 ans de GRH: de la production des outils rationnels à l'institutionnalisation des ressources humaines» p.131-155 in Shmidt G. et Caby J. (Coord.) *50 ans de management*, Pearson, 304p.

Argyris C. et Schön D. 1978, *Organizational learning: a theory of action perspective*, Addison Wesley, Reading.

Arrègle J.-L. et Quèlin B. 2000, «L'approche «resource-based view» à la croisée des chemins» p. 19-53 in Arrègle J.-L. et Quèlin B. 2000 *Le management stratégique des compétences* Ellipses

Büchel B. 2007 "Knowledge creation and transfert" p. 44-56 in Ichigo et Nonaka ed. *Knowledge Creation And Management: New Challenges for Managers*, Oxford University Press, 336 p.

Castro J.-L., Guérin F., et Lauriol J. 1998, «Le «modèle des 3» en question», *Revue Française de Gestion*, mars-avril-mai, p. 75-89.

Cavestro W., Colin Th et Grasser B., 2007 «La gestion des compétences à l'épreuve de la compétence collective» p.15-30 in *Travail et reconnaissance des compétences*, sous la dir de Cavestro Durieux et Monchatre, Economica, Connaissance de la gestion

Colin Th., Grasser B. et Pedon A. 2005 «Le processus d'apprentissage des internes dans un service d'accueil des urgences: une mise en perspective avec le modèle de création du savoir organisationnel de Nonaka». in *La métamorphose des organisations: Logiques de création* sous la direction de Azan W., Bares F. et Cornolti C. l'Harmattan p.85-111

Ferrary M et Pesqueux Y., 2006, *Management de la connaissance Knowledge management, apprentissage organisationnel et société de la connaissance*, Economica gestion, 230 p.

Gheorghiu M. D., Moatty F., 2007, «Coopération et délégation du travail en milieu hospitalier», *in* Elbaum M. (dir.), *Rapport du groupe de travail «Enjeux économiques des coopérations entre professionnels de santé»*, Haute Autorité de Santé, pp.97-109.

Ichijo K. et Nonaka I (Ed.) 2007 *Knowledge Creation And Management: New Challenges for Managers*, Oxford University Press, 336 p.

Lallement M., 2007, *Le travail Une sociologie contemporaine* Folio 676 p.

Leonard D. 2007 "Knowledge transfer within organizations" p. 57-68 in Ichigo et Nonaka ed. *Knowledge Creation And Management: New Challenges for Managers*, Oxford University Press, 336 p.

Leonard D. et Swap W., 1999,*When Sparks Fly: Igniting Creativity in Groups*, Harvard Business School Press, 242 p.

Nonaka I., 1994, "A dynamic theory of organizational knowledge creation", *Organization Science*, 5, 1, p.14-37.

Peillon S., Boucher X. et Jakubowicz 2006 «Du concept de communauté à celui de «ba» Le groupe comme dispositif d'innovation», *Revue Française de gestion* n°163 p.73-90

Retour D., Krohmer K., 2006 «La compétence collective, maillon clé de la gestion des compétences.» in Ch. Defélix, A. Klarsfeld et E. Oiry *Nouveaux regards sur la gestion des compétences. Apports théoriques et pistes d'action.* Vuibert

Richebé, 2007, « La fabrique des compétences collectives ». In *Le travail et la reconnaissance des compétences*, W.Cavestro, C.Durieu et S.Montchatre (ed.), Paris, Economica, pp.47-60.

Senge, Peter. 1990. *The Fifth Discipline: the Art and Practice of the Learning Organization.* New York: Doubleday.

Tsoukas H. 2003 «Do we really understand tacit knowledge?», In M. Easterby-Smith and M. A. Lyles (eds), *Handbook of Organizational Learning and Knowledge*, Oxford: Blackwell, pp. 410-427.

5

UMA ABORDAGEM TRANSVERSAL E GLOBAL DAS COMPETÊNCIAS NAS ORGANIZAÇÕES POR PROJETOS

Sabrina Loufrani-Fedida e Katia Angué

5.1. INTRODUÇÃO

Se o tema das competências tem obtido um sucesso considerável, tanto na prática empresarial, como no plano acadêmico, ele suscita, porém, inúmeras questões, especialmente no que se pode entender como o plano adequado para analisá-lo. Nesse caso particular, o pesquisador é levado frequentemente a se perguntar se deve optar por uma observação no nível individual ou no coletivo ou se deve preferir, ainda, uma outra unidade de análise, tal como a organização como um todo ou, até mesmo, fora dos limites da unidade organizacional.

Nessa perspectiva, a organização por projetos aparece como um contexto particularmente pertinente para observar as relações que unem esses diversos níveis de competências, todos amplamente desenvolvidos na prática. Lembramos aqui que a expressão "organização por projetos" designa geralmente um "organismo que estrutura sua organização e adapta suas regras de funcionamento a partir e em torno dos projetos a serem realizados" (norma X50-115, AFITEP[*]-AFNOR, 2000). Em outras palavras, a empresa que adota esse modo de funcionamento é inteiramente estruturada em torno dos projetos que realiza (Garel, 2003). Isso supõe realizar conjuntamente o desenvolvimento de competências novas a serviço dos projetos de amanhã, respeitando ao mesmo tempo as exigências específicas dos projetos em andamento com base nas competências existentes. A conjunção dessas duas experiências de gestão, no entanto, gera frequentemente muitas discordâncias, ainda mais profundas à medida que os planos individuais, coletivos e organizacionais se encontram ali fortemente interconectados, criando, então, ao responsável do tal projeto, dificuldades às vezes intransponíveis.

---

[*] N. de T.: Dicionário de língua francesa de gestão de projetos.

Do ponto de vista teórico, a literatura não ignora a necessidade de pensar simultaneamente competências e projetos (Ben Mahmoud-Jouini, 1998; Charue-Duboc, 2000; Frame, 2000; Gareis e Huemann, 2000; Paraponaris, 2000; Danneels, 2002). No entanto, em relação às competências necessárias para a realização adequada dos projetos, ela se organiza em torno de duas correntes de pesquisa completamente diferentes. Enquanto uma trata apenas dos diferentes tipos de competências necessárias para a realização adequada dos projetos, destacando a importância das competências funcionais e de integração, a outra se contenta em privilegiar a necessidade de considerar, simultaneamente, os níveis individuais, coletivos e organizacionais das competências. Nossa proposta consiste justamente em buscar lançar as bases de uma articulação entre esses dois ramos da literatura a fim de contribuir com alguns elementos para responder a seguinte questão: **como se articulam os diferentes níveis e tipos de competências nas organizações por projetos?**

Para isso, a primeira parte deste artigo aborda, de um ponto de vista teórico, a questão da gestão das competências no seio dos projetos. É complementada pela análise qualitativa de quatro empresas organizadas por projetos e que evoluem em setores de atividade diferentes: IBM, Hewlett-Packard, Arkopharma e Temex. Os dados coletados mostram que existe uma dialética contínua entre esses diferentes níveis de competências e, principalmente, que a competência coletiva pode ser concebida como a síntese das competências individuais e organizacionais. Para resumir, o estudo realizado sustenta uma abordagem transversal (multinível) e global (multitipos) das competências em organizações por projetos, insistindo na importância de suas interrelações.

5.2. PROPOSTA DE UM QUADRO DE LEITURA DAS COMPETÊNCIAS NAS ORGANIZAÇÕES POR PROJETOS

Desde os anos de 1990, a gestão por competências suscita um interesse crescente junto a pesquisadores e profissionais devido, provavelmente, ao caráter transversal dessa temática. Para nós, e com base nos trabalhos de inúmeros autores (Sanchez et al., 1996; Durand, 2000; Le Boterf, 2000), a noção de "competência" pode ser compreendida como a capacidade de um indivíduo, de uma coletividade de trabalho ou de uma empresa de mobilizar e de combinar recursos (conhecimentos, saber-fazer e comportamentos) visando a realizar uma atividade ou um determinado processo de ação. Essa definição apresenta a vantagem de descrever a natureza e, ao mesmo tempo, as consequências da competência.

A partir daí, consideramos que a noção de gestão por competências designa o conjunto das ações empresariais envolvidas em uma (ou mais) organização(ões) a fim de geri-las e desenvolvê-las. Assim, gerir as competências significa, ao mesmo tempo, elaborar e aplicar regras de gestão (Aubret et al., 2002), mas também desenvolver as competências por meio de um dos dois modos de aprendizagem que são a exploração e a investigação[1] (March,

1991). De fato, se não estimulada, alimentada e protegida, a competência pode se perder (Prahalad e Hamel, 1990).

Embora a literatura sobre esse tema seja hoje abundante e heterogênea, é possível distinguir duas grandes vias de pesquisa tomadas pelos pesquisadores, as quais devem ser apresentadas ao menos sucintamente. É por isso que um breve panorama dessas perspectivas analíticas antecede a exposição da organização por projetos que visa, por sua vez, a demonstrar a pertinência e a riqueza desse terreno de observação no quadro da questão aqui levantada.

5.2.1. Da abordagem sequencial à abordagem transversal das competências

Apesar da grande quantidade de tentativas taxonômicas sobre as competências, e qualquer que seja a tipologia escolhida, um problema permanece sem solução: o(s) nível(eis) de análise a serem privilegiado(s) para apreendê-la(s) e, portanto, em suma, para geri-la(s). Nesse sentido, duas concepções podem ser identificadas e permitem confrontar uma leitura sequencial dos níveis individuais, coletivos e organizacionais das competências a uma avaliação mais transversal destas.

5.2.1.1. A abordagem clássica ou sequencial

Se as tipologias acerca da noção de competências são numerosas, a declinação do conceito em torno de três níveis distintos não deixa de ser menos consensual na literatura especializada (Nordhaug, 1996; Dejoux, 2001; Sanchez, 2001). Os pesquisadores concordam, assim, em reconhecer a existência de três eixos de análise conforme as competências sejam observadas no nível individual, coletivo ou organizacional.

O nível individual reúne a competência individual (CI) *stricto sensu*, isto é, aquela ligada a uma pessoa, qualquer que seja o lugar em que ela atue (inclusive em suas atividades extraprofissionais), e a "competência profissional" exercida exclusivamente nas situações de trabalho. Evidentemente, a competência avaliada em nível individual pode ser percebida, portanto, como uma nova lógica de GRH (Courpasson e Livian, 1991; Parlier, 1996), ou mesmo como "o pivô da gestão dos recursos humanos" (Pichault e Nizet, 2000, p. 128). No entanto, a sintomática das temáticas não estabilizadas, a fusão das definições em matéria de CI não é feita para ajudar o pesquisador ou o profissional a se situar. É ainda o trio que ressoa como um *slogan*, do "saber, saber-fazer, saber-ser" que representa, na prática, uma das definições da CI mais difundidas (Courpasson e Livian, 1991; Gilbert e Parlier, 1992; Durand, 2000). A partir daí, é possível considerar que esta se constrói a partir de conhecimentos (o saber) e de experiências práticas (o saber-fazer ou saber-agir), apoiando-se em uma base comportamental (o saber-ser ou a faculdade de adaptação). Nessa perspectiva, o objetivo da GRH é obter dos funcionários as melhores CI, isto é, os melhores níveis de saberes, saber-fazer e saber-ser exi-

102 COMPETÊNCIAS COLETIVAS

gidos para cada emprego. Os motores que convém então acionar se baseiam principalmente na contratação, na avaliação, na remuneração, na gestão previsional dos empregos e das competências (GPEC), na formação, na gestão das carreiras e, finalmente, na mobilidade inter-*métiers*, favorecendo, igualmente, a ampla instrumentalização da gestão das CI (Paraponaris, 2003; Roger, 2004; Retour, 2005).

Por sua vez, as competências coletivas (CC) resultam da combinação das CI em uma coletividade de trabalho ou em uma equipe. Mais exatamente, provêm da capacidade dessa coletividade enfrentar situações que não poderiam ser assumidas por cada um de seus membros individualmente (Bataille, 1999). Essa ideia, segundo a qual as CC se originariam da interdependência das CI, se encontra assim em Le Boterf (2000), que estima que a CI só se torna interessante a partir do momento em que ela sabe compor com a competência de outrem. É por isso que a questão das CC aparece na maioria das vezes no quadro das equipes-projetos,[2] das equipes operacionais autônomas ou semiautônomas ou, de forma mais informal, quando grupos emergem em torno de um objetivo profissional comum. Entretanto, considerando que essa definição é muito vaga, Everaere (1999) esclarece que a interdependência deve, acima de tudo, resultar em interação. Ora, "os indivíduos interagem quando aderem ao projeto coletivo, participam dele efetivamente e cooperam de maneira concreta. Um trabalho constantemente conjunto e simultâneo não é necessariamente preciso para interagir. Os indivíduos podem trabalhar mais frequentemente sozinhos. Mas, a partir do momento em que realizam suas ações tendo consciência da complementaridade de seus atos com aqueles dos outros, pode-se dizer que há interação." (ibid., p. 175-176). Assim, a coletividade de trabalho se caracteriza por uma situação de interdependência, mas, ao mesmo tempo, por uma interação efetiva entre as diferentes pessoas que a compõem. Apesar da complexidade que envolve a noção de CC e o fato de que continue sendo o "primo pobre" das pesquisas sobre a gestão das competências (Retour e Krohmer, 2006, p. 150), defendemos a ideia de que a CC possui quatro atributos: um referencial comum, uma liguagem compartilhada, uma memória coletiva e um envolvimento subjetivo.[3]

O terceiro nível das competências, remete às competências ditas organizacionais (CO) e pode ser apreendido, tradicionalmente, no nível da empresa em sua globalidade. Nessa ótica, a noção de competência designa então "a capacidade de um conjunto de recursos necessários para se realizar uma tarefa ou uma atividade" (Grant, 1991, p. 119) e implica "a criação de esquemas complexos de coordenação entre pessoas e entre pessoas e outros recursos" (ibid., p. 119). Para o dirigente, o interesse da identificação das CO consiste em selecionar aquelas que são ou serão estratégicas para a firma, ou seja, aquelas capazes de conferir à organização uma vantagem concorrencial.[4] Em outras palavras, a CO corresponde ao que a empresa "sabe fazer" ou ainda a seu saber-fazer em ações (Tywoniak, 1998). Essa base conceitual, conhecida também como Modelo dos Recursos e Competências (MRC), reúne assim os pesquisadores que se propõem definir a firma "a partir do que ela é capaz de fazer" (Grant, 1991, p. 116) e que concebem a vantagem concorrencial como resultante, não da exploração de uma posição favorável em um mercado, mas da valorização superior dos recursos e das competências (Barney, 1991).

UMA ABORDAGEM TRANSVERSAL E GLOBAL DAS COMPETÊNCIAS... **103**

Em resumo, e em relação às definições anteriores, a noção de competência se situa, portanto, na interface da GRH e da estratégia, ocupando um lugar considerável. No entanto, essa posição intermediária se revela desconfortável para o pesquisador confrontado com vários desafios e dificuldades. Primeiramente, porque a identidade dos termos mobilizados em cada uma das disciplinas é fonte de confusão, uma vez que, como vimos, as definições consideradas da palavra "competência" se recobrem apenas parcialmente, e os ângulos de análise privilegiados são, nesse caso, muito diferentes. Em segundo lugar, porque as pesquisas relativas à noção de competência se contentaram, por muito tempo, em estudar um ou outro desses níveis, desprezando as relações que podem existir entre estes, impondo, desse modo, a escolha *a priori* de um (ou vários) ponto(s) de entrada ou de um (ou alguns) nível(is) de análise adaptado(s) à pesquisa em questão.

Realmente, ao se interessar pelas práticas individuais de gestão, a GRH se focalizará mais, ao menos em um primeiro momento, no nível micro e optará, mais naturalmente, por uma visão individualista das competências. Assim como, ao se preocupar essencialmente com questões que dizem respeito à orientação da empresa em seu conjunto, o nível micro da competência ocupará, em administração estratégica geralmente, um lugar muito marginal (Nordhaug e Gronhaug, 1994), privilegiando as posições holísticas, concentradas no nível macro das CO.

Vemos, assim, que, nas duas disciplinas, a adoção de uma leitura clássica, sequencial e desconexa da competência, faz com que se considere que seus diferentes níveis constituem dimensões autônomas e moduláveis ao bel prazer e, finalmente, com que se oponha, de forma estéril, as diferentes facetas de uma mesma realidade organizacional (Durand, 2000).

5.2.1.2. Por uma abordagem transversal

Seguindo a abordagem clássica, a seção anterior buscou apresentar os três níveis de competência de modo sequencial. Ora, apreender a realidade da gestão por competências na empresa exige admitir sobretudo que esses níveis não são independentes, mas, ao contrário, que estão estreitamente ligados. Nessa ótica, a literatura recente fez da abordagem transversal das CI, CC e CO uma necessidade para compreender a gestão por competências nas empresas.

Na realidade, o essencial das primeiras análises, qualificadas aqui de transversais, possibilitou principalmente o estudo da articulação dos níveis micro e macro da competência (Muffato, 1998; Dejoux, 2001), levantando com isso uma série de questões sobre as relações que existem entre GRH e estratégia. De fato, parece muito difícil sustentar a ideia de que as CI não fazem parte da CO (Nordhaug e Gronhaug, 1994). Além disso, considerar que as competências da empresa (CO) se resumem à soma das CI parece também irrealista (Kusunoki et al., 1998). Como imaginar que uma tecnologia dominada por uma determinada empresa possa ser aplicada sem a intervenção dos indivíduos que a compõem? Da mesma forma, como tratar as competências relativas a certos ativos tangíveis ou intangíveis, ou ainda não especificamente ligadas à situação de trabalho?

104 COMPETÊNCIAS COLETIVAS

No entanto, e apesar de algumas tentativas mais ou menos desenvolvidas em estratégia (por exemplo, Penrose em 1959, ou mais recentemente, Pantin en 2005), a articulação somente dos níveis micro e macro da competência ainda apresenta insuficências. A ausência especialmente de um nível intermediário de análise fez com que Aubret et al. (2002) dissessem que faltava o que "permitiria precisamente ver como as duas abordagens da competência poderiam apresentar interesse em se combinar e em retroagir uma com a outra" (ibid., p. 79). É aí que reaparece, portanto, o nível esquecido: aquele da CC, posto em prática pela gestão de grupos e coletivos e que, por definição, se posiciona na intersecção dos níveis individual e organizacional. Essa constatação só reforça o interesse de dar continuidade às pesquisas sobre as CC, já que são elas que se situam no coração da articulação entre CI e CO, tornando possível, desse mesmo modo, a vinculação entre GRH e estratégia (Guilhon e Trépo, 2000).

Mesmo que se reconheça a importância do nível intermediário, porém, é preciso esperar realmente os primeiros trabalhos de Nordhaug (1996) para começar a ver o déficit de análise transversal das competências desaparecer e abordar o fenômeno em sua globalidade. O autor, que se volta contra as análises desarticuladas das competências, busca fornecer uma perspectiva integrativa que não desprezaria nenhum dos três níveis que, naquele momento, redefiniu, introduzindo a noção de código genético de uma coletividade ou de uma organização, isto é, o conjunto das "oportunidades e limites intrínsecos à organização, desde a sua concepção, e que permanecem extremamente independentes do desenvolvimento dos conhecimentos e das capacidades da empresa" (Nordhaug, 1996, p. 212). Se, em sua análise, as CI são compostas por conhecimentos, capacidades e aptidões usados pelos funcionários em situação de trabalho, os conhecimentos, as capacidades e o código genético da equipe e da organização formam, respectivamente, as CC e CO. Munido desse quadro analítico, o autor considera, então, que esses três níveis de análise da competência estão em contínua interação e que, longe de se oporem, se enriquecem mutuamente.

Com exceção dos trabalhos inspiradores de Nordhaug (1996), dos de Dejoux (2000) ou de Durand (2000), os estudos que tratam de maneira conjunta os níveis individual, coletivo e organizacional da competência permanecem pouco representativos (Kusunoki et al., 1998). Consequentemente, embora mais defendida atualmente, a transversalidade das competências continua sendo difícil de ser apreendida.

5.2.2. A organização por projetos: um quadro de análise adaptado a uma leitura transversal das competências

A literatura admite amplamente que as competências constituem as matérias primeiras dos projetos de desenvolvimento de produtos e serviços novos, ou seja, dos processos únicos, iniciados para gerir as atividades de concepção e de desenvolvimento. Esses processos consistem em "conjuntos de atividades coordenadas e dominadas que comportam datas de início e de fim e empresas com o objetivo de alcançar um objetivo de acordo com exigências específicas, tais como as exigências de prazos, custos e recursos" (norma X50-115, AFITEP-AFNOR, 2000).[5] Por exemplo, Bourgeon (1998) considera que é através do uso otimizado das competências que lhe são atribuídas que o projeto é orientado para a realização da missão à qual se destina. Charue-Duboc (2000) afirma, por sua vez, que a eficácia do projeto repousa, ao mesmo tempo, na definição e no planejamento das tarefas, mas também nas competências dos atores implicados, na sua capacidade de mobilizar (ou adquirir) os conhecimentos pertinentes para conceber o produto ou o serviço. O projeto é, desse modo, o resultado da combinação das competências da empresa; em outros termos, sem competências, não há projeto!

Entretanto, de quais competências exatamente estamos falando então? Embora a literatura seja pouco eloquente sobre a questão, duas vias de respostas podem ser identificadas. A primeira enfatiza a necessidade de uma abordagem transversal das CI, CC e CO nos projetos, permitindo-nos retomar o debate iniciado na seção anterior. A segunda privilegia dois tipos de competências exigidas no quadro dos projetos: as competências funcionais e as de integração.

5.2.2.1. A necessidade de uma abordagem transversal para as competências nos projetos

No quadro dos projetos, alguns autores (Ben Mahmoud-Jouini, 1998; Frame, 2000; Gareis e Huemann, 2000) destacaram a importância do desenvolvimento simultâneo das CI, CC e CO. Nesse sentido, Frame (2000) afirma que, se a empresa se concentra em um único desses níveis, ela não conseguirá alcançar os resultados almejados. De fato, a adoção de uma perspectiva transversal parece fundamental para analisar de forma pertinente as competências aplicadas nos projetos. A partir de então, a organização por projetos parece realmente constituir um lugar de investigação privilegiado de uma abordagem transversal da gestão das competências.

No nível micro, é evidente que sem os indivíduos não pode haver projeto, uma vez que este vai necessitar das competências intrínsecas aos atores que dele fazem parte. Além disso, nas empresas que vivem principalmente de projetos, são esses últimos que revelam as competências realmente apresentadas pelos indivíduos, levando Leroy (1996) a dizer que "os homens fazem projetos assim como os projetos fazem os homens" (ibid., p. 119). Consequentemente, tanto as competências quanto os indivíduos constituem o *be-a-bá* de todo projeto.

Destinar indivíduos competentes a um projeto, porém, não basta. É preciso ainda que estes trabalhem juntos, em outras palavras, que o nível intermediário seja ativado e funcione de modo eficaz. Nesse sentido, Middler (1993) nota que existe, na prática das empresas, duas concepções alternativas da gestão por projetos: uma baseada nas CI e a outra na CC. Para Middler (1993) ou ainda Picq (1999), o ponto de entrada pertinente estaria situado mais no nível coletivo e intermediário do que no individual e micro, considerando que nenhum indivíduo pode possuir sozinho todas as competências necessárias. Parece, portanto, que é no nível coletivo que deveria ser formulada a questão da competência nos projetos. Tanto que o principal problema levantado pelo caráter coletivo da competência de uma equipe-projeto reside precisamente no da interação dos atores e de sua organização, ou seja, nas dificuldades da integração das competências funcionais especializadas.

Finalmente, não basta ter as melhores pessoas nem as melhores equipes para ter um projeto bem-sucedido. Realmente, o trabalho efetivo das CI e CC dentro dos projetos supõe também uma dimensão organizacional. Isso significa que para se expressarem nos projetos, as competências dos indivíduos e das equipes precisam do apoio da empresa (Frame, 2000), apoio que pode ser financeiro, técnico, material, humano ou ainda social. Em outros termos, a consolidação das CO está ancorada em sua capacidade de sustentar o desenvolvimento das CI e CC, associada aos projetos de desenvolvimento.

5.2.2.2. A natureza das competências exigidas nos projetos de desenvolvimento

Quanto à natureza das competêncas exigidas nos projetos, concordamos com a ideia já enfatizada por Mintzberg, em 1982, segundo a qual toda atividade humana organizada deve responder a duas exigências fundamentais e aparentemente contraditórias: por um lado, a divisão do trabalho entre as diferentes tarefas a serem realizadas e, por outro, a coordenação dessas tarefas para garantir sua coerência global. Lawrence e Lorsch (1989) demonstram particularmente que as empresas mais eficientes são aquelas que instauram mecanismos de coordenação entre suas diferentes funções a fim de, precisamente, obter uma maior integração e manter a unidade da empresa. Essa ideia de integração se encontra, aliás, no Modelo de Recursos e Competências (MRC), o qual concebe a CO como sendo "essencialmente uma integração de saberes especializados a fim de realizar uma tarefa produtiva discreta" (Grant, 1996, p. 377).

De qualquer forma, se o reconhecimento da necessidade de coordenação e de integração no nível da empresa em seu conjunto já é antigo, a literatura mais recente relativa à gestão de projeto segue a mesma linha, destacando essa tensão entre diferenciação e integração (Clark e Fujimoto, 1991; Midler, 1993; Messeghem e Schmitt, 2004). De fato, que difícil tarefa de equilibrista é gerir, ao mesmo tempo, a diferenciação das tarefas distribuídas entre especialistas e sua integração em um projeto coerente!

É nesse contexto analítico, e para dar continuidade à reflexão sobre a identificação das competências exigidas em matéria de desenvolvimento de produtos ou de serviços novos, que Verona (1999) sugere distinguir as competências funcionais daquelas de integração. De sua articulação dependeria, para o autor, a gestão eficaz dos projetos, mas também o equilíbrio entre essas injunções paradoxais que são a diferenciação e a coordenação.

Mais precisamente, as competências funcionais correspondem aos conhecimentos técnicos especializados, desenvolvidos dentro dos diferentes *métiers* da empresa, trata-se de R&D, de *marketing* ou de produção (Prahalad e Hamel, 1990; Grant, 1991; Henderson e Cockburn, 1994). No âmbito dos projetos de desenvolvimento, Danneels (2002) estima que são as competências *marketing* e as competências tecnológicas que devem ser prioritariamente ativadas e desenvolvidas.

Quanto às competências de integração, são aquelas que tornam possíveis a combinação sinergética e a coordenação bem-sucedida das diferentes competências funcionais desenvolvidas no contexto do projeto (Henderson e Cockburn, 1994; Grant, 1996; Teece et al. 1997). Longe de serem subsidiárias, essas poderiam, para muitos especialistas, condicionar amplamente o valor do(s) novo(s) produto(s) desenvolvido(s) (Teece et al., 1997; Divry, 2000). Essas competências poderiam inclusive, segundo Grant (1996), originar a vantagem competitiva da empresa quando o ambiente concorrencial é instável e quando a vantagem se baseia essencialmente na eficácia da integração das competências diferenciadas da empresa, ou seja, na aptidão desta última em ter acesso e explorar os conhecimentos especializados dos indivíduos. Assim, as competências de integração são consideradas enquanto CO, isto é, como processos e suportes organizacionais de coordenação, de utilização e de enriquecimento dos recursos e competências da empresa.

Em resumo, a literatura destaca, às vezes de modo desconexo, a necessidade de considerar simultaneamente os diferentes níveis da competência (individual, coletivo e organizacional), por um lado, e os diferentes tipos de competências exigidas (funcionais e de integração) nos projetos, por outro, sem, no entanto, conciliá-los. Diante dessa lacuna, nossa proposta pretende conectar esses dois aspectos da literatura e contribuir com alguns elementos capazes de responder nossa questão central: **como se articulam os diferentes níveis e tipos de competências nas organizações por projetos?**

5.3. METODOLOGIA DO ESTUDO EMPÍRICO

Visto que a questão que norteia nosso projeto é do tipo "como", optamos por uma metodologia qualitativa (Yin, 1994).[6] Mais precisamente, procedeu-se a um estudo de quatro casos de empresas organizadas por projetos e que evoluem em setores de atividade diferentes (IBM, Hewlett-Packard, Arkopharma e Temex),[7] como mostra a tabela a seguir que retrata a amostra observada (Tabela 5.1).

As escolhas metodológicas realizadas decorrem, certamente, da forma da problemática levantada, mas também da abrangência compreensiva desse projeto, que se inscreve em uma perspectiva exploratória, e da vontade de revelar regularidades em uma lógica de replicação literal no sentido de Yin (1994). Concretamente, as diferentes etapas seguidas neste estudo são recapituladas na Tabela 5.2 que sintetiza o quadro metodológico empregado.

108 COMPETÊNCIAS COLETIVAS

Tabela 5.1 **Apresentação dos quatro casos estudados**

Casos / Características	Caso 1 IBM	Caso 2 Hewlett-Packard (HP)	Caso 3 Arkopharma	Caso 4 Temex
Setores de atividade	Serviços informáticos (soluções *e-business*)	*Software*	Complementos alimentares	Componentes eletrônicos
Efetivo total do grupo (2003)	325.000	141.800	1.500	1.200
Volume de negócios	89,1 bilhões de dólares	73,06 bilhões de dólares	227,8 milhões de euros	100 milhões de euros
Nacionalidade da empresa	Americana	Americana	Francesa	Francesa
Sede social	Armonk Nova York	Palo Alto, Califórnia	Carros, França	Sophia-Antipolis, França
Maturidade da organização por projetos	Pioneira (criada em 1995)	Pioneira (data de criação não comunicada)	Novata (criada em 2002)	Novata (criada em 2002)

Tabela 5.2 **Quadro metodológico da pesquisa**

Etapa	Descrição	Justificação
Seleção de caso	Os quatro casos apresentam características comuns e respondem a critérios de diversidade. Por um lado, os traços comuns que garantem a semelhança e autorizam as comparações residem no modo de organização por projetos das atividades de concepção e de desenvolvimento utilizado em cada uma das quatro empresas. Por outro lado, certas especificidades dos casos de estudo garantem a variedade da amostra. Estas dizem respeito particularmente ao setor de atividade, ao tamanho, à nacionalidade e ao nível de maturidade da organização por projetos.	Essa etapa foi realizada conforme as recomendações de Eisenhardt (1989) e em uma lógica de replicação literal (Yin, 1994).
Coleta dos dados	64 entrevistas semidiretivas individuais de uma duração média de 1h30 foram feitas junto a atores de funções e posições diferentes em relação aos projetos. No total, encontramos 5 pessoas da direção geral; 7 da direção de recursos humanos, 26 diretores funcionais e gestores de *métiers*; 12 chefes de projeto e 14 integrantes de equipes de projeto. Essas entrevistas foram completadas pela análise de documentos e, em menor medida, pela observação não participante.	A obtenção e a coleta dos dados foram inspiradas nas orientações de Yin (1994), na diversidade das pessoas interrogadas que permitiam ter uma visão global do fenômeno estudado.
		(Continua)

Tabela 5.2 **Quadro metodológico da pesquisa** (*continuação*)

Etapa	Descrição	Justificação
Fichas de síntese e tratamento dos documentos	Cada primeira entrevista, após ter sido gravada e transcrita integralmente, foi sintetizada em uma ficha. Quanto aos documentos, foram anotados e sistematicamente repertoriados de acordo com os temas abordados.	
Codificação dos dados; definição dos códigos de "primeiro nível"	Uma primeira lista de códigos foi estabelecida a partir das categorias iniciais oriundas da literatura e de uma primeira análise.	A técnica da codificação temática de Miles e Huberman (2003) foi mobilizada para corrigir e enriquecer a primeira lista de códigos estabelecida anteriormente.
Codificação os dados: revisão dos códigos ou "codificação temática"	A primeira lista de códigos foi corrigida e enriquecida resultando na criação de uma segunda lista de códigos. Para isso, destacamos, primeiramente, padrões a partir dos dados oriundos dos quatro estudos de casos, reunindo os primeiros códigos em dimensões mais amplas (procedimento de "extensão"). Depois, buscamos elos com a literatura (procedimento de "ligação") a fim de validar nossos códigos obtidos e alcançar uma coerência conceitual.	O *software* ATLAS Ti constitui um recurso precioso para codificar, pesquisar e extrair, gerir a base de dados, estabelecer comparações entre os dados, apresentar os dados e conceber uma teoria (Miles e Huberman, 2003).
Análise via ATLAS Ti **Relatório de pesquisa**	A síntese, a apresentação e a análise da variedade dos dados coletados foram feitas com a ajuda do *software* ATLAS Ti Cada uma das quatro empresas foi sujeito de um relatório em torno de cinquenta páginas, os quais foram submetidos à validação junto à atores importantes, identificados por cada uma dessas empresas	A redação de uma relatório permite reduzir o volume dos dados iniciais, retendo apenas aqueles necessários para a compreensão do fenômeno estudado. Se é válido para os indivíduos envolvidos no terreno, a validade do que foi construído e a validade interna da pesquisa ficam ainda mais evidentes (Yin, 1994).

5.4. AS RELAÇÕES ENTRE OS DIFERENTES NÍVEIS E TIPOS DE COMPETÊNCIAS NAS ORGANIZAÇÕES POR PROJETOS

Esta seção tem como objetivo apresentar os resultados do estudo realizado de casos diversos. Para isso, as conclusões retiradas das observações feitas junto aos responsáveis em questão da IBM, HP, Arkopharma e Temex são expostas, pontuadas por transcrições de trechos das entrevistas, distinguindo os três níveis de competências considerados e evidenciando suas interrelações.

Se podemos perceber claramente que a noção de competência se situa ao centro das organizações por projetos, ao mesmo tempo as posições dos responsáveis enfatizam a grande dificuldade de reuni-las em um todo coerente. E isso porque, além das questões próprias no nível individual, a gestão de competências num ambiente de projetos aparece como transversa e multinível.

5.4.1. O nível individual: as competências funcionais

Em uma primeira análise, os quatro projetos de desenvolvimento observados (serviço informático, *software*, complemento alimentar ou componente eletrônico) permitem identificar três competências funcionais distintas, as quais são primordiais na organização que atua por projetos. Trata-se:

- das competências *marketing*, qual seja, o conhecimento das necessidades e das exigências dos clientes, de seu domínio de atividade, a gestão das relações comerciais, etc.;
- das competências tecnológicas que se expressam nos conhecimentos em *design* e engenharia, nos conhecimentos científicos e também na fabricação;
- e, enfim, das competências em gestão de projeto, isto é, entre outros, das capacidades de gerir as obrigações de custos, prazos e qualidade, de avaliar os riscos do projeto, de lhe atribuir e controlar os recursos, etc.

Essas CI funcionais, exigidas para os projetos de desenvolvimento e evidenciadas nos casos estudados, são sintetizadas na tabela a seguir (Tabela 5.3).

De forma geral, três lições maiores que enriquecem a literatura existente, podem ser formuladas a partir dessa síntese. As seções a seguir as detalham e permitem esclarecer o nível individual das competências exigidas nas organizações por projetos.

5.4.1.1. Um projeto de desenvolvimento precisa das CI funcionais específicas

Como se vê claramente na Tabela 5.3, e qualquer que seja a natureza do projeto de desenvolvimento considerado, três CI funcionais relevantes são exigidas: *marketing*, tecnologia e gestão de projeto. Esse resultado completa a tipologia das competências funcionais estabelecida por Danneels (2002), para quem somente as duas primeiras CI funcionais se impunham no desenvolvimento de um novo produto. Comparado a esse resultado, a análise dos dados destaca o interesse de uma terceira CI funcional fundamental: aquela ligada à capacidade de gerir o projeto em seu conjunto.

Notemos que a evidencia dessa terceira CI não é tão trivial ou tautológica quanto parece. De fato, mesmo que possa parecer evidente, ou até intuitivo, que as competências em gestão de projeto sejam exigidas em organizações estruturadas em torno de projetos, esse resultado, que aparece em nossas observações, demonstra, antes de tudo, a importância atribuída pelas empresas a essa competência funcional e enfatiza a necessidade de realmente geri-la efetivamente e não deixá-la no "piloto automático".

5.4.1.2. A competência em gestão de projeto é uma verdadeira CI funcional

Seja na IBM, na HP ou ainda na Arkopharma, vemos, em nossos dados, que as competências em gestão de projeto são detidas exclusivamente pelos chefes de projeto. Quanto à Temex, essa competência funcional é apresentada igualmente

Tabela 5.3 **Identidade dos detentores das competências funcionais nos projetos**

Competências funcionais \ Casos	IBM	Hewlett-Packard	Arkopharma	Temex
			Competências apresentadas por...	
Competências *marketing*	**Consultor comercial**	Chefe de produto	Chefe de produto	Engenheiro comercial
Competências tecnológicas	**Arquitetos e especialistas**	**Arquitetos, líderes técnicos, agentes de desenvolvimento**, mas também **testadores** de qualidade dos *software*	As competências tecnológcas se cindem em: ■ competências científicas (garantidas pelo **criador galênico, pelo analista químico, pelo controlador de qualidade**, por uma **pessoa da farmaco-toxicologia**, por uma pessoa do **serviço clínico** e uma do **serviço regulamentar**; ■ competências industriais (**comprador, pessoa responsável pelos métodos industrial e logístico**)	As competências tecnológicas se cindem em: ■ competências técnicas do departamento R&D (***designer*, engenheiro teste**), ■ competências técnicas do departamento *Program Management* (**responsável pelo tratamento das propostas técnicas e técnico**), ■ **competências operatórias (engenheiros de produção, pessoa responsável por métodos de industrialização, comprador e logístico).**
Competências em gestão de projeto	**Chefe de projeto**	**Chefe de projeto**	**Chefe de projeto**	Três atores que possuem competências em gestão de projeto: ■ o **chefe de projeto**; ■ o **engenheiro de qualidade**; ■ o **gestor de projeto** ou *Project Office*.

pelo engenheiro de qualidade e por uma pessoa do escritório de projeto. Mesmo assim, dentro de um projeto de desenvolvimento de um componente eletrônico, o chefe de projeto continua sendo o único a garantir um bom resultado deste.

Consequentemente, é possível considerar que a CI funcional em gestão de projeto provém do chefe de projeto cuja função é assim reconhecida como um *métier* por inteiro. Isso se torna ainda mais evidente na medida em que, na amostra observada, esse ator pivô exerce seu *métier* em tempo integral e não garante (ou não mais) a missão de especialista em seu *métier* de origem. Mais precisamente, seu papel consiste em desenvolver, estocar e pôr à disposição das empresas conhecimentos e competências em gestão de projeto.

Esse resultado faz com que se questione especialmente a ideia de Jolivet (2003), segundo a qual o chefe de projeto é apenas um empregado a quem a empresa teria confiado uma responsabilidade a mais e temporária. De fato, nesse ponto, aparece claramente no estudo empírico que gerir projetos constitui não uma simples responsabilidade, mas um *métier* tão fundamental quanto conceber, produzir ou vender. Sobre esse assunto, podemos notar que diante do surgimento desse *métier* particularmente buscado pelas empresas, estas últimas investiram na elaboração de referencias *métiers* dos chefes de projeto a fim de gerir a dinâmica dos conhecimentos e competências desse *métier*. Por exemplo, na IBM, o *métier* de chefe de projeto tem tanto prestígio quanto o de arquiteto, de especialista ou de gestor de um grupo de competências. Além disso, longe de ser um trampolim temporário para chegar a postos de responsabilidade mais elevados, constitui uma organização por si só com uma hierarquia, modos específicos de organização, valores e modos de reconhecimento que lhe são próprios, definindo modalidades precisas de transmissão dos saberes (Loufrani-Fedida, 2006b).

5.4.2. O nível organizacional: as competências de integração

Uma vez analisadas as CI funcionais necessárias à realização dos projetos de desenvolvimento, resta identificar as principais capacidades de integração dessas competências *métiers* dentro dos projetos e tratar da questão de seu nível e de seus desdobramentos. Concretamente, essa especificação foi feita solicitando-se aos atores que respondessem a seguinte pergunta: como é garantida a coordenação dos diferentes atores *métiers* dentro dos projetos de desenvolvimento? A análise das respostas dadas por nossos interlocutores permite identificar cinco competências de integração relevantes ao nível intraprojeto.

Conjuntamente, essas cinco capacidades contribuem para tornar efetiva a integração das CI funcionais no âmago dos projetos. A tabela a seguir faz uma recapitulação dos interesses empresarias privilegiados pelos participantes (Tabela 5.4).

5.4.2.1. O desenvolvimento simultâneo das competências funcionais

Nos quatro casos examinados, a opção pela emprego da prática da "engenharia simultânea" (Clark e Fujimoto, 1991) se impôs porque constituía uma resposta às exigências de redução nos prazos de desenvolvimento de produtos e de serviços das empresas. A prática da "engenharia simultânea" implica no envolvimento simultâneo de todos os *métiers* da empresa que tem a ver com a natureza do projeto, durante todas as fases do projeto.

Em relação ao conjunto dos casos observados, vemos que esse método de trabalho constitui efetivamente uma real capacidade de integração das CI funcionais da empresa, na medida em que permite aos atores do projeto limitar os problemas posteriormente, favorecer trocas reais entre os diferentes *métiers* e contar com uma melhor compreensão das exigências dos outros atores *métiers* que intervêm no projeto.

5.4.2.2. O processo de gestão dos projetos

O processo de gestão dos projetos (PGP) é um recorte temporal do projeto em fases, cada uma delas desdobrada em tarefas principais a serem executadas para a confecção do produto ou para a realização do serviço futuro. Além das fases e das tarefas principais, são caracterizados também os pontos de decisão no tempo, os quais são chamados de "referências". Nas quatro empresas submetidas à análise, existe um "PGP tipo" que o chefe de projeto usa para construir o processo de gestão de seu projeto. Para os atores interrogados, o PGP apresenta quatro interesses:

- permite organizar as reuniões formais e as revisões de projeto, incluindo ali todos os participantes dos projetos a fim de garantir tomadas de decisão comuns, por consenso;
- permite ao conjunto dos participantes dos projetos adquirir uma linguagem comum;
- estimula uma compreensão comum e uma abordagem idêntica na maneira de trabalhar; e
- permite concentrar os esforços dos atores *métiers* nos problemas de fundo.

5.4.2.3. Os documentos e objetos físicos do projeto

Qualquer que seja a natureza do projeto, constatamos que este oportuniza, sistematicamente, a produção de uma documentação abundante (caderno de encargos, plano de desenvolvimento, ficha técnica do produto, relatórios de todo tipo, controle de qualidade, relatórios de reuniões, etc.). Esses documentos evoluem constantemente e geram uma intensa circulação que permite aos atores do projeto compartilhar informações, tomar conhecimento do trabalho realizado pelos demais participantes e, finalmente, ajustar suas próprias ações em função do andamento do projeto.

Essas observações corroboram com os trabalhos de Chanal (2000) que pôde demonstrar que a produção regular de artefatos como relatórios, cadernos de encargos, esquemas, maquetes ou protótipos, age enquanto suportes para a coordenação inter-*métiers* dentro das equipes projetos. Na mesma li-

Tabela 5.4 **Síntese das principais competências de integração intraprojetos**

Competências de integração	Interesses empresariais	Trechos de entrevistas
Desenvolvimento simultâneo (observado nas 4 empresas)	■ limitar os problemas antecipadamente; ■ favorecer as trocas inter-*métiers*; ■ contar com uma melhor compreensão das exigências dos outros atores *métiers* que intervêm no projeto.	"No desenvolvimento de *software*, trabalha-se de modo concorrente. O único lugar em que se gere de modo sequencial, porque assim se deseja, é na passagem entre o desenvolvimento e a validação dos testes" (Diretor R&D da HP) "Antes, a forma de trabalhar era sequencial. O projeto chegava e passava de um serviço para outro. Era um problema para a coordenação das competências [...]. Com a organização atual, o projeto atravessa os *métiers*, somam-se as competências e assim tudo funciona melhor" (Responsável pelo desenvolvimento analítico e químico da Arkopharma) "Não se pode dizer que se conhece o produto quando chega em produção. Durante o desenvolvimento do produto, intervém-se para a validação das tecnologias usadas, na qualificação dos procedimentos de fabricação (se são novos, conhece-se o produto por maquetes, paticipa-se das vistorias do processo do projeto, etc.) (Diretor das operações da Temex)
Processos de gestão dos projetos (observado nas 4 empresas)	■ garantir tomadas de decisão comuns por consenso em reuniões formais ou quando de revisões de projetos; ■ adquirir uma linguagem comum; ■ desenvolver uma compreensão comum e uma abordagem idêntica nos métodos de trabalho; ■ concentrar os esforços dos atores *métiers* nos problemas de fundo.	"Na IBM, tem-se uma forte cultura quanto aos procedimentos. Quando o gestor de projeto chegou, todos, chefe de projeto ou não, tiveram de aprender os conceitos de base, a fim de ter a mesma linguagem, a mesma terminologia" (Chefe de projeto da IBM) "O que é interessante no processo projeto é que as saídas de fase são feitas em um nível *cross-métiers*. Isso permite ver as dependências entre os diferentes *métiers*" (Gestor de uma unidade de desenvolvimento e chefe de projeto da HP) "Em minha opinião, o procedimento de gestão dos projetos traz um melhor conhecimento e compreensão das exigências dos outros *métiers* e permite ter uma metodologia idêntica de trabalho" (Diretor industrial da Arkopharma) "Nosso processo sincroniza nossa linguagem, termos e definições" (Responsável de estratégia de Temex Corporate e Diretor da divisão Temex Microeletronics) "A formalização permite também concentrar-se nas partes mais técnicas e na resolução de problemas mais específicos dos projetos, além de permitir deixar um pouco de lado o acompanhamento dos projetos que vão se tornando mais sistemáticos" (Responsável pelo gabinete de projeto da Temex)

(Continua)

Tabela 5.4 **Síntese das principais competências de integração intraprojetos** (*continuação*)

Competências de integração	Interesses empresariais	Trechos de entrevistas
Documentos e objetos físicos do projeto (observados nas 4 empresas)	■ compartilhar informações sobre o projeto; ■ tomar conhecimento do trabalho realizado pelos outros atores *métiers* sobre o projeto; ■ ajustar as ações de cada um em função do estado de andamento do projeto; ■ incentivar a compreensão mútua dos atores de um projeto.	"Toda vez que preciso fazer uma prestação, redijo um documento e o repasso em seguida aos membros da equipe interessada" (Arquiteto soluções e-business, IBM) "Temos um sistema de arquivamento de toda nossa documetação de projeto. Tudo está arquivado em servidores informáticos. As pessoas sabem onde está e podem consultar" (Chefe de projeto da HP) "Graças aos documentos, os participantes do projeto sabem exatamente o que devem fazer, em que momento, como o projeto está avançando, etc. (Chefe de projeto da Arkopharma) "Esses documentos são arquivados informaticamente para que todas as pessoas do projeto possam ter acesso" (Chefe de projeto da Temex)
Comunicação interna (TIC, reuniões e revisões de projeto) (observado nas 4 empresas)	■ transmitir informações de maneira sincrônica (via telefone, correio eletrônico, conferências telefônicas, vídeo-conferências, reuniões e revisões dos projetos) e de maneira assincrônica (via correio eletrônico, intranet do projeto); ■ construir um sentido comum, uma identidade coletiva da equipe do projeto.	"Sempre faço um balanço regular dos setores do modo mais amplo possível, isto é, reúno o máximo de gente possível em uma mesma conferência telefônica de modo que, mesmo que o domínio não esteja diretamente relacionado com as pessoas que ali estejam, ao menos elas ouviram falar de coisas paralelas, que lhes permitem se apropriar do projeto e se sentir como um elemento do conjunto. Sempre privilegiei as conferências, os balanços regulares e os relatórios" (Chefe de projeto da IBM) "Do meu ponto de vista, as reuniões são a melhor maneira de estar em contato com os diferentes atores do projeto e de supervisionar o andamento do projeto, assim como transmitir as mensagens" (Chefe de projeto da Arkopharma) "A comunicação é feita essencialmente por meio de reuniões de trabalho [...]. Essas reuniões são importantes para informar as pessoas, mas sobretudo para implicá-las, ou seja, para que compreendam bem a importância das coisas" (Responsável pelo gabinete do projeto da Temex) "A comunicação interdepartamentos dentro dos projetos produzidos é feita essencialmente quando das revisões ao longo das quais cada departamento parte com um plano de trabalho" (Diretor das operações da Temex)

(Continua)

Tabela 5.4 **Síntese das principais competências de integração intraprojetos** (*continuação*)

Competências de integração	Interesses empresariais	Trechos de entrevistas
Plataforma de cooperação inter--*métiers* (observado em 3 empresas: HP, para algumas linhas de produto; Arkopharma e Temex)	■ favorecer os encontros regulares e as comunicações informais.	"Com a equipe, estamos todos no mesmo lugar [...]. Eles vêm me ver o tempo inteiro, portanto nos falamos muito" (Chefe de projeto OpenView Telco da HP) "O fato de estarmos todos reunidos em um mesmo lugar, da produção ao setor comercial, passando pela R&D e outras atividades, constitui uma força da empresa" (Chefe de projeto da Arkopharma) "O melhor meio de se comunicar é quando as pessoas estão umas ao lado das outras. O que é o caso para nós, já que todos estão no mesmo lugar" (Diretor P&D da Temex)

nha, Garel (2003) salienta que o recurso aos objetos físicos pode minimizar os custos de transação entre os atores *métiers* implicados nos projetos, pois possibilita a estes atores confrontar suas representações acerca de um mesmo suporte, dizer o que sabem, fazer perguntas e elaborar hipóteses.

Nesse sentido, nossa investigação empírica revela que esses artefatos sustentam efetivamente o processo de compreensão mútua dos atores do projeto e se mostram capazes de desempenhar o papel de "objetos-fronteiras" (Carlie, 2002) entre as diferentes CI funcionais.

5.4.2.4. A comunicação interna

Nos quatro casos estudados, a importância de instaurar uma comunicação interna intensiva se mostrou muito marcada, reiterando mais uma vez as recomendações de Brown e Eisenhardt (1997).

Nesse caso, dois suportes maiores são usados pelos atores dos projetos para favorecer a integração das CI funcionais dos projetos: por um lado, os instrumentos oriundos das tecnologias da informação e da comunicação (TIC), tais como correio eletrônico ou as vídeo-conferências e, por outro, a troca face a face, não intermediada. Mesmo que seja verdade que as ferramentas provenientes das TIC sejam muito apreciadas pelos atores interrogados, os quais as consideram como instrumentos potentes para difundir rapidamente as informações geradas quando se trata de projetos que dizem respeito ao conjunto dos participantes, a troca verbal e o face a face continuam sendo, apesar de tudo, o suporte privilegiado das comunicações internas do projeto.

É assim que, balizando a realização dos projetos, inúmeras reuniões formais e balanços de projetos são acrescentados aos encontros informais quotidianos. Essas reuniões permitem que os atores possam avaliar o andamento dos projetos, manterem-se informados das atividades dos outros membros, resolverem alguns dos problemas encontrados e ainda tomarem decisões de forma coletiva. Seu papel é, portanto, crucial e permite aos membros do grupo conhecerem-se, terem consciência de que fazem algo juntos, compreenderem a natureza de suas interdependências e assimilarem como se organiza, à medida que o projeto avança, a combinação de cada uma de suas ações individuais. Em suma, concordamos aqui com Frame (1995) que considera esses momentos como "meios de tornar a equipe mais tangível", lembrando a seus membros "que não são navegadores solitários, mas que fazem parte de um grupo" (ibid., p. 156).

5.4.2.5. A plataforma de cooperação inter-métiers

Os locais de trabalho dos casos HP (somente para a linha de produtos TeMIP), Arkopharma e Temex constituem plataformas de cooperação inter-*métiers*,[8] na medida em que o conjunto das CI funcionais exigidas pelos projetos de desenvolvimento é reunido em um mesmo lugar.[9] Essa proximidade dos atores *métiers* favorece os encontros regulares e multiplica as ocasiões de comunicação formal e informal já mencionadas. A plataforma de cooperação inter-*métiers* incita, portanto, a coordenação dos atores por contato direto e remete

118 COMPETÊNCIAS COLETIVAS

à noção de ajuste mútuo como modo de coordenação do trabalho, Mintzberg (1982).

No entanto, mesmo que os atores interrogados reconheçam a importância da reunião dos atores em um mesmo lugar, eles sabem que, no contexto, atual, caracterizado pela globalização da economia, nem sempre é possível reunir fisicamente as pessoas. Essa problemática diz respeito sobretudo às empresas IBM e HP, na medida em que os diferentes participantes de um projeto estão em lugares geograficamente distantes. No caso Arkopharma e Temex, a questão é diferente (ao menos até o presente), já que todas as CI funcionais necessárias aos projetos de desenvolvimento estão reunidas em um mesmo local. Nossos dados revelam assim que a noção tradicional de equipe-projeto, fisicamente reunida em um mesmo local no mesmo momento, tende a se tornar progressivamente uma modalidade de organização entre outras, motivo pelo qual compartilhamos das ideias de Picq (2000).

5.4.3. O nível coletivo: síntese das CI funcionais e das CO de integração

Se o exame das competências funcionais e de integração se situa, respectivamente, no nível individual e organizacional, o nível coletivo, por sua vez, aparece nos casos estudados como a resultante desses dois ângulos de análise. É, pois, na síntese dos resultados anteriores que encontramos o já citado nível intermediário da CC e é também ali que é possível "materializar" a abordagem transversal das competências, defendida no início deste trabalho. Essa ideia de CC resultante foi possível graças a nosso percurso multitipos. Dessa forma, a proposta é voltar ao nível coletivo das competências tal como se configurou e expressou no quadro dos projetos de desenvolvimento das quatro empresas que compõem nossa amostra.

Primeiramente, nas quatro empresas, os projetos precisam, sistematicamente, de três competências funcionais maiores (*marketing*, tecnologia e gestão de projeto). Estas últimas são geridas no nível dos *métiers* ou das funções na empresa e são asseguradas pelos atores dos projetos (CI). O aspecto funcional traduz, assim, o nível individual da competência na medida em que, em um dado *métier*, é um indivíduo que possui a competência funcional. Por exemplo, é o chefe de produto ou o engenheiro comercial que possui e mobiliza as competências *marketing* exigidas para o projeto. Consequentemente, as expectativas na matéria ficam em um nível do indivíduo-ator que deve, então apresentar o domínio necessário e adequado a fim de ser um "digno" representante de seu *métier* nos projetos.

Essas CI devem ser, em seguida, coordenadas via desdobramento de competências de integração, em outras palavras, de CO; ou seja, nesse caso particular: as cinco competências de integração identificadas em nossos casos (desenvolvimento simultâneo, processo de gestão de projetos, documentação do projeto, comunicação interna e plataforma de cooperação inter-*métiers*). É somente munido de tais competências que é possível combinar as competências funcionais da empresa no seio dos projetos de desenvolvimento ou, segundo as palavras de Durand (2000), de coordenar CI em operações coletivas.

Por fim, e consequentemente, é a coexistência das CI funcionais e das CO de integração que aparece como estimulador da emergência da CC da equipe--projeto, uma vez que cada equipe gera uma competência coletiva que lhe é própria e de uma natureza diferente do que a estrita soma das CI dos atores *métiers*. Os trechos das entrevistas a seguir atestam essa realidade:

> "O sucesso de um projeto depende das relações, das interconexões entre os *métiers*"
> *Entrevista com um chefe de projeto da IBM*
> "É a alquimia das competências que vai fazer com que a equipe seja eficiente"
> *Entrevista com o DRH da HP*
> "Bons especialistas *métiers* sem uma coordenação e uma administração do conjunto não permitiriam o sucesso de um projeto".
> *Entrevista com o diretor de qualidade da Arkopharma*
> "Uma equipe-projeto é uma equipe integrada desde o início. A integração dos indivíduos em uma equipe está no coração do sucesso de um projeto".
> *Entrevista com o Diretor do Progam Management da TEMEX*

Essa ideia de CC, concebida como síntese das CI e CO é relativamente original e isso por duas razões principais. Em primeiro lugar, a noção de CC aqui desenvolvida se opõe ao princípio, bastante clássico, de que é o nível coletivo que deve propor e consolidar as condições das competências no ambiente de projetos (Midler, 1993; Picq, 1999). Nossa interpretação dos dados indica, ao contrário, que é unicamente a partir dos níveis organizacionais e individuais que é possível abordar o nível coletivo das competências no âmbito dos projetos. Em segundo lugar, esse estatuto particular da CC como "resultante" se afasta da perspectiva desenvolvida por Nordhaug (1996) ou ainda por Guilhon e Trépo (2000), que consideram esse nível de competência, não como uma síntese, mas como algo que está situado no centro da articulação das CI e CO.

A perspectiva transversal e global que defendemos nessa contribuição está representada no esquema a seguir, no qual é possível observar as relações que unem os diversos tipos de competências e seus três níveis de análise (Figura 5.1).

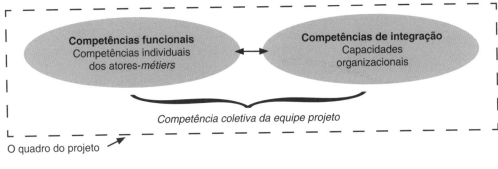

Figura 5.1

A coexistência das competências em um projeto.

5.5. CONCLUSÃO

Para concluir este estudo, gostaríamos de lembrar sucintamente seus principais resultados. Primeiramente, esta pesquisa identificou o que a empresa deveria gerir para enfrentar as necessidades específicas dos projetos de desenvolvimento de produtos e/ou serviços novos. Conforme os casos observados, vimos que as competências funcionais e de integração constituíam competências essenciais nas quais as empresas organizadas por projetos devem prestar uma atenção particular.

Em seguida, esperamos ter mostrado que as competências individuais funcionais, trazidas pelos atores, seriam geridas no nível dos *métiers* ou das funções e que, por sua vez, as competências de integração deveriam ser apreendidas enquanto capacidades organizacionais cujo desdobramento permite combinar e coordenar as competências funcionais dentro dos projetos de desenvolvimento.

Finalmente, esta pesquisa sugeriu uma leitura inovadora do nível coletivo da competência já que, como pôde-se mostrar, é a existência simultânea das CI funcionais e das CO de integração no quadro da gestão de um projeto de desenvolvimento que permite que a competência coletiva da equipe-projeto se configure.

Com isso, voltando aos três níveis de competências mobilizados nas organizações por projetos, desejamos, acima de tudo, buscar reconciliá-los em prol de uma abordagem transversal e global das competências. É por isso que preferimos nos concentrar em sua articulação, considerando, ao mesmo tempo, os diferentes ângulos de análise das competências, mas também os múltiplos tipos destas no quadro das organizações por projetos. Essa perspectiva englobante, que supõe tanto as diferentes naturezas quanto os três níveis de competência, constitui, aliás, a principal originalidade de nossa abordagem que estabelece, desse modo, uma aproximação entre correntes de pesquisa geralmente desconexas.

Além disso, e sempre em uma perspectiva de conciliação, esta pesquisa autoriza uma nova visão do modelo dos recursos e competências (MRC) e da literatura relativa à estruturação das empresas em torno dos processos coordenados que são os projetos, muito frequentemente considerados como grupos teóricos exclusivos.

De fato, por um lado, os autores que se inscrevem na órbita do MRC encontram, na organização por projetos, um quadro de análise adequado, permitindo-lhes revelar a pertinência de sua tipologia das competências (funcionais e de integração) (Henderson e Cockburn, 1994; Grant, 1996; Verona, 1999; Danneels, 2002). Por outro lado, os autores em gestão de projeto reconhecem a dicotomia entre *métiers* e projetos (Zannad, 2001; Messeghem e Schmitt, 2004), mas não especificam qual é a natureza das competências necessárias. Quanto ao resto, e como enfatiza Ben Mahmoud-Jouini (1998), as pesquisas sobre a gestão de projetos trataram sobretudo da coordenação das atividades dos diferentes atores do projeto e da integração de suas contribuições para alcançar o resultado almejado com o orçamento e os prazos desejados. No entanto, essas pesquisas não evidenciam as competências essenciais ao desenvolvimento dos projetos já que "as consideram como uma aquisição disponível" (ibid., p. 206). Ora, se é verdade que o MRC sempre sofre de um fraco alcance empírico (Priem e Butler, 2001), cabe a ele, porém, operar essa especificação. Nesse sentido, os resultados da presente pesquisa permitem avaliar as contribuições recíprocas entre o MRC e a organização por projetos (Figura 5.2).

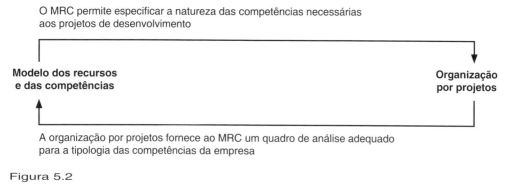

Figura 5.2
As contribuições recíprocas do MRC e da organização por projetos.

Partindo desse estudo, podemos apontar alguns caminhos de pesquisas que parecem promissoras. Um primeiro caminho consistiria em estudar de maneira aprofundada as condições de surgimento da CC resultante das CI e das CO. Uma sugestão seria retomar a tabela de análise proposta por Retour e Krohmer (2006) e ilustrá-la a partir dos dados coletados em nossos quatro estudos de caso. Um segundo caminho seria o estudo dos motores de gestão dessas competências para os projetos, bem como dos atores e das entidades organizacionais encarregadas por essa gestão. Finalmente, embora distante do presente estudo focalizado na organização interna, uma terceira orientação de pesquisa consistiria em analisar como se integra o nível ambiental das competências em nossa abordagem transversal e global. Realmente, em uma competição estimulada pela inovação e pela renovação rápida dos produtos, as cooperações interempresas representam um dos principais motores organizacionais mobilizados pelos atores a fim de obter uma vantagem competitiva. Diante dessa necessária abertura dos projetos a seu meio (fornecedores, clientes, laboratórios de pesquisa, etc.), como a empresa desenvolve competências relacionais de coordenação de suas atividades? Apoia-se nas CI, CC e CO presentes internamente? E se sim, como essas competências do meio se articulam com os outros níveis da competência?

NOTAS

1. Brevemente, podemos dizer que a aprendizagem por *exploração* consiste em explorar regularidades, aprender pela prática repetida, e permite enfrentar situações de gestão que apresentem uma certa recorrência; ao passo que aprendizagem por *investigação* permite a pesquisa de novas oportunidades de desenvolvimento pelas competências (March, 1991).

122 COMPETÊNCIAS COLETIVAS

2. As equipes-projetos representam incontestavelmente o exemplo mais difundido e mais antigo de expressão das competências coletivas, pois acarretam a intervenção coordenada de indivíduos envolvidos e organizados em torno de um projeto comum.
3. Para uma apresentação consolidada desses quatro atributos, ver as páginas 152 e 153 do artigo de Retour e Krohmer (2006).
4. Segundo Barney (1991), a obtenção de uma vantagem concorrencial que possa ser sustentada se baseia na aplicação de recursos e de competências controladas ou apresentadas pela empresa que sejam raras, dificilmente imitáveis, sem substitutos e cujo valor seja certo para a firma que a explora.
5. Acontece que as situações de gestão que podem ser objeto de um projeto são extremamente numerosas, indo da simples mudança de endereço à criação de uma certificação de qualidade. Ora, cada um desses projetos pode mobilizar competências de níveis e de tipos diferentes. Assim, para aumentar a validade de nosso estudo, decidimos nos concentrar em empresas que estruturam sua atividade de concepção e de desenvolvimento por meio de projetos.
6. Para mais detalhes sobre a articulação entre gestão das competências e organização por projetos, ver Loufrani-Fedida (2006a).
7. Agradecemos às quatro empresas que nos acolheram, bem como às pessoas que participaram das entrevistas.
8. O modelo da "plataforma projeto" reúne física e regularmente o conjunto dos membros que contribuem para o projeto em um mesmo lugar e, se possível, em torno de um espaço comum. Deve ser distinguido da plataforma inter-*métiers* tal como consideramos aqui. Com efeito, enquanto que a plataforma projeto é inteiramente norteada pelo projeto, a plataforma de cooperação inter-*métiers* se aplica ao conjunto dos projetos.
9. Se o conceito de plataforma não é mencionado no caso IBM, é em razão do tamanho da empresa e da disparidade geográfica dos atores-projetos distribuídos em diferentes lugares.

REFERÊNCIAS BIBLIOGRÁFICAS

AFITEP (2000), *Dictionnaire de management de projet*, 4ème Éd., Paris, AFNOR.

Aubret J., Gilbert P. et Pigeyre F. (2002), *Management des compétences: réalisations, concepts, analyses*, Paris, Dunod.

Barney J.B. (1991), «Firm Resources and Sustained Competitive Advantage», *Journal of Management*, vol. 17, n° 1, p. 99-120.

Bataille F. (1999), *Compétence collective et management des équipes opérationnelles: une étude longitudinale de Philips Consumer Communications*, Thèse de Doctorat, IAE de Caen.

Ben Mahmoud-Jouini S. (1998), *Stratégies d'offres innovantes et dynamiques des processus de conception: le cas des grandes entreprises générales de Bâtiment françaises*, Thèse de Doctorat, Université Paris IX Dauphine.

Bourgeon L. (1998), *Organisation transversale et capitalisation des apprentissages: le cas des projets de développement de nouveaux produits*, Thèse de Doctorat, IAE d'Aix-ESSEC.

Brown S.L. and Eisenhardt K.M. (1997), «The Art of Continuous Change: Linking Complexity Theory and Time-Paced Evolution in Relentlessly Shifting Organizations », *Administrative Science Quarterly*, vol. 42, n° 1, p. 1-34.

Carlile R. (2002), «A Pragmatic View of Knowledge and Boundaries: Boundary Objects in New Product Development», *Organization Science*, vol. 13, n° 4, p. 442-455.

Chanal V. (2000), «Communautés de pratique et management par projet: à propos de l'ouvrage de Wenger (1998) *Communities of Practice: Learning, Meaning and Identity*», *M@n@gement*, vol. 3, n° 1, p. 1-30.

Charue-Duboc F. (2000), «Gestion des compétences et projets», *Rapport de recherche pour l'Association Nationale de la Recherche Technologique*.

Clark K.B. and Fujimoto T. (1991), *Product Development Performance: Strategy, Organization and Management in the World Auto Industry*, Boston, Harvard Business School Press.

Courpasson D. et Livian Y.F. (1991), «Le développement récent de la notion de compétence: glissement sémantique ou idéologie?», *Revue de Gestion des Ressources Humaines*, n° 1, p. 3-10.

Danneels E. (2002), «The Dynamics of Product Innovation and Firm Competences», *Strategic Management Journal*, vol. 23, n° 12, p. 1095-1121.

Dejoux C. (2000), «Pour une approche transversale de la gestion des compétences», *Gestion 2000*, n° 6, p. 15-31.

Dejoux C. (2001), *Les compétences au cœur de l'entreprise*, Paris, Éditions d'Organisation.

Divry C. (2000), «Organiser les compétences pour innover: arbitrage entre principes de division et d'intégration», *Revue Française de Gestion Industrielle*, vol. 19, n° 1, p. 37-52.

Durand T. (2000), «L'alchimie de la compétence», *Revue Française de Gestion*, n° 127, p. 84-102.

Eisenhardt K.M. (1989), «Building Theories from Case Study Research», *Academy of Ma-nagement Review*, vol. 14, n° 4, p. 532-550.

Everaere C. (1999), *Autonomie et collectifs de travail*, Lyon, ANACT.

Frame J.D. (1995), *Le nouveau management de projet*, Paris, AFNOR.

Frame J.D. (2000), *Project Management Competence: Building Key Skills for Individuals, Teams, and Organizations*, San Francisco, Jossey-Bass Publishers.

Gareis R. and Huemann M. (2000), «Project Management Competences in the Project-oriented Organisation», *in* Turner J.R. and Simister S.J. (Eds), *Gower Handbook of Project Management*, Gower, Aldershot, p. 709-721.

Garel G. (2003), *Le management de projet*, Paris, La Découverte.

Gilbert P. et Parlier M. (1992), «La gestion des compétences: au-delà des discours et des outils, un guide pour l'action des DRH», *Personnel*, n° 330, p. 42-46.

Grant R. M. (1991), «The Resource-Based Theory of Competitive Advantage: Implications for Strategy Formulation», *California Management Review*, vol. 33, n° 3, p. 114-135.

Grant R. M. (1996), «Prospering in Dynamically-Competitive Environments: Organizational Capability as Knowledge Integration», *Organization Science*, vol. 7, n° 4, p. 375-387.

Guilhon A. et Trépo G. (2000), «La compétence collective: le chaînon manquant entre la stratégie et la gestion des ressources humaines», *Actes de la IXème Conférence de l'AIMS*, Montpellier.

Henderson R. and Cockburn I. (1994), «Measuring Competence? Exploring Firm Effects in Pharmaceutical Research», *Strategic Management Journal*, vol. 15, p. 63-84.

Jolivet F. (2003), *Manager l'entreprise par projets: les métarègles du management par projet*, Paris, Management & Sociétés.

Kusunoki K., Nonaka I. and Nagata A. (1998), «Organizational Capabilities in Product Development of Japanese Firms: A Conceptual Framework and Empirical Findings», *Organization Science*, vol. 9, n° 6, p. 699-718.

Lawrence P. et Lorsch J. (1989), *Adapter les structures de l'entreprise*, 2ème Ed., Paris, Editions d'Organisation.

Le Boterf G. (2000), *Construire les compétences individuelles et collectives*, Paris, Éditions d'Organisation.

Leroy D. (1996), «Le management par projets: entre mythes et réalités», *Revue Française de Gestion*, n° 107, p. 109-120.

Loufrani-Fedida S. (2006a), *Management des compétences et organisation par projets: une mise en valeur de leur articulation. Analyse qualitative de quatre cas multi-sectoriels*, Thèse de Doctorat, Université de Nice-Sophia Antipolis.

Loufrani-Fedida S. (2006b), «Organisation et pilotage de la dynamique du métier de chef de projet. Le cas d'IBM», *Gestion 2000*, vol. 23, n° 4, p. 159-177.

March J.G. (1991), «Exploration and Exploitation in Organizational Learning», *Organization Science*, vol. 2, n° 1, p. 71-87.

Messeghem K. et Schmitt C. (2004), «Pour une approche dialectique de la relation projet/métier», in Garel G., Giard V. et Midler C. (Coord.), *Faire de la recherche en management de projet*, Paris, Vuibert, p. 145-160.

Midler C. (1993), *L'auto qui n'existait pas: management des projets et transformation de l'entreprise*, Paris, InterÉditions.

Miles M.B. et Huberman A.M. (2003), *Analyse des données qualitatives*, 2ème Éd., Paris, De Boeck Université.

Mintzberg H. (1982), *Structure et dynamique des organisations*, Paris, Éditions d'Organisation.

Muffatto M. (1998), «Corporate and Individual Competences: How do they Match the Innovation Process», *International Journal of Technology Management*, vol. 15, n° 8, p. 836-853.

Nordhaug O. (1996), «Collective Competences », in Falkenberg J.S. and Haugland S.A. (Eds), *Rethinking the Boundaries of Strategy*, Copenhagen Business School Press, p. 193-218.

Nordhaug O. and Gronhaug K. (1994), «Competences as Resources in Firms», *International Journal of Human Resource Management*, vol. 5, n° 1, p. 89-106.

Pantin F. (2005), *Le rôle des compétences de l'équipe dirigeante dans la conduite du processus d'internationalisation: étude de trois moyennes entreprises françaises*, Thèse de Doctorat, Université de Caen.

Paraponaris C. (2000), «Gestion des compétences et production des connaissances dans le management par projet», *Revue de Gestion des Ressources Humaines*, n° 36, p. 3-17.

Paraponaris C. (2003), «L'instrumentation de la gestion des compétences: une instrumentation à finalités multiples?», in Klarsfeld A. et Oiry E. (Coord.), *Gérer les compétences: des instruments aux processus*, Paris, Vuibert, p. 191-213.

Parlier M. (1996), «La compétence, nouveau modèle de gestion des ressources humaines», *Personnel*, n° 366, p. 41-44.

Penrose E.T. (1959), *The Theory of the Growth of the Firm*, New York, John Wiley & Sons.

Pichault F. et Nizet J. (2000), *Les pratiques de gestion des ressources humaines: approches contingente et politique*, Paris, Éditions du Seuil.

Picq T. (1999), *Manager une équipe projet: pilotage, enjeux, performance*, Paris, Dunod.

Picq T. (2000), «Le management d'équipes projet distantes: que changent les TIC?» *in* AFITEP, *Ressources humaines et projets*, Congrès Francophone du Management de Projet, 7-8 novembre, Paris, p. 111-120.

Prahalad C. K. and Hamel G. (1990), «The Core Competence of the Corporation», *Harvard Business Review*, vol. 68, n° 3, p. 79-91.

Priem R.L. and Butler J.E. (2001), «Tautology in the Resource-Based View and the Implications of Externally Determined Resource Value: Further Comments», *Academy of Ma-nagement Review*, vol. 26, n° 1, p. 57-66.

Retour D. (2005), «Le DRH de demain face au dossier Compétences», *Management et Avenir*, n° 4, p. 187-200.

Retour D. et Krohmer C. (2006), «La compétence collective, maillon clé de la gestion des compétences», *in* Defélix C., Klarsfeld A. et Oiry E. (Coord.), *Nouveaux regards sur la gestion des compétences*, Paris, Vuibert, p. 149-183.

Roger A. (2004), «Gestion des ressources humaines et management des compétences», *in Cahiers Français, Comprendre le management,* n° 321, p. 52-57.

Sanchez R. (2001), «Managing Knowledge into Competence: The Five Learning Cycles of the Competent Organization», *in* Sanchez R. (ed.), *Knowledge Management and Organizational Competence*, London, Oxford University Press, p. 3-37.

Sanchez R., Heene A. and Thomas H. (1996), «Introduction: Towards the Theory and Practice of Competence-based Competition», *in* Sanchez R., Heene A. et Thomas H. (Eds), *Dynamics of Competence-based Competition: Theory and Practice in the New Strategic Management*, Pergamon, p. 1-35.

Teece D.J., Pisano G. and Shuen A. (1997), «Dynamic Capabilities and Strategic Management», *Strategic Management Journal*, vol. 18, n° 7, p. 509-533.

Tywoniak S.A. (1998), «Le modèle des ressources et des compétences: un nouveau paradigme pour le management stratégique?», *in* Laroche H. et Nioche J.P. (Coord.), *Repenser la stratégie: fondements et perspectives*, Paris, Vuibert, p. 166-204.

Verona G. (1999), «A Resource-Based View of Product Development», *Academy of Management Review*, vol. 24, n° 1, p. 132-142.

Yin R.K. (1994), *Case Study Research: Design and Methods*, 2nd Éd, Sage Publications.

Zannad H. (2001), «Métiers et gestion de projet: pour un «contrat de mariage», *Revue Française de Gestion*, n° 134, p. 5-14.

6

COMPETÊNCIAS INDIVIDUAIS E COLETIVAS NO CENTRO DA ESTRATÉGIA: UM ESTUDO DE CASO LONGITUDINAL EM UMA EMPRESA COOPERATIVA DE CONSTRUÇÃO CIVIL

Brigitte Charles Pauvers
Nathalie Schieb-Bienfait

6.1. INTRODUÇÃO

A identificação do conceito de competência na ciência da gestão revela que a temática das competências surgiu quase simultaneamente a das áreas da administração estratégica e da gestão dos recursos humanos (Rouby e Thomas, 2004), sem, no entanto, resultar em uma convergência dos conceitos e das problemáticas tratadas. A administração estratégica se interessa pela gestão estratégica das competências organizacionais (nível macro), ao passo que a gestão dos recursos humanos (GRH) privilegia a gestão das competências individuais (nível micro) e, em menor medida, coletivas (nível intermediário).

Nossa proposta aqui se revela delicada e, ao mesmo tempo, ambiciosa, buscando desenvolver uma dupla leitura da competência no que diz respeito aos recursos humanos (RH) e à estratégia, a partir de um estudo de caso longitudinal realizado em uma pequena e média empresa (PME) da construção. O objetivo final é melhor apreender as articulações teóricas e praxiológicas entre duas abordagens oriundas de perspectivas teóricas distintas.

Em estratégia, falar de competência supõe entrar em uma análise da empresa em termos da dupla profissão/missão, do exame da capacidade da firma, de seus processos e de suas atividades criadoras de valor diante dos mecanismos de mercado: interessa-se pela combinação dos recursos e das competências para construir uma oferta valorizada pelos clientes, uma oferta superior àquelas dos concorrentes, a fim de dotar a empresa de uma vantagem concorrencial contínua e justificável (Wernerfelt, 1984; Barney, 1986; Prahalad e Hamel, 1990; Grant, 1991; Doz, 1994). Nessa perspectiva, a capacidade estratégica da empresa não é estática, ela requer uma administração dinâmica de seus recursos e competências.

Em GRH, falar de competência supõe definir as expectativas da organização em relação a seus assalariados, conhecer os recursos de cada um, em uma organização do trabalho em que a autonomia e a iniciativa são solicitadas (Dubois e Retour, 1999). Inúmeras empresas puseram em prática assim "percursos de competências"* (Masson e Parlier, 2004) sob formas numerosas e híbridas, nas quais, às vezes, a instrumentação predomina (Oiry, 2006).

Ora, uma das principais questões que ainda aparecem é a do vínculo entre estratégia e percurso de competência: como ter acesso a essas competências, construí-las, reforçá-las e desenvolvê-las? Como "passar" do nível individual ao nível coletivo? Como dar conta da permeabilidade entre competência individual e competência coletiva para desenvolver as competências estratégicas da empresa?

A formulação dessas perguntas salienta o caráter delicado do trabalho empreendido, considerando a diversidade e a heterogeneidade dos modelos teóricos que têm sido propostos em estratégia sobre a questão da competência, nos últimos trinta anos. Paradoxalmente, a competência coletiva permanece sendo o primo pobre da GRH, tendo em vista o número limitado de trabalhos disponíveis (Le Boulaire e Retour, 2006; Retour e Krohmer, 2006). Além disso, para os profissionais que atuam na área (*a fortiori* nas PME), as pesquisas realizadas sobre os recursos e competências ainda têm pouca repercussão.

Nosso objetivo aqui é propor uma leitura dinâmica, que traga aberturas para os dois campos, sem referência a um modelo de gestão específico. Em um primeiro momento, buscamos um quadro teórico avançado, capaz de favorecer o diálogo entre essas duas perspectivas. Após a apresentação do caso da empresa Batiscop e da metodologia considerada, analisaremos as competências estratégicas, coletivas e individuais, estudando sua articulação e os propulsores de ação administrativa capazes de serem identificados.

6.2. QUESTÕES DE PESQUISA QUE EXIGEM ESCOLHAS TEÓRICAS E METODOLÓGICAS

Para abordar nossa problemática, privilegiamos um processo acumulativo de conhecimentos a partir dos trabalhos, de autores francófonos, sobre a questão da competência, tanto no campo da estratégia (Meschi, 1997; Durand, 2000, 2006) quanto no dos recursos humanos (Courpasson e Livian, 1991; Aubret et al., 1993; Defélix et al., 2006).

---

* N. de T.: Em francês *démarches compétences*, termo que alterna com outros, como, *gestion de compétences, modèles de la compétence, logique compétence*, etc., refere-se ao trabalho desenvolvido pela empresa a fim de buscar o maior envolvimento dos empregados com os objetivos da empresa e de avaliar as competências individuais adquiridas. Ao contrário dos termos citados, *démarches compétences* (percursos de competências) enfatiza o caráter construtivo desse tipo de trabalho, assim como o processo coletivo que favorece seu desenvolvimento.

COMPETÊNCIAS INDIVIDUAIS E COLETIVAS NO CENTRO DA ESTRATÉGIA **129**

Esforços reais de esclarecimento e de caracterização foram empreendidos, no plano semântico e teórico, para identificar um quadro de superação que possa favorecer o diálogo entre esses dois campos disciplinares e, assim, posicionar melhor a nossa problemática e a abordagem metodológica considerada.

6.2.1. Em busca de um quadro teórico avançado: vias de diálogo entre *estratégia* e *RH*, a questão da competência organizacional

As pesquisas realizadas em estratégia sobre a definição da competência não tiveram muito rigor, ou mesmo se fecharam em um discurso circular e quase tautológico (Marchesnay, 2002). Além disso, as definições propostas se revelaram inoperantes e incompletas para sustentar um processo concreto de identificação. A noção de competência (Durand, ibid.) em administração estratégica é bastante heterogênea, sua articulação com o campo da GRH, os instrumentos e instrumentações são ainda raros e devem ser desenvolvidos para tratar da competência coletiva em GRH (Retour e Krohmer, 2006). Por essa razão, buscamos situar nosso quadro de análise teórica para podermos identificar propostas claras e operacionais e abordar, por fim, a análise de nosso caso.

Nesse sentido, duas leituras foram cruzadas em torno de um objeto de pesquisa comum aos RH e à estratégia: a competência organizacional.

Nos limites das teorias oriundas das ciências sociais e econômicas, esse conceito de competência organizacional remete a uma preocupação compartilhada por várias disciplinas (economia industrial, teoria das organizações, gestão dos recursos humanos, administração estratégica): compreender como as empresas organizam e gerem suas competências de modo a conseguirem uma vantagem concorrencial sólida e contínua.

Definida pelas estratégias como uma ação coletiva finalizada e intencional, combinando recursos e competências de níveis mais elementares para criar valor (Rouby e Thomas, 2004), a competência organizacional resulta da combinação coordenada e valorizante de um conjunto de competências presentes individualmente (o indivíduo sendo o suporte físico da competência), mas também coletivamente. Em GRH, essa competência organizacional recobre ao mesmo tempo a competência coletiva intragrupo e a competência coletiva intergrupo, ambas alimentadas por competências individuais.

A competência organizacional aparece como uma caixa preta a ser investigada para definir o que essa "ação coletiva, finalizada e intencional", ou, ainda, essa "combinação coordenada e valorizante", recobre; a natureza do coletivo podendo remeter à empresa, mas também a grupos de atores de geometria variável que desenvolvem projetos comuns. No plano metodológico, a competência organizacional não pode ser apreendida na empresa se sua identificação e análise forem feitas *ex nihilo*, sem ligação com as competências individuais e coletivas que a constituem.

Verdadeiro conceito "fronteiriço" (Quadro 6.1), a competência organizacional parece constituir uma via de superação e de diálogo, capaz de permitir articular as contribuições teóricas desenvolvidas recentemente pelos pesquisadores em estratégia e em RH.

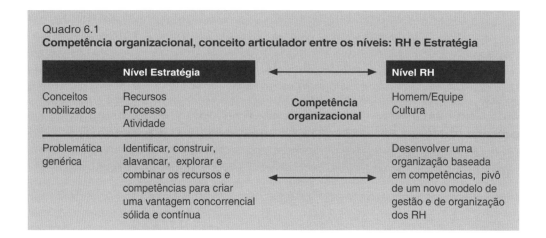

Quadro 6.1
Competência organizacional, conceito articulador entre os níveis: RH e Estratégia

Buscamos, assim, fazer um levantamento de propostas consensuais e operacionais em torno dessa análise conjunta da noção de competência organizacional em estratégia e em RH, privilegiando a competência coletiva.

6.2.1.1. A leitura estratégica

Há quase trinta anos, as pesquisas em estratégia sobre competência se multiplicaram, integrando um movimento de renovação do pensamento estratégico e de formação de um movimento de recursos e competências (MRC), misturando correntes e abordagens diversas. Tal constatação traz consequências para o plano teórico e praxiológico: pesquisadores em gestão e profissionais se veem confrontados a um conjunto de questões para identificar os processos de produção/construção de competências e de conhecimentos, de caminhos a percorrer, de rotinas a adotar, em um contexto de verdadeiro déficit metodológico. Apesar das indicações genéricas, esse inventário é feito com frequência de modo aleatório.

Historicamente, na linha dos trabalhos fundadores de Penrose (1959), as pesquisas da escola evolucionista forneceram os fundamentos da abordagem pelas competências em administração estratégica através da corrente Visão Baseada em Recursos, ou *Resource-based view* (Wernerfelt, 1984; Dosi e Nelson, 1994), e dos trabalhos sobre competências essenciais ou *core-competencies* (Prahalad e Hamel, 1990). Os primeiros autores se voltaram para o conceito de competência organizacional, descrita como recursos organizacionais que consistem em uma coordenação de recursos em um nível mais elementar (Grant, 1991); as competências são ligadas à experiência acumulada no tempo e no espaço e conferem um diferencial funcional à empresa.

Propondo uma leitura baseada nas capacidades dinâmicas da organização, Teece et al. (1997) abordam a questão da criação de recursos a partir dos processos de aprendizagem praticados nas firmas. A empresa é considerada como um sistema de oferta baseado em recursos tangíveis e intangíveis, idios-

COMPETÊNCIAS INDIVIDUAIS E COLETIVAS NO CENTRO DA ESTRATÉGIA **131**

sincráticos e inimitáveis, que devem, necessariamente, ser transformados em competências funcionais e interfuncionais para que se possa construir vantagens concorrenciais duradouras (Martinet, 2003). Estas se tornam ainda mais robustas à medida que os ativos definidos pela empresa são específicos e têm um caráter tácito ou coletivo e que a organização é complexa. Para Martinet (2000), a estratégia se torna, assim, uma questão de longa vida, de horizonte largo e de capitalização de conhecimentos. Cada empresa se caracteriza por um percurso e por aparências que lhe são próprios, resultado das competências e das escolhas anteriores (dependência da trajetória ou *path dependence*), da natureza e do nível de suas ambições e da tensão que é capaz de criar entre o virtual e o atual.

O termo competência é entedido como uma noção que engloba *a priori* os ativos e os recursos, mas também as diferentes formas de conhecimentos e de práticas dominados pela empresa, segundo sua história e sua identidade, como o resumo da taxonomia da competência, proposto por Durand (2000, 2006) (Quadro 6.2).

Quadro 6.2
Taxonomia da competência organizacional (adaptado de Durand, ibid.)

Competência	Artefatos
Competências cognitivas: individuais e coletivas, explícitas e tácitas	Saber, saber-fazer, habilidades, técnicas, tecnologias, garantias, etc.
Processos organizacionais e rotinas: o desenvolvimento coordenado dos recursos	Os mecanismos de coordenação na organização combinando as ações individuais nas operações coletivas
Estrutura organizacional: facilita ou dificulta a empresa em seus esforços de adaptação	A estrutura da organização em sua dupla dimensão interna e externa (vínculos com os fornecedores e com os clientes)
Identidade: pode facilitar ou dificultar a empresa em seus esforços de adaptação	O comportamento e a cultura da empresa: os valores compartilhados, os ritos e os tabus, sintomas da identidade

Convém determinar em que medida a empresa detém os recursos e competências[1] que lhe permitem conceber, fabricar e/ou distribuir produtos e serviços valorizados pelos clientes em diferentes mercados. O estrategista se preocupa com os recursos necessários ao exercício do trabalho da empresa, com sua disponibilidade e com seu caráter de unicidade. O diferencial de desempenho entre organizações concorrentes não está ligado unicamente a uma diferença de disponibilidade de recursos, pois estes podem ser imitados ou adquiridos. O sucesso é determinado, acima de tudo, pela maneira como os recursos são empregados e por sua exploração com bom senso para criar competências funcionais e interfuncionais no seio da empresa, o que designaremos de processo combinatório.

No quadro do *marketing* relacionado à causa (MRC), Rouby e Thomas (2004) propõem uma acepção ampla, englobando características formais e explícitas para definir as competências organizacionais, que retomaremos a seguir (Quadro 6.3).

Quadro 6.3
Características da competência organizacional (adaptado de Rouby e Thomas, 2004)

Competência organizacional	Ação coletiva finalizada e intencional combinando recursos e competências de níveis mais elementares para criar valor
Características	■ Ativação combinada de recursos trazidos por indivíduos e por processos organizacionais (princípio de ação) ■ Combinação de competências individuais e coletivas e de capacidades (princípio sistêmico) ■ Consideração de uma necessidade de mercado (princípio de legibilidade e de reconhecimento), avaliada em termos de desempenho no mercado
Exploração	Exploração, desenvolvimento e renovação da competência por um acúmulo de saberes e por uma aprendizagem coletiva que garanta seu desenvolvimento e sua renovação no tempo e no espaço (princípio dinâmico e acumulativo)

Através dessa caracterização, a passagem entre as competências individuais e a competência organizacional não se resume a uma consolidação ou a uma agregação de competências. Para Meschi (1997), essas competências resultam mais de uma multiplicação do que de uma adição, de uma sinergia de competências individuais transversais às funções e às atividades tradicionais da empresa. Essa sinergia representa um conjunto integrado e coordenado do que foi aprendido e experimentado, que vai além das competências individuais e das funções da empresa. Ela supõe o recurso a orientações metodológicas diferentes para levar em conta a evolução no tempo dessa dinâmica da competência, em que intervêm processos de aprendizagem individuais e coletivos.

Desse modo, escolhemos focar nossa proposta nesses processos sinergéticos e combinatórios (Figura 6.1), elaborados para desdobrar as competências organizacionais e, após, as competências estratégicas. Essas características nos ajudarão a desenvolver a tabela de análise proposta na seção "As vias de convergência: proposta de uma tabela de análise", mais abaixo neste capítulo.

Essa padronização da competência considera os dispositivos organizacionais, a identidade, a cultura e a visão estratégica da empresa. A função de elaboração coordenada com recursos vai além dos processos organizacionais para englobar as operações, englobando também a cultura e a estratégia: constituindo a visão estratégica e a cultura elementos unificadores ("uma

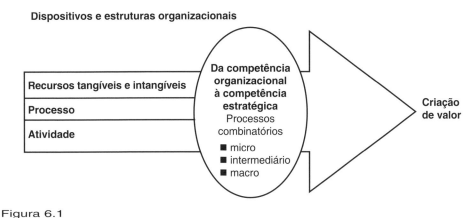

Figura 6.1

Experimentação de padronização dos processos sinergéticos e combinatórios elaborados.

forma de cimento", segundo Durand), capazes de facilitar as combinações de recursos e de ativos pelas diferentes ofertas da empresa.

6.2.1.2. A leitura RH

Definida como o conjunto combinatório das competências coletivas intragrupos e intergrupos, a competência organizacional constitui o nível de análise que engloba, ao mesmo tempo, a questão da competência individual[2] e a da competência coletiva. Alguns autores empregam, aliás, a expressão competência coletiva em vez de competência organizacional.

Com base nos trabalhos de Bataille (1999), Bichon (2005, p. 137) propõe uma leitura dinâmica e processual da competência "como o resultado de diferentes competências individuais colocadas em situação de trabalho, que se opera em um processo organizacional dinâmico, favorecendo a destruição dos conhecimentos obsoletos e a emergência de novos conhecimentos que permitam a existência de uma aprendizagem individual e coletiva". Ela se desenvolve dentro das coletividades (equipes estáveis, equipes-projeto, grupos de trabalho) e se apoia na cooperação, em que ajuda mútua, colaboração e confiança são necessárias.

De maneira operatória, Retour e Krohmer (2006) definem a competência coletiva como a resultante de uma combinação harmoniosa de talentos individuais, de elementos organizacionais, do estilo de administração, ancorados no seio de coletividades. Essas capacidades coletivas (Javidan, 1998) são intragrupos. Em um meta-nível, a combinação de capacidades coletivas pode criar competências intergrupos, na base de competências-chaves, constitutivas da competência organizacional. A gestão das competências coletivas diz respeito, ao mesmo tempo, às competências intra e intergrupos, as quais são usadas para caracterizar os fatores de criação e de desenvolvimento da competência coletiva. Le Boterf (2000) propõe abordá-las em termos de cooperação. Os impulsores de ação para a cooperação entre as competências se articulam entre:

134 COMPETÊNCIAS COLETIVAS

- o poder interagir: estabelecer regras de funcionamento e organizações adequadas, praticar uma administração dos saberes, criar uma real delegação de poder;
- o saber interagir: construir representações compartilhadas, organizar revisões de projeto, *feedback* de experiência, a dotar de um método de trabalho apropriado, exercer uma função de mediação, propor reformulações de valor acrescentado, desenvolver formações-ações, praticar uma pedagogia da simulação das situações coletivas;
- o querer interagir: explicitar os desafios coletivos, fazer convergir os desafios individuais e coletivos, identificar os indicadores de impacto e desenvolver tabelas de acompanhamento, difundir sínteses avançadas do projeto e das formas de cooperação, reconhecer e valorizar, interna e externamente, os avanços, favorecer as relações de convivência e de apoio mútuo.

6.2.1.3. As vias de convergência: proposta de uma tabela de análise

A partir dessa leitura cruzada, várias vias de convergência podem ser identificadas com base nas propostas de Durand (2000, 2006), de Retour e Krohmer (2006), de Boterf (2000) e das caracterizações propostas na primeira parte. O Quadro 6.4 oferece uma tabela de leitura para decifrar os processos sinergéticos e combinatórios das articulações entre competência individual, coletiva e organizacional.

6.3. ESTUDO DE CASO DA EMPRESA BATISCOP

Antes de aplicar nossa tabela de análise ao caso estudado, vamos descrever a situação da empresa, para, então, expormos nossas escolhas metodológicas.

6.3.1. O caso da empresa Batiscop

A SCOP S.A.[3] Batiscop trabalha com a construção de casas individuais e com construções agrícolas: desde o início da obra até a entrega das chaves. Ela coordena prestação de serviços em todas as etapas do trabalho (da concepção à construção e à organização do interior). A sociedade foi criada em 1° de outubro de 1986, na forma de uma SCOP S.R.L., por quatro sócios: um restaurador de mobiliário, um marceneiro, um pedreiro e um carpinteiro, ou seja, é empresa cooperativa de responsabilidade limitada. Oriundos de movimentos de jovens e de movimentos sindicais, esses quatro fundadores queriam "viver uma outra relação com o trabalho" (como estipula a carta dos sócios). Eles se reuniram com base em uma complementaridade profissional e pessoal. Essa inscrição ideológica e histórica no movimento das SCOP é sustentada pela administração como um elemento identitário maior na carta de Batiscop.

Há 20 anos, a empresa conheceu um crescimento regular e contínuo. Em 2006, seu efetivo aumentou para 90 assalariados, dos quais 50 são sócios e 12 aprendizes para um cargo efetivo de 7 milhões de euros. Durante 10 anos, Ba-

Quadro 6.4
Tabela de análise dos processos, combinando competência individual / coletiva / organizacional

Tipo de competência / Elementos de análise	Competência individual	Competência coletiva	Competência organizacional
Fatores individuais	Comprometimento Competências exigidas, apreendidas e potenciais	Relações informais	Valorizar Confiar Delegar
GRH	Recrutamento Integração Formação Avaliação coerente com os objetivos (autonomia, iniciativa)	Mobilidade profissional Formação	Formação para as funções/ atividades e para a governança
Processos organizacionais	Aceitação e participação ativa nos processos ligados ao percurso de competência Aprendizagem individual	Administração de proximidade Aprendizagem coletiva	Dar sentido e criar o coletivo: propor uma visão, divulgar os resultados, os desafios coletivos, os avanços. Instrumentalizar: percurso de competência, aprendizagem organizacional. Animar: convivialidade, valorização. Compartilhar e receber *feedback*: comunicação com o exterior
Estrutura	Organização do trabalho com escolha de autonomia e de iniciativa	Organização dos grupos Interações formais	Estrutura de governança em que todas as partes interessadas são representadas
Identidade, valores	Adesão aos valores Experiência ou comportamento em conformidade com os valores, etc.	Comportamentos em grupo, formas de tomada de decisão, etc.	Respeito e aplicação do modelo de governança: através da Administração Geral e do Conselho de Administração, etc.

tiscop praticou uma igualdade de salários, ao passo que seu efetivo aumentava regularmente (criação de uma média de 5 empregos por ano).

Após ter apoiado seu desenvolvimento em parcerias com artesões, a empresa Batiscop foi se diversificando progressivamente por crescimento interno e externo (com o desenvolvimento de novas atividades, como a fabricação de madeiras e a compra de uma S.R.L. especializada em arquitetura de interiores).

A organização de tipo matricial se articula em torno de dois eixos: uma estrutura baseada em seus principais campos de atividade e um recorte funcional

136 COMPETÊNCIAS COLETIVAS

em torno de três setores (Alvenaria-telhas-revestimento, Madeira e Escritório). Os princípios de direção democrática da SCOP a levaram a revisar essa organização para melhor declinar a estratégia global da empresa e sua estratégia de atividade e facilitar a estruturação do trabalho e os processos de decisão. Paralelamente, foram instauradas comissões de trabalho temáticas – dispositivos transversais de informação, de comunicação e de trabalho, de caráter temporário ou permanente. Nas reuniões de setor, os assalariados se reúnem regularmente para fazer um balanço das dificuldades encontradas no trabalho, debater projetos de instrumentação ou de reorganização do trabalho.

Finalmente, há quatro anos, a empresa entrou em um processo de empresa aprendiz, com o apoio de consultores e de organismos de formações gerais ou especializadas (especialmente da construção e do universo cooperativo).

6.3.2. As escolhas metodológicas

Devendo nossa problemática considerar a gestão das competências ligadas à estratégia da empresa e a seu contexto ambiental, organizacional e empresarial, quais modalidades metodológicas privilegiar?

6.3.2.1. A postura metodológica

Adotamos a postura recomendada por Moisdon (1997), privilegiando a análise dos instrumentos de gestão e dos dispositivos de gestão usados pela Batiscop. Moisdon (p. 9) sugere que se estude os **instrumentos de gestão como suporte da ação coletiva**: "a emergência de uma filosofia da ação organizada vincula de forma contínua a construção da instrumentação àquela da própria organização".

Esse percurso metodológico, escolhido por Parlier (2005), permite dispor de um quadro de análise apropriado para estudar as práticas e responder a nosso questionamento inicial.

Para isso, analisamos ao mesmo tempo os modos de constituição dos instrumentos de gestão das competências e a forma como eles operam no interior da organização, voltando-nos aos dispositivos de gestão que especificam os tipos de organização dos homens, dos objetos, das regras e dos instrumentos. Esse quadro de análise se articula em torno de três dimensões-chave: o substrato formal, a filosofia de gestão e, finalmente, as figuras de atores.

O substrato formal remete aos instrumentos aplicados (referenciais de competência, suportes de avaliação, tabelas de entrevista individual), às regras que articulam aquisição de competências e aos níveis de classificação e de remuneração.

A filosofia de gestão compreende as intenções de cada ator quando do lançamento e da construção do dispositivo, buscando definir os sistemas de valores e as categorias de argumentos propostos relacionados à estratégia e ao desempenho da empresa e às expectativas de reconhecimento.

Por fim, as figuras de atores supõem identificar os atores internos e externos implicados na concepção e na realização, mas também na pilotagem e no uso dos dispositivos.

COMPETÊNCIAS INDIVIDUAIS E COLETIVAS NO CENTRO DA ESTRATÉGIA **137**

6.3.3. A coleta e o tratamento dos dados empíricos

Este estudo de caso se apoia em um percurso de trabalho qualitativo articulado em torno de dois aspectos: por um lado, a coleta de dados documentários, a análise dos relatórios e dos documentos internos à empresa (carta, relatórios de comissões, análises, suportes escritos usados para as entrevistas individuais, etc.); por outro, a exploração de vinte entrevistas individuais e de cinco entrevistas coletivas realizadas, em 2007, com os responsáveis pela empresa, com assalariados pertencendo a diferentes níveis hierárquicos e serviços e com consultores que tenham acompanhado a empresa em seu desenvolvimento. Privilegiamos entrevistas junto a atores de uma mesma linha hierárquica para cruzar os dados coletados. Finalmente, uma monografia submetida e validada pelo responsável da empresa e pelo comitê administrativo permitiu a retranscrição temática das entrevistas a partir das dimensões de nosso quadro metodológico.

6.4. ANÁLISE E DISCUSSÃO

Vamos expor agora as competências estratégicas da Batiscop. Depois, usaremos nossa tabela de análise para estudar sua base de competências, privilegiando a análise de suas competências coletivas. Por fim, discutiremos processos combinatórios identificados entre suas competências estratégicas e suas competências coletivas.

6.4.1. Identificando as competências estratégicas

Posicionada em um ambiente muito concorrencial por natureza, a Batiscop deu preferência a uma estratégia de diferenciação baseada tanto no nível da oferta, quanto em seu sistema de oferta[4]. Isso é mostrado pela evolução de sua oferta de serviços de construção e pelas formas de ação coletiva organizadas desde 1986, com a integração progressiva de novas atividades, segundo modalidades diferentes (parceria, subcontratação, compra, crescimento interno).

A identificação das competências estratégicas da Batiscop foi feita a partir das competências identificadas através da análise de materiais coletados empiricamente[5].

A carta dos sócios, redigida em 2006 (e revisada a cada 4 anos), ocupa lugar de referência comum para a ação coletiva, quaisquer que sejam os projetos considerados, os debates feitos e as decisões tomadas:

> "A carta dos sócios da Batiscop apresenta nossa origem e nossa história, nossa identidade de SCOP, nossos serviços, nossas competências profissionais, nossa zona de intervenção. Ela esclarece nossa estratégia e nossos princípios de organização e apresenta a essência de um projeto de empresa em que o homem e a mulher ocupam o lugar central. Ela define nossas prioridades e faz um recenseamento de nossos objetivos prioritários para os próximos anos. Essa Carta pretende ser original e própria a Batiscop. Ela deve viver e, por isso, ser objeto de um trabalho regular de atualização e de precisão". (Trecho da Carta, texto introdutório).

138 COMPETÊNCIAS COLETIVAS

Nos últimos seis anos, identificamos as seguintes competências estratégicas:

- **Domínio da cadeia de comercialização dos serviços ofertados**, passando pela análise dos meios de produção a serem realizados e pela avaliação dos resultados com essa atividade: essa competência fornece uma vantagem concorrencial específica, pela qualidade dos serviços realizados, pelo domínio dos recursos e competências desdobrados em um canteiro de obras; permite garantir a perenidade econômica graças ao acompanhamento financeiro estrito dos canteiros de obras, já que o mercado é, em sua natureza, extremamente competitivo.

- **Um forte comprometimento e responsabilidade das equipes de produção**, uma busca constante de comunicação entre as diferentes partes envolvidas num canteiro de obras (clientes, área comercial, centro de estudos, coordenadores de trabalho e equipes de produção, intermediários, subcontratados): essa preocupação com a comunicação permite fazer escolhas de desenvolvimento que respondam totalmente à demanda do cliente. A empresa criou um produto novo: a "casa em madeira", que responde a uma grande demanda; esse novo negócio permitiu a criação de uma filial, a filial da "casa ecológica". A Batiscop recebeu um prêmio por essa inovação e por seu impacto na área das tecnologias limpas e inovadoras. A empresa apoia também o desenvolvimento de competências, estimulando uma escuta permanente das necessidades dos clientes por parte dos diferentes assalariados; neste sentido, não hesita em enviar empregados aos diferentes salões a fim de se fazer conhecer, e também para garantir uma observação sobre o que está ocorrendo em seu meio.

- **A defesa da qualidade da oferta da empresa**: essa formulação não é suficiente para destacar o caráter raro, único e não visível (portanto, pouco imitável) dessa competência. Através da valorização da qualidade reivindicada, trata-se de "defender os valores que nos são caros" e expressá-los tanto internamente (respeito às regras de segurança, instrumentos de produção modernos, respeito aos funcionários) quanto externamente (respeito aos clientes e à imagem da empresa). Ela alimenta os aspectos dos serviços (instrumento de produção moderno, boa preparação dos setores, boa preparação e acompanhamento dos serviços) e as relações explícitas, porém implícitas da empresa com seu meio e com seus clientes (painel sistemático com o nome da empresa e com seus valores, participação em inúmeras manifestações para dar seu testemunho sobre o modelo da SCOP e, mais amplamente, sobre a economia social) e, finalmente, com seu desenvolvimento futuro.

- **O domínio interno de toda a cadeia da concepção de um canteiro de obras** (canteiro de construção, de renovação ou de reforma). A Batiscop privilegia a construção e a consolidação de competências de cada atividade/função para melhor criar e inovar para seus clientes: concepção e estudos dos projetos com dois arquitetos assalariados, análise e resolução interna das questões técnicas (em alvenaria, estrutura, telhados, carpintaria, gesso seco, arquitetura de interiores, encanamento, aquecimento, revestimento). A Batiscop dispõe de seu próprio centro de estudos; ela pode introduzir até mesmo inovações menores, mantendo o controle da qualidade e dos prazos de concepção.

- **A capacidade de desenvolver a competência cognitiva** (conhecimento e saber-fazer) entre os empregados, com o apoio de atores externos a seu sistema de oferta (organismos de formação, OPCA[*], consultores). Os conhecimentos compartilhados, discutidos, desenvolvem o saber-fazer e também o saber "societário" que cada assalariado adquire por formação, ao tornar-se sócio, e pela prática da participação nas inúmeras reuniões exigidas pela cooperativa. Esses conhecimentos são adquiridos também externamente: há muitos anos, um consultor é solicitado para acompanhá-los na formalização de certos aspectos desse conhecimento. A prática, isto é, o saber-fazer constitui um pilar importante da Batiscop.

A identificação das competências estratégicas acima leva agora a questionar o referencial de competências coletivas cuja combinação adquire a forma dessas competências estratégicas.

6.4.2. As competências coletivas

Antes de analisar as interações, apresentamos certas competências coletivas identificadas e seus atributos, retomando a classificação de Retour e Khromer (2006): o referencial comum, a linguagem compartilhada, a memória coletiva, o engajamento subjetivo. Buscamos, por fim, determinar as fontes de criação dessas competências coletivas.

Notemos que a criação e o desenvolvimento de competências coletivas fazem parte das preocupações explícitas do Conselho de Administração e do dirigente: "O desenvolvimento foi muito rápido. Então, o risco é de cair no elitismo e deixar de lado os operadores. É preciso dar atenção às diferenças de representação. É preciso fazer o elo entre as competências individuais e as competências coletivas. Espera-se que se detenha uma competência coletiva". (Material 1: entrevistas com o dirigente).

6.4.2.1. Quais são as competências coletivas

- **Capacidade de iniciativa e de proposição de projetos:** os assalariados, incentivados pelo CA, experimentam práticas administrativas originais, como, por exemplo, a realização do exame final para a função de monitor de aprendizes que passou a ser desenvolvido no próprio ambiente da empresa. Essa competência coletiva se expressa também por propostas e projetos de

---

[*] N.de T.: Em francês, *Organisme paritaire collecteur agréé* é um órgão autorizado pelo governo para gerir e distribuir as contribuições financeiras das empresas de um mesmo ramo profissional, configurando-se como um arrecadador de fundos. As empresas podem aderir ou não a um OPCA.

desenvolvimento de atividades que, ao fim, podem se tornar alternativas estratégicas, como é o caso da criação da filial dedicada à "casa em madeira" e à casa ecológica, conforme observação anterior.

- **A capacidade de cooperar parece igualmente muito presente na Batiscop**: com as inúmeras comissões destinadas a debater diferentes projetos e a resolver problemas técnicos, de ordem operacional ou administrativa. A transparência em relação aos salários (todos conhecem o salário de cada um; os aumentos são decididos em CA) ilustra esse clima de confiança própria à cooperação.
- **A capacidade de aprender e de construir parece constituir também uma competência coletiva**: isso é ilustrado pelo desenvolvimento de dispositivos próprios da "casa" (o diploma de monitor é obtido na empresa; as avaliações são feitas por pessoas do mesmo setor; o Presidente do CA é avaliado pelo próprio CA); consultores externos à empresa são mobilizados de maneira constante na avaliação: um deles acompanha a empresa desde 2000. Operações pontuais e unificadoras são empreendidas para estimular essa capacidade de construir coletivamente: como a elaboração de um livro introdutório para o aprendiz, a organização do aniversário dos 20 anos da empresa ou ainda os dias de "Portas Abertas".
- **A capacidade de se comunicar com o exterior da empresa,** comunicação essa que é realizada pelo conjunto dos assalariados difundindo o ambiente cooperativo e os valores compartilhados na empresa, com o objetivo de envolver os clientes e também os pais dos jovens aprendizes.

6.4.2.2. Os atributos[6]

a) **Referencial comum.** Os atributos, na forma de referencial comum, estão expressos na carta que serve de referência a todas as decisões envolvendo ações coletivas e o futuro da empresa Batiscop. Seu modo de elaboração, discutido e construído com o conjunto dos sócios, permite elaborar uma visão comum e coletiva: "Faz-se a estratégia respeitando-se a carta. Aprende-se enormemente no CA: todas as informações são centralizadas. Isso leva à reflexão. Revê-se a estratégia. Faz-se parte da economia social e solidária. Na Batiscop, este é claramente o caso. Isso significa que nossa verdadeira questão é a divisão das riquezas, o lugar de cada um". (Material 2, um assalariado)

b) **A linguagem compartilhada** remete ao estatuto de SCOP e à linguagem cooperativa: ela pode ser observada no domínio das diferentes instâncias de regulação e na tomada de decisões, sejam operacionais, ligadas aos setores, ou focadas na preparação das decisões a serem tomadas pelo CA: preparar os aumentos salariais, decidir por uma contratação, escolher um investimento, etc. Todos os assalariados entrevistados, sócios ou não, se apropriaram disso.

c) **A memória coletiva** se constitui nos serviços e nas reuniões que tratam de aspectos ligados à atividade da empresa ou às questões relativas ao

COMPETÊNCIAS INDIVIDUAIS E COLETIVAS NO CENTRO DA ESTRATÉGIA **141**

funcionamento geral da empresa: "Nós falamos muito, pois precisamos de espontaneidade; trabalhamos juntos sobre um problema para compartilhar o problema" (entrevista 6, um assalariado). "As reuniões de setores são mensais... discutimos os problemas que encontramos nos trabalhos, nos sentimos assim mais envolvidos, podemos fazer com que os outros aprendam com eles também..." (Material 3, entrevistas com responsável do setor).

d) Finalmente, é no **envolvimento subjetivo** que a capacidade dos diferentes grupos em inventar sua organização, em inovar, em se comportar como assalariados responsáveis, e são incentivados a serem assim, se torna mais visível: "Eu aprendi no contato com os outros, olhando o que tinha sido feito com XX. Aqui, valida-se seu cargo com as pessoas que fazem o mesmo serviço. Em cada reunião do setor, há um momento "tronco comum". Nesses momentos, fala-se sobre as mudanças de equipe, a alternância de equipe... Eu acompanhei YY durante um ano e aprendi no trabalho a estrutura em madeira". (Material 4, entrevistas com o chefe de equipe).

6.4.2.3. Quais são as fontes de criação de competência coletiva?

As ações geradas na Gestão de Recursos Humanos (GRH) são muito numerosas. A função GRH na Batiscop é inteiramente assumida pelo Conselho de Administração (CA), pois não se trata de uma concepção de gestão que se limita às funções normalmente atribuídas aos serviços de RH. De qualquer forma, muitos estímulos às competências coletivas têm origem na GRH como, por exemplo: a valorização da formação, o desenvolvimento e a mobilidade profissional, o processo de contratação, a política de remuneração, a maneira como se gere a sociedade, bem como a administração das expectativas individuais.

a) **A valorização da formação** ocupa um lugar primordial (4% da folha de pagamento bruta é destinada à formação). Ela compreende formação técnica ligada às atividades da empresa e formação para a gestão societária. As formações técnicas dizem respeito, por exemplo, ao conhecimento dos novos materiais e de novas técnicas que permitem adquirir novos *know-how*. Uma técnica relativa a casas com estrutura de madeira foi apreendida por alguns assalariados, os quais, por sua vez, formaram outros colegas. Já a formação do administrador ou do sócio da SCOP é garantida pela União Regional das SCOP e por organismos de formação. "A formação é primordial. Por exemplo, vou entrar para o Conselho de Administração e sei que terei formação específica para isso. Aqui se tem a possibilidade de aprender". (Material 5, entrevistas com um assalariado).

b) **O desenvolvimento e a mobilidade profissional:** de um lado, os empregados são muito incentivados a evoluir, de outro, os percursos profissionais não parecem fixos *a priori*. Uma das evoluções naturais consiste em passar de operador à chefe de equipe. A articulação entre projeto pessoal e projeto profissional é aceita no quadro dos percursos profissionais. Um assalariado, por exemplo, interrompeu sua carreira a fim de poder participar de cruzeiros

142 COMPETÊNCIAS COLETIVAS

de viagem antes de retomar suas responsabilidades de chefe de equipe. Os assalariados solicitam interrupção ou arranjos em seus períodos de trabalho em função de uma conveniência pessoal, como, por exemplo, construir sua casa, partir em uma missão humanitária, etc.

c) **O processo de seleção favorece essa diversidade de percursos profissionais.** O que parece ser a única exigência é o compartilhamento de valores, em consonância com a carta e, mais amplamente, com o espírito cooperativo. A variedade dos perfis contratados é real e deliberada, e a aposta resultante é muito explícita: "A contratação é sempre uma aposta. Mas acreditamos na formação interna: assim, um contador com curso superior optou por realizar um trabalho manual. Seus trunfos para essa opção: ele é titulado, mais motivado e é capaz de refletir. Ele fez um contrato de profissionalização de um ano. Outro caso é o de uma mulher com três filhos que trabalhou com restauração no canteiro de obras e retomou uma formação profissional. Ela dá um toque diferente na decoração". (Material 6, responsável de setor).

Assim, a aposta reside na mobilização de competências potenciais através da formação. A contratação de pessoas com um nível de formação superior até a contratação de um *CAP* ou de um *BEP** constitui outra aposta. Um sociólogo (nível licenciatura) foi contratado e formado no serviço de cobertura de telhados.

A formação dos aprendizes e o desejo explícito de torná-los efetivos, bem como o recurso de estagiários, constituem uma fonte de futuros empregados: "Fiz meu estágio na Batiscop. Sempre quis entrar ali". Os aprendizes são objeto de atenção particular: sua integração foi objeto de um trabalho específico, hoje em etapa de formalização. Seu principal objetivo é a formação de tutores, e ela foi desencadeada através de jornadas específicas de análise do trabalho prático a fim de ajudar os tutores de aprendizes a assumir suas missões.

Consultores externos também fazem parte desse processo e são intensamente envolvidos com a vida da empresa: um primeiro consultor acompanha e auxilia a empresa a estruturar e a formalizar sua evolução; um segundo, oriundo do mundo do trabalho social, a coloca em um processo de análise da prática profissional.

d) **A política de remuneração** também pode ser considerada como um elemento estimulador das competências coletivas: os salários são superiores às médias salariais das mesmas profissões no mercado; bonificações e um plano de seguro completam a remuneração básica da empresa. As inúmeras reuniões dedicadas à coordenação da SCOP, que ocorrem fora do tempo de trabalho, são compensadas por uma remuneração específica, ligada ao engajamento cooperativo (5% da remuneração anual).

---

* N. de T.: Respectivamente, *Certificat d'aptitude professionnelle* e *Brevet d'études professionnelles* correspondem a cursos de formação profissionalizante na França, este último em vias de extinção atualmente.

COMPETÊNCIAS INDIVIDUAIS E COLETIVAS NO CENTRO DA ESTRATÉGIA **143**

e) A **política de comunicação interna e externa é extremamente cuidada** e estabelece condições para o relacionamento interno e externo. Exemplos: o aniversário de 20 anos foi objeto de dois DVDs, a jornada de portas abertas, e a realização de uma página na internet. Inúmeras partes envolvidas participaram desse evento: assalariados, sócios, consultores, clientes e também atores institucionais regionais.

6.4.3. Os fatores de dinamismo organizacional favorecendo o "coletivo"

A dimensão coletiva na empresa foi sendo estruturada ao longo do tempo. No momento de nossa última entrevista, em 2008, as diferentes atividades e as respectivas formas de organização na empresa se distribuíam da seguinte maneira (Quadro 6.5):

As reuniões estratégicas acompanham as reuniões operacionais. As comissões são *ad hoc*, ou seja, são criadas e desfeitas conforme a necessidade e as novas problemáticas que surgem a partir das atividades estratégicas e operacionais da empresa: assim, uma comissão de salários foi desfeita e substituída por reuniões de trabalho do CA voltadas à temática tratada. Uma comissão de aprendizes foi criada após a conclusão da formação que tiveram junto aos tutores e sua responsabilidade era elaborar propostas para a atividade de tutoria.

Quadro 6.5
Atividades e formas coletivas de organização na empresa

Formatação Reuniões Tipo de Reuniões Participantes Reuniões Reuniões Cooperação	Assembleia geral (bimestral) Conselho administração (bimestral) Comitê diretor (semanal)	Sócios Administradores Responsável DAS, contador, Diretoria Geral
Comissões	Obras Eco-construção Vida cooperativa e Animação (preparação AG) Aprendizes Evolução do trabalho de produção	Essas comissões reúnem sócios ou administradores em função de seus centros de interesse. Um responsável sempre é designado, geralmente um administrador.
Grupos de trabalho	Percurso de qualidade Organização da produção (semestral) Metragem (mensal) DAO (mensal) Comercial (mensal) Início do serviço (semanal) Avaliação do serviço (mensal) Serviços, construção, madeira (mensal)	Esses grupos estão diretamente ligados às questões operacionais. Participam deles as pessoas envolvidas

144 COMPETÊNCIAS COLETIVAS

Por outro lado, na medida em que o CA constitui a única instância de decisão, "é necessário que haja mais confiança nos responsáveis por setores". Aliás, as reuniões do CA favorecem a interação formal entre as pessoas que pertencem aos diferentes setores da empresa. O estilo de administração adotado demanda amplamente a autonomia e a iniciativa. O Presidente do CA é o regente de orquestra e impõe seu estilo participativo: "a hierarquia na Batiscop... é difícil de responder objetivamente... Quando falo em hierarquia me refiro sempre a Y, o Presidente do CA. Mas, evidentemente, tenho um chefe direto, é o Z" (entrevista com assalariado).

Os grupos de trabalho que reúnem os seis chefes de equipes (a cada dois meses, com 3 horas de duração) tratam dos aspectos de administração de equipes. "Encontro mais resistência na relação com o poder. Mas isso vai deixar claro o que é ser chefe de equipe. O responsável pelo Associação que financiou essa ação ficava incomodado com a análise da prática". (entrevista com consultor).

Finalmente, constata-se que a construção das competências coletivas vai além das atividades formais. Esse processo passa por diferentes situações cujo elemento central é a reunião dos assalariados, especialmente as contratações e conclusões quotidianas de projetos da empresa, assim como o aniversário da Batiscop ou as jornadas "portas abertas", as quais são exemplos de mobilizações coletivas.

6.4.3.1. As expectativas individuais

No conjunto, os empregados entrevistados relatam seu prazer em trabalhar na Batiscop: "temos um espírito livre aqui. Pode-se sempre trocar uma ideia com o Presidente do CA. Nas reuniões mensais dos setores, a gente já vê a carga de trabalho, a repartição do trabalho, os investimentos no setor, discute-se acerca dos problemas..." (entrevista com assalariado). "As relações são muito boas, descobri os princípios da cooperação, é muito bom... a gente se sente envolvido mesmo quando não é sócio; há uma relação com o trabalho diferente... há uma simplicidade na maneira de fazer" (entrevista com assalariado).

A satisfação em relação à remuneração constitui um elemento frequentemente citado: "a gente é bem pago. A tabela dos salários é ampla". Conforme comentamos anteriormente, as competências e os potenciais dos profissionais são levados em conta e fazem parte do processo de contratação. Essa situação pode ser observada a partir do testemunho de um aprendiz da Batiscop, ainda em um estado de estresse avançado após uma experiência de aprendizagem mal sucedida em uma outra empresa e apresentando sobrepeso muito forte: "você se dá conta, eu estava acabado, cheio de cacoetes, não conseguia mais falar. Atualmente, perdi 20 quilos, consegui obter meu diploma profissional. Amanhã, farei meu discurso para me tornar sócio. Talvez consiga chegar a chefe de equipe. Sonho com isso". (pedreiro). A possibilidade de aprender, de progredir é unanimamente mencionada: "Aqui se tem a possibilidade de aprender. Existe sempre um meio de evoluir se há demanda. A formação na Batiscop é primordial".

6.4.4. Competências estratégicas e competências coletivas: "uma alquimia complexa"?

Com base nessa dupla abordagem, estratégica e RH, destacamos as interações entre elas para definir melhor as combinações sinergéticas entre competências individual, coletiva e estratégica. O dispositivo metodológico proposto por Moisdon aponta as especificidades da Batiscop no processo de construção e de organização das competências (Quadro 6.6).

As políticas desenvolvidas e as práticas que resultam delas estão mais associadas a um processo de construção de competências do que de sua gestão *stricto sensu*: é privilegiado o desenvolvimento das competências, individuais, coletivas e organizacionais, enquanto sua identificação não importa tanto. E o desenvolvimento de competências se alimenta da filosofia administrativa da empresa e de suas especificidades: projeto de empresa, articulação entre as diferentes partes envolvidas e sua política de incentivar os assalariados a se tornarem sócios, portanto a participarem da coordenação da empresa.

A partir do dispositivo metodológico proposto por Moisdon, buscamos levantar eixos de combinação, de organização, dessas competências. A Figura 6.2 ilustra algumas das combinações possíveis.

Um processo de partilha de informações, de questionamentos, de tomadas de decisão parece desenvolver relações intergrupos e inter-níveis hierárquicos e favorece **o compartilhamento de ideias e de visões**: os inúmeros grupos focados em questionamentos, permanentes para alguns (as reuniões de CA especialmente) e temporários para outros (eco-construção, aprendizes), são espaços de debates em que se constroem as escolhas estratégicas da empresa.

A construção das competências coletivas e organizacionais parece resultar de uma **grande capacidade de escutar, de respeito mútuo** que alimenta as interações múltiplas entre os diferentes assalariados: interações internas, ligadas às questões do serviço, mas também as dos clientes e as de diferentes atores externos (consultores internalizados, OPCA muito solicitado ou orga-

---

Quadro 6.6
Dispositivos de gestão da Batiscop a partir da metodologia de Moisdon

	Filosofia administrativa	Substrato formal	Atores
Componentes	Percurso de empresa Aprendiz Tutoria Valorização do modelo da Scop	Suporte de avaliação, Tabela de entrevistas	Atores internos: todos os assalariados Atores externos: consultores, organismos de formação, OPCA
Observações	Muito avançada para uma PME Capacidade de questionamento e de críticas	Abandono dos instrumentos importados Concepção de instrumentos sob medida para a sociedade	Dispositivo baseado em um amplo sistema de ofertas

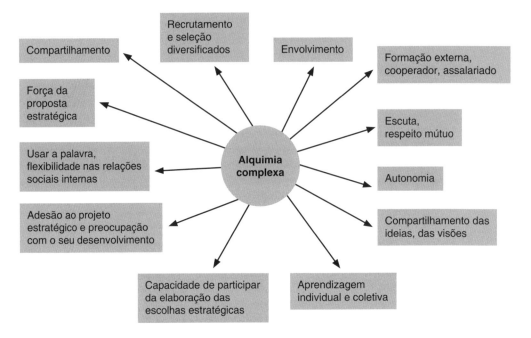

Figura 6.2

Exemplos de organização e de combinações das competências individuais, coletivas e organizacionais da Batiscop.

nismos de formação). Essas interações estimulam **a verbalização, a capacidade de flexibilidade nas relações sociais**. Desses inúmeros debates nasce uma representação compartilhada da organização e de seu futuro. Essa articulação, tanto interna quanto externa, fortalece a evolução dos serviços da empresa num processo permanente.

A **autonomia**, fortemente incentivada, favorece uma **atitude de questionamento contínuo**. As competências distintivas, criadoras de uma vantagem concorrencial, resultam de uma estratégia de diferenciação baseada nesse processo de questionamento permanente sobre o futuro das atividades e sobre a configuração exigida do sistema de oferta, o que resulta em propostas consistentes. Os eixos de concentração desse questionamento são o envolvimento do cliente e a orientação dos recursos mobilizados no sistema de oferta, todos eles voltados para a qualidade do serviço. Essa abordagem permite que a empresa se distinga significativamente de suas concorrentes, na percepção dos clientes. As inúmeras ações (portas abertas, aniversários, etc.) fazem dela uma empresa aberta a seu exterior.

A **aprendizagem individual, coletiva e organizacional** (Argyris e Schön, 1996) nasce de uma reflexão coletiva oriunda de questionamentos recíprocos, favorecida e enriquecida pela **contratação diversificada** (percursos originais, formação inicial sem relação com a construção, etc.). Esses diferentes percursos contribuem com novas formas de realizar o trabalho, com o desenvolvimento de atividades inovadoras, com a adaptação às demandas evolutivas do mercado.

COMPETÊNCIAS INDIVIDUAIS E COLETIVAS NO CENTRO DA ESTRATÉGIA **147**

A formação coloca em prática todos os meios necessários (formação com diploma ou qualificante, tutoria, seminários, etc.) para que todos os sócios continuem **sendo capazes de participar das escolhas estratégicas**. Aprende-se nos momentos de formação, mas também na prática, em contato com os mais experientes, os quais devem desenvolver a capacidade de transmitir informação aos mais novos (objetivos da formação de tutores e da pedagogia de análise da prática escolhida). Essa capacidade individual em compreender e em participar é adquirida por meio da aprendizagem permanente de competências gerenciais e administrativas através de formações sistemáticas. Mas, essas formações não bastam para explicar a competência organizacional resultante. O projeto da empresa está no coração dessa dinâmica combinatória de competências individual, coletiva, organizacional... criada em torno da articulação permanente entre as dimensões econômica e social.

Finalmente, essa alquimia nasce da **formidável implicação** dos assalariados. As entrevistas revelaram que a implicação consciente está tão presente quanto a implicação afetiva. A remuneração satisfaz os empregados que têm orgulho de trabalhar na Batiscop, de compartilhar valores comuns. Mais amplamente, ela favorece o desenvolvimento de comportamentos de cidadania organizacional, desenvolvendo, assim, comportamentos de ajuda e de apoio para com o outro. Conduz, portanto, à criação de competências coletivas graças às interações positivas entre colegas. O envolvimento afetivo destes últimos é alimentado também pela escuta dos membros do CA em relação a suas expectativas profissionais e pessoais. A identidade da empresa é expressa no compartilhamento do **movimento cooperativo e de seus valores**: o lugar do homem, da economia e do ser humano estão indissociavelmente ligados. Os processos e a estrutura, em permanente adaptação às necessidades, acompanham o desenvolvimento estratégico e o irrigam.

Conforme Durand (2000), parece-nos que o cimento necessário para o "crescimento coordenado e integrado dos recursos" constituído pela visão, pela identidade, pelos processos e pela estrutura está presente na Batiscop. Essa visão compartilhada é materializada pela Carta, fruto de uma elaboração coletiva e revisada periodicamente. Complementarmente à abordagem de Durand (2000), o processo dinâmico se inscreve na combinatória das competências individuais, coletivas e organizacionais dentro do sistema de oferta. A valorizaçao dos indivíduos e de suas competências empregadas e potenciais, nutre as competências coletivas e as viabiliza. A proposta atual acompanhada pelo consultor diz respeito à articulação "projeto individual – projeto coletivo". Observa-se, assim, a preocupação dos dirigentes em conservar o sentido do desenvolvimento da empresa e de suas representações compartilhadas. O envolvimento afetivo de seus membros com o projeto econômico e social da organização nos parece a pedra angular dessa construção.

6.5. CONCLUSÃO

Por meio da análise da articulação entre as competências individuais, coletivas e estratégicas da Batiscop, constatamos que esses três níveis de competência estão estreitamente relacionados por processos combinatórios, os quais parecem ser herméticos a uma descrição analítica.

As lições tiradas desse caso são influenciadas por essa empresa pertencer ao setor da economia social e solidária? Nossa resposta é claramente positiva, mas vias de exploração se abrem para as outras empresas.

A Batiscop é, na verdade, uma "simples" PME, uma empresa genérica de construção civil. Os serviços por ela fornecidos são próximos de muitas outras empresas do setor. Seu sucesso pode ser explicado por uma leitura sistêmica das competências desenvolvidas e combinadas, cujo caráter tácito, complexo e específico torna a imitabilidade difícil. Depois de buscar desvendar esses processos sinergéticos, conclui-se que uma leitura conjunta RH/estratégia permite compreender certas interações significativas.

Este estudo de caso nos revela que uma PME menos dotada de ativos físicos, de recursos, de meios e de experiência em RH pode ser o campo de predileção de uma competência organizacional estreitamente casada com a estratégia de empresa, e isso no quadro de um percurso específico, mobilizador, baseado em uma instrumentação que combina dispositivos de gestão formalizados e inovações empresariais do tipo "casa". Uma forte presença de ativos intangíveis (implicação, partilha, escuta, etc.) revelados pela leitura dos RH (contratação, formação, remuneração, etc.), ancorados em valores comuns compartilhados, em que o capital não é dissociado do trabalho, distingue, no sentido estratégico, essa empresa de suas concorrentes.

Por outro lado, essa PME se distingue por sua abordagem global da competência com uma preocupação permanente dos diferentes níveis de articulação (micro/intermediário e macro): os aspectos técnicos, sociais, profissionais não são dissociados, tanto no nível pessoal quanto no coletivo, e a consideração das competências individuais e coletivas é feita com base no conjunto do espectro de competências (o potencial, o exigido e o domínio).

Da tentativa de decodificação dessa "alquimia" dos processos combinatórios resulta uma constatação a ser explorada: a mobilização das competências no nível dos sistema de oferta da empresa sai do quadro habitual de uma leitura patrimonial da empresa. Não é, portanto, a organização *stricto sensu* que constitui o perímetro a ser privilegiado, mas as formas de ação coletiva organizada e finalizada que devem ser levadas em conta para abordar essa articulação das competências individuais, coletivas e estratégicas. Finalmente, essa empresa existe em sociedade, no sentido de que busca preservar uma estreita relação entre as dimensões econômica e social em seu projeto estratégico, mas também em sua análise do desempenho.

NOTAS

1. Dintinguem-se quatro categorias de recursos (físicos, humanos, financeiros e intangíveis, tais como o capital intelectual, o saber revestido pelos certificados, as marcas, os sistemas de gestão, as bases de dados de clientes, as relações com os parceiros, etc.).
2. A competência individual foi objeto de inúmeros trabalhos que não retomaremos aqui. Pode-se ver, por exemplo, Defélix et al. (2006).
3. O estatuto das Sociedades Cooperativas de Produção (SCOP), fixado por diversos textos legislativos, se caracteriza pela adesão dos membros da cooperativa a valores democrá-

ticos, pela possibilidade dos empregados se tornarem acionistas seguindo o princípio de "um homem igual a uma voz". Para mais informações, o leitor pode consultar Chédotel e Huntzinger (2001).

4. O sistema de oferta é um conjunto de recursos (Koenig, 1996, p. 133) composto pelos ativos e pelas competências (os dos subcontratados ou intermediários, por exemplo) que não são propriedade da empresa-pivô. É a esta, no entanto, que cabe conceber, mobilizar, animar, controlar e renovar o conjunto do sistema.

5. Essa identificação foi feita com base nos critérios propostos para qualificar uma competência como "estratégica": utilidade, raridade, opacidade.

6. Retour e Krohmer (2006) definem o referencial comum como o conjunto das representações elaboradas coletivamente: a linguagem compartilhada, como um vocabulário elaborado pela equipe e intrínseco a ela; a memória coletiva, como a interpretação comum construída por discussões e que resulta diferente da interpretação original; finalmente, o envolvimento subjetivo, como a tomada de iniciativa individual que é sustentada pelas comunidades de ação criadas coletivamente.

REFERÊNCIAS BIBLIOGRÁFICAS

ARGYRIS C., SCHÖN D. (1996), « Apprentissage organisationnel, théorie, méthode, pratique », Bruxelles, DeBoeck

AUBRET J., GILBERT P., PIGEYRE F. (1993), *Savoir et Pouvoir: les compétences en question*, Paris, PUF.

BARNEY J. (1986), "Organizational culture: can it be a source of sustained competitive advantage ?", *Academy of Management Review*, 11, 3, pp. 656-665.

BATAILLE F. (1999), Compétence collective et Management des équipes opérationnelles. Une étude longitudinale de Philips Consumer Communications, thèse de doctorat, Université de Caen.

BATAILLE F. (2001), « Compétence collective et performance », *Revue de Gestion des Ressources Humaines*, avril-mai-juin, p. 66-81.

BECKER B., HUSELID M., ULRICH D. (2001), *The HR scorecard. Linking people, strategy, and performance*, Boston, Harvard Business School Press, 2001, 235 p.

BICHON A. (2005), Comment conjuguer une GRH individualisée et la mobilisation collective des salariés au sein des équipes de projet ? Vers l'individualisation collective, thèse de doctorat, Université de Grenoble.

CHEDOTEL F., F. HUTZINGER F. (2001), « Quelle gouvernance pour les sociétés coopératives de production ? », 6ème congrès CIFEPME, Montréal, 30 e t 31 octobre.

COLIN T., GRASSER B. (2006), « Une évaluation quantitative de la diffusion des pratiques de gestion des compétences », in DEFELIX C., KLARSFELD A., OIRY E. (2006), *Nouveaux regards sur la gestion des compétences,* Paris, Vuibert, pp. 197-218.

COURPASSON D., LIVIAN Y.-F. (1991), « Le développement récent de la notion de compétence », *Revue de Gestion des Ressources Humaine*, 1, pp.3-10.

DEFÉLIX C. et RETOUR D. (2003), « La gestion des compétences comme processus d'apprentissage : une analyse longitudinale dans deux PME en croissance », pp.93-109, in A. KLARSFELD et E. OIRY coord., (2003), *Gérer les compétences : des instruments aux processus*, Paris, Vuibert.

DEFELIX C., KLARSFELD A., OIRY E. (2006), *Nouveaux regards sur la gestion des compétences,* Paris, Vuibert, 2006

DOSI, G., NELSON, R. (1994), « An introduction to evolutionary Theories in Economics », *Journal of Evolutionary Economics*, 4:4, 153-172.

DOZ Y. (1994), « Les dilemmes du management des compétences clés », *Revue Française de Gestion,* Janvier-Février, pp.92-104.

DUBOIS M. ET RETOUR D. (1999), « La compétence collective : validation empirique fondée sur les représentations opératoires de travail partagées », *Psychologie du Travail et des Organisations*, 5 (2-1), pp.225-243.

DURAND T. (2000, 2006), « L'alchimie de la compétence », *Revue Française de Gestion*, n°127, pp.84-102 / n°160, pp.262-292.

GRANT R. (1991), "The resource-based theory of competitive advantage: implications for strategy formulation", *California Management Review*, Spring, pp.114-133.

JAVIDAN M. (1998), « Core competence : what does it mean in practice ?", *Long Range Planning*, vol. 31, n°1, pp. 60-71.

KELLER M. (2003), « La gestion par les compétences : la réalité des pratiques », ANDCP, septembre.

KLARSFELD A. (2006), « La gestion des compétences : le défi de sa mesure », in DE-FÉLIX et al. (2006)

KOENIG G. (1996), Management stratégique, Paradoxes, interactions et apprentissages, Nathan.

KROHMER C. (2004), « Repérer les compétences collectives : une proposition d'indicateurs », *Actes de l'AGRH*, Montréal.

LE BOTERF G. (2000), « *Construire les compétences individuelles et collectives* », Paris, Editions d'Organisation

LE BOULAIRE M., RETOUR D. (2006), « Stratégies et compétences. Concepts et pratiques », communication au séminaire du GDR GRACCO, Paris, 29 juin.

MARCHESNAY M. (2002), Pour une approche entrepreneuriale de la dynamique ressources-compétences, essai de praxéologie, site adreg, www.adreg.com.

MARTINET A.C. (2000), « Le diagnostic d'entreprise à la recherche des pôles », in *La décision managériale aujourd'hui, Mélanges en l'honneur de J. Lebraty*, IAE de Nice, pp.13-23.

MARTINET A.C., (2003), « Stratégie et innovation », in *Encyclopédie de l'innovation*, coordonnée par Ph. MUSTAR et H. PENAN pp.27-48

MASSON P., PARLIER M. (2004), *Les démarches compétences,* Paris, Anact.

MEIGNANT A. (1992), « Les compétences stratégiques », *Personnel*, n°336, octobre, pp. 28-31.

MESCHI P.-X (1997), « Le concept de compétence en stratégie : perspectives et limites », 6ème conférence AIMS.

MOISDON J.-C. (1997), « *Du mode d'existence des outils de gestion* », Paris, Seli Arslan.

NELSON, R., WINTER, S.G. (1982), *An evolutionary Theory of Economic Change*, Cambridge, Press of Harvard University Press.

OIRY E. (2006), « La dynamique des instruments de gestion par les compétences. Proposition d'un cadre d'analyse », in DEFÉLIX C., KLARSFELD A., OIRY E. (2006), *Nouveaux regards sur la gestion des compétences,* Paris, Vuibert, pp. 3-21.

PARLIER M. (2005), Gérer les compétences en PME. Enseignements tirés des expériences de 11 entreprises, ANACT, coll. Etudes et documents.

PENROSE E. (1959), *The Theory of the Growth of the Firm*, Oxford, Basic Blackwell.

PETERAF M. (1993), « The cornerstone of competitive advantage : a resource-based view" *Strategic Management Journal*, 14, 2, pp.179-191.

PRAHALAD C.K. & HAMEL G. (1990), « The Core Competence of the Corporation », *Harvard Business Review*, pp.79-91.

RETOUR D. (2002), « Les risques et les conséquences de l'impartition sur la gestion des ressources humaines », *Entreprise Ethique*, octobre, n°17, pp. 42-51.

RETOUR D., KROHMER C. (2006), « La compétence collective, maillon clé de la gestion des compétences », pp. 139-173, in DEFÉLIX C., KLARSFELD A., OIRY E. (2006), *Nouveaux regards sur la gestion des compétences,* Paris, Vuibert, 2006

ROUBY E., THOMAS T., (2004), « La codification des compétences organisationnelles », *Revue Française de Gestion*, n°149, pp.51-68.

TEECE, D.J., PISANO, G., SHUEN, A. (1997), « Dynamic capabilities and strategic management », *Strategic Management Journal*, 18:7, 509-533.

WERNERFELT B. (1984), « A resource-based view of the firm », *Strategic Management Journal*, 5:2, 171-180.

ZARIFIAN P. (2001), *Le modèle de la compétence,* Paris, Liaisons.

7

A DINÂMICA DAS INSTRUMENTAÇÕES DE GESTÃO PELAS COMPETÊNCIAS: UMA PROPOSTA DE CRITÉRIOS PARA ANÁLISE

Ewan Oiry

7.1. INTRODUÇÃO

Desde a metade dos anos de 1980, a pesquisa em ciências da gestão deixou evidente que o esgotamento dos instrumentos de gestão é um fenômeno recorrente e digno de interesse, pois coloca em cheque a eficácia dos instrumentos e, como efeito indireto, a legitimidade de seus mentores. O principal argumento usado para explicar esse fenômeno é o da "moda em gestão" (Midler, 1986). Os instrumentos de gestão se esgotariam porque seriam aplicados por atores (Direção Geral, Direção de Recursos Humanos, etc.) que o fariam por mimetismo, sem se perguntar sobre sua pertinência para as especificidades da organização na qual trabalham (Di Maggio, Powel, 1983). Esse modo de explicação considera, assim, que os instrumentos de gestão se esgotam porque são usados em empresas em que não seriam realmente adequados. Tal explicação continua sendo válida ainda hoje.[1] Quando nos interessamos pela gestão por competências individuais, coletivas, estratégicas ou do meio, o fenômeno de moda é inevitável[2] (Gilbert, 2003).

Em nossa opinião, esse encantamento relacionado à "moda em gestão" nem sempre é uma explicação suficiente para dar conta do esgotamento de instrumentos de gestão. De fato, dispomos de estudos de casos que demonstram que o esgotamento pode atingir instrumentos que não estão vinculados ao repertório desta "moda em gestão", como as tabelas de classificação profissionais e salariais, por exemplo (Eyraud, Jobert, Rozenblatt, Tallard, 1984), ou até mesmo instrumentos que foram construídos *para* e *por* ela (Brochier, Oiry, 2002). O esgotamento dos instrumentos de gestão não nos parece tampouco justificável como resultado do determinismo tecnológico através do qual se esgotariam os ciclos de vida desses instrumentos após um período de eficácia (que pode ser extremamente reduzido, ou mesmo inexistente).

Neste texto[3], defendemos a ideia de que as ciências da administração não são realmente capazes de propor uma explicação satisfatória para esse fe-

154 COMPETÊNCIAS COLETIVAS

nômeno de esgotamento, pois não dispõem de critérios de análise necessários para compreender a dinâmica desses instrumentos de gestão. Uma melhor compreensão das consequências dessa dinâmica parece essencial para elucidar as razões desses esgotamentos e, eventualmente, trazer soluções para eles. Este texto propõe um primeiro esboço desses critérios de análise. Para isso, vamos proceder, inicialmente, a uma revisão da literatura para definir o conteúdo dos instrumentos de gestão. Poderemos então, em um segundo momento, propor uma conceitualização de sua dinâmica. E, por fim, esta última nos permitirá propor um ciclo dinâmico dos instrumentos de gestão, o qual poderá apontar uma explicação para seu esgotamento e também pistas de ação para atenuar esse esgotamento.

7.2. DESCONSTRUIR OS INSTRUMENTOS DE GESTÃO PARA ANALISÁ-LOS

Os instrumentos de gestão não foram objeto de muitas pesquisas. Parecem ainda resistir à análise. Depois de observar que essa resistência é explicada, antes de tudo, por sua "invisibilidade", lembraremos que esta condição se deve, sobretudo, à sua natureza de "construção social" e que, por isso mesmo, seu esgotamento pode ser atenuado. A partir daí poderemos caracterizar seus conteúdos.

7.2.1. Desconstruindo a "invisibilidade"

Entre as primeiras obras que tratam da problemática dos instrumentos de gestão, encontramos, na França, a de Berry, intitulada *Uma tecnologia invisível? O impacto dos instrumentos de gestão na evolução dos sistemas humanos*[4] (1983). Nessa obra, o autor se propõe, primeiramente, a demonstrar que os instrumentos de gestão são dotados de uma grande inércia. Eles produzem efeitos nas organizações e nos indivíduos que ali trabalham, mesmo quando o contexto que justificava seu uso se transformou ou mesmo que os atores que haviam desejado sua aplicação tenham partido. Diferentemente do que se imagina normalmente, essas "tecnologias invisíveis" estruturam, portanto, as organizações nas quais foram elaboradas.

Girin (1981) havia desenvolvido, alguns anos antes, esse mesmo ponto de vista e propunha que se tratasse de "máquinas de gestão" e não mais de instrumentos de gestão. Essa mudança semântica pretendia destacar a capacidade de uma "máquina de gestão" produzir efeitos mesmo quando mais nenhuma vontade humana parecesse agir. De fato, enquanto o instrumento só pode funcionar se uma mão humana o manuseia (um martelo, uma chave de fenda ou uma furadeira não agem sozinhos), a máquina, uma vez posta em aplicação e programada, pode funcionar de forma autônoma (Mayen, Savoyant, 1999). Em um certo número de casos, essa especificidade da máquina permite que o operador se dedique a outras tarefas paralelamente à atividade da máquina. Mas as pesquisas em indústrias de processos, as indústrias mais automatizadas e que recorrem mais a equipamentos, nos ensinaram que sem a presença humana as máquinas não funcionam por muito tempo. Na ausência de operadores, as máquinas não funcionam e, muito rapidamente, entram em disfunção (Vatin, 1987).

Desde os primeiros trabalhos sobre os instrumentos de gestão, as noções de invisibilidade e de efeitos não previstos no momento da concepção do instrumento foram colocadas no centro da análise. Mas essa sagacidade e essa precocidade na identificação do elemento central da problemática dos instrumentos de gestão não bastou, no entanto, para fazer desse tema um efetivo objeto de pesquisa. Apresentaremos, a seguir, alguns autores que trabalharam especificamente sobre o assunto (os quais são, no entanto, pouco numerosos). Por outro lado, são inúmeros os autores que analisam situações nas quais a intervenção de instrumentos de gestão é necessária, mas que raramente analisam a natureza dos instrumentos de gestão em si mesmos. Por exemplo, constatávamos, em 2002, que os referenciais de competências, ainda que ponto de passagem obrigatório dos percursos de competências, muito raramente constituíam objeto de reflexão específica: podem ser considerados, ao mesmo tempo, um elemento importante e um fator negligenciado em trabalhos tratando do percurso competências (Oiry, Sulzer, 2002). Uma jornada de estudos, organizada por Michel Parlier de ANACT[5], em 2004, confirmou esse diagnóstico (Masson, Parlier, 2004; Parlier, 2004). Para atenuar essa invisibilidade do objeto, Gilbert (1997) utiliza um argumento que parece particularmente pertinente: ele lembra que os instrumentos de gestão são, de fato, "construções sociais".

7.2.2. Os instrumentos de gestão são construções sociais

A invisibilidade dos instrumentos de gestão começa pela escassez do debate a seu respeito. Essa ausência de debate estaria relacionada à questão do determinismo tecnológico. Intuitivamente, é bastante comum pensar que as técnicas se impõem aos indivíduos e às organizações. Integradas à expressões genéricas como "progresso", elas se tornam frequentemente questões indiscutíveis. Da mesma forma que pareceria uma oposição insensata refutar a eletricidade, a televisão ou o automóvel, normalmente seria considerado inútil se opor à globalização ou à internet. Essas tecnologias se impõem a todos, e o debate sobre sua oportunidade social ou cultural fica restrita ao debate acadêmico. Um mesmo pressuposto sobre o determinismo tecnológico é visto na vida real e na gestão das organizações. Atualmente, alguns podem considerar que é inútil "se opor" ao salário individualizado ou à gestão por competências. Alguns promotores da gestão por competências usam, aliás, esse tipo de argumento para fazer prevalecer seu ponto de vista. Assim, Zarifian (1999) afirmava: "o problema de saber se estamos a favor ou contra à lógica da competência será progressivamente menor, pois já se sabe que conteúdo e que orientação lhe dar" .

Inúmeros trabalhos da sociologia do trabalho mostraram que esse pressuposto devia ser questionado (por exemplo, Demailly, 2000). De fato, esse autor mostrou que ser "contra" a eletricidade ou a internet não queria dizer nada. A eletricidade ou a internet não são objetos monolíticos que se aplicam em toda parte da mesma maneira, produzindo os mesmos efeitos. A eletricidade – assim como o fogo – pode ser um problema (quando provoca incêndios, por exemplo) ou um benefício (quando permite iluminação ou aquecimento, por exemplo). Em compensação, é possível considerar que alguns usos que são feitos dessa tecnologia não são pertinentes. Mas esses usos não são atribuíveis ao fenômeno elétrico em si. A eletricidade em si não quer dizer nada. Ela funciona conforme a vontade humana. Portanto, um uso de uma técnica articula sempre um fenômeno e uma vontade humana que o utiliza neste ou naquele sentido. A técnica nunca é aplicada sozinha; ela sempre é inscrita em um processo finalizado, orientado pela vontade humana.

Os trabalhos dos sociólogos permitem afirmar claramente que os instrumentos de gestão são construções sociais. Mesmo que seu propósito não seja o de desenvolver uma conceitualização geral dos instrumentos de gestão, o trabalho recente de Segrestin (2004) é um excelente exemplo do que significa concretamente essa noção. Ele permite, na verdade, desconstruir os instrumentos, identificar seus mecanismos e perceber, finalmente, que são constituídos por duas noções de naturezas distintas: um conteúdo (o fenômeno em si) e um processo (com base na vontade de seus conceitualizadores e de seus usuários) (Gilbert, 1997).

7.2.3. Os instrumentos de gestão são um conteúdo
(ou são a expressão de conteúdos determinados)

O conjunto dos autores concorda a respeito da ideia de que esses conteúdos são compostos por elementos heterogêneos que compõem um sistema entre si (Gilbert, 1997). Assim, os conteúdos dos instrumentos não são homogêneos. São fragmentados, eventualmente contraditórios e, sobretudo, os elementos que o compõem interagem entre si. Além de uma diversidade inevitável nas formulações, parece-nos que existe hoje uma certa definição comum desses elementos.

A primeira categorização desses elementos heterogêneos foi proposta por Hatchuel e Weil (1992). Eles consideram que os instrumentos de gestão são sistematicamente o resultado da articulação de três elementos complementares:

1. um substrato técnico;
2. uma filosofia de gestão; e
3. uma visão simplificada dos papéis dos atores.

Em 1998, David propunha uma pequena modificação desse tripé, considerando que a "visão simplificada dos atores" era, na verdade, uma visão "ideal" do papel dos atores (David, 1998).

1. O substrato formal de um instrumento designa o conjunto dos suportes concretos nos quais os instrumentos se apoiam. Por exemplo, para os instrumentos de gestão pelas competências, trata-se, fundamentalmente,

A DINÂMICA DAS INSTRUMENTAÇÕES DE GESTÃO PELAS COMPETÊNCIAS **157**

dos referenciais de competências e de critérios de correspondência que permitem relacionar um *score* de competência a um coeficiente e/ou a um salário.

2. A filosofia gestionária de um instrumento de gestão corresponde ao conjunto dos argumentos que, ao descrever os efeitos esperados do instrumento, buscam convencer os diversos atores da organização de que é vantajoso empregá-lo. Esses argumentos servem, portanto, para convencer os atores de que o novo instrumento é mais eficaz do que o anterior.

3. Os papéis ideais dos atores correspondem aos papéis que devem, implícita ou explicitamente, serem desempenhados para que um instrumento de gestão funcione de modo eficaz. Esses papéis dizem respeito tanto àqueles que são encarregados de conceber esses instrumentos, quanto àqueles que devem usá-los. Por exemplo, para que um instrumento de gestão de competências individuais ou coletivas funcione, é implicitamente necessário que os referenciais concebidos pelos grupos de trabalho constituam uma "fotografia exata" do trabalho real dos funcionários. Isso significa que os membros desses grupos devem estar adequadamente informados sobre esse trabalho real, o que, como se sabe, é sempre difícil.

Por outro lado, para que esse instrumento funcione bem, é preciso que os supervisores desses grupos sejam capazes e desejem realizar entrevistas individuais com os membros da equipe. Eles podem, na realidade, considerar adequadamente que não têm essas competências ou que seria preciso realizar entrevistas coletivas, etc. Esses papéis ideais podem, assim, ser fortemente diferentes dos papéis reais desempenhados pelos atores.

Louart propõe um segundo tipo de categorização do conteúdo dos instrumentos de gestão: "as lógicas técnico-econômicas" e as "lógicas sócio-políticas" (1995). Esta categorização enfatiza, mais claramente do que a anterior, as lógicas subjacentes e os fenômenos emergentes que se desenvolvem quando da concepção e do uso de cada instrumento de gestão. Ela permite também dar todo espaço às representações sociais, às relações de poder e aos conflitos entre os atores nos processos de mudança nas organizações (Crozier, Friedberg, 1977; Pichault, 1993).

A categorização mais recente é a de Gilbert (1997)[6]. Ele propõe mobilizar quatro níveis para caracterizar o conteúdo de um instrumento de gestão:

1. o nível operante;
2. o nível procedural;
3. o nível conceitual; e
4. o nível argumentativo.

Remetendo a Hatchuel e Weil(1992), essa categorização traz, em nossa opinião, um esclarecimento maior à análise.

Por um lado, a distinção entre nível operante e nível procedural evidencia que os instrumentos de gestão contêm procedimentos, isto é, prescrevem papéis aos diferentes atores da organização. Como mencionamos anteriormente, um referencial de competências (sejam elas individuais ou coletivas)

158 COMPETÊNCIAS COLETIVAS

não é somente um suporte técnico no qual o supervisor assinala as competências apresentadas por um funcionário. É uma parte de um instrumento de gestão que prescreve inúmeros papéis: o supervisor é supostamente capaz de avaliar o trabalho dos membros de sua equipe, os funcionários são supostamente capazes de dar conta de seu trabalho, os chefes de departamentos podem supostamente avaliar, de forma circunstancial, o trabalho dos funcionários, a Direção de RH é supostamente capaz de usar o conteúdo dessas avaliações para definir aumentos salariais, etc. Em função dos instrumentos, esses procedimentos e esses papéis são mais ou menos explícitos, mas estão sistematicamente presentes.

Por outro lado, a distinção entre nível conceitual e nível argumentativo é importante, pois define a noção de "filosofia gestionária" proposta por Hatchuel e Weil (1992). De fato, para analisar bem um instrumento de gestão, parece necessário distinguir o que depende dos "conceitos" usados na "argumentação" empregada para buscar convencer os atores a usá-lo. Os argumentos usados não estão, obrigatoriamente, presentes no próprio instrumento. Por exemplo, um dos argumentos mobilizados com frequência para convencer os funcionários acerca do interesse da gestão por competências é a qualificação. Objeto de todas as críticas, essa noção é usada, com frequência, como uma oposição que, ao contrário, justifica o uso do novo instrumento baseado no conceito de competência (Iribarne, 2004). Enquanto o nível conceitual pertence diretamente ao instrumento, o nível argumentativo amplia o espectro, fazendo uso em sua argumentação de todos os elementos que poderiam convencer os funcionários de sua vantagem (inclusive aqueles que não têm um vínculo direto com o próprio instrumento). O nível argumentativo está, portanto, mais diretamente ligado ao processo de mudança global da organização (em que encontra recursos, mas também, às vezes, limites).

A categorização que estamos examinando fornece, desse modo, precisões úteis. Em contrapartida, a noção de nível nos parece delicada porque leva a crer que esses diferentes elementos são hierarquizados, ao passo que, conforme explicação anterior, esses elementos formam um sistema, o que consequentemente, dificulta estabelecer uma hierarquia entre eles. Em decorrência disso, propomos trocar a noção de nível pela ideia de que os instrumentos de gestão contêm:

- suportes;
- procedimentos;
- conceitos; e
- argumentos.

Essa categorização busca fazer a relação entre os diferentes elementos propostos anteriormente. Ela apresenta, porém, duas dificuldades. Primeira, não revela explicitamente que *cada um* desses níveis prescreve papéis aos atores da empresa. Segunda, não afirma, de modo suficientemente claro, que os suportes – parte gerada pelos instrumentos de gestão – contêm os três outros elementos (os procedimentos, os conceitos e, normalmente, os argumentos). Os suportes são a porta de entrada para essa heterogeneidade e sua análise permite desconstruir os instrumentos (Oiry, Sulzer, 2002). Eles não têm exatamente o mesmo estatuto dos três outros elementos.

7.3. A DINÂMICA DOS INSTRUMENTOS DE GESTÃO

Existe, portanto, uma certa convergência na literatura acerca dos elementos heterogêneos que constituem um instrumento de gestão. Conforme observação anterior, um instrumento não é apenas conteúdo, é também processo. Com base em Gilbert (1997), usamos, desde então, o termo "instrumentação de gestão" (e não "instrumento de gestão") para dar conta do fato de que os instrumentos de gestão não são apenas conteúdos, mas também processo. Nesta parte deste artigo, vamos propor uma tabela teórica para análise desse processo. Para tanto, vamos lembrar, primeiramente, que um processo é sempre finalizado, mas que, no caso da instrumentação de gestão, essa finalidade é difícil de ser identificada. É por isso que proporemos, finalmente, uma análise do princípio dinâmico desse objeto.

7.3.1. Uma instrumentação de gestão é um processo

O primeiro objetivo desejável para uma determinada instrumentação de gestão seria seu sucesso. Uma instrumentação de gestão teria como objetivo transformar as organizações nas quais é concebida. A teoria sobre a mudança organizacional permite mostrar que essa definição não é aplicável de fato, pois um processo de mudança dificilmente é avaliável (Pichault, 1993). Uma mudança, assim como uma instrumentação de gestão, pode ser, na verdade, mais interessante pelos efeitos emergentes – imprevistos – que produz do que pelos seus efeitos esperados (Joyeau, 2003).

Consciente desse limite, Louart propôs que uma instrumentação de gestão seja avaliada com base em sua condição técnica e em sua validade (1995). Esse autor define a condição técnica de uma instrumentação de gestão como sua capacidade de produzir e reproduzir a validade exigida. Para esse autor, o critério da condição técnica é, então, subordinado ao de validade. Esse último corresponde à concordância relativa entre a aplicação da instrumentação e as práticas da organização em que é aplicado ou, ao menos, ao esclarecimento das diferenças entre a instrumentação e as práticas da organização. Esse critério de validade permite avaliar o sucesso de uma instrumentação de gestão. No entanto, o limite – e o interesse – desse critério estão no fato de que essa validade adquire um sentido específico para cada usuário em função do contexto e dos objetivos que se estabelecem. Essa concordância entre as práticas prescritas pela instrumentação e as práticas organizacionais em vigor é específica de cada usuário, pois cada profissional entende as práticas organizacionais de uma maneira específica. Assim, se pode entender que o sucesso de uma instrumentação depende da perspectiva de cada ator envolvido, pois cada um deles tem sua própria definição desse sucesso ou desse fracasso. Por isso, não se pode encontrar uma congruência forte entre essas diferentes definições do sucesso de uma instrumentação.

7.3.2. Qual é o princípio dinâmico desse processo?

Consideramos que uma instrumentação de gestão é um conteúdo (do qual é preciso definir a natureza) e um processo finalizado (cada usuário apropria um objetivo específico ao eventual uso dessa instrumentação). A teoria da instrumentação de gestão não propõe esclarecimentos sobre o princípio dinâmico que permite ao processo de instrumentação se desenvolver. Nossos diferentes trabalhos (Oiry, Sulzer, 2002; Oiry, 2004) sugerem que o conceito de relação de prescrição (e de suas crises) poderia constituir um conceito que permitiria ajudar no entendimento dessa dinâmica.

Para analisar a pertinência do conceito de relação de prescrição é necessário lembrar o ponto evidenciado por Gilbert (1997): uma instrumentação de gestão contém inúmeros procedimentos os quais prescrevem, ou seja, definem os papéis a serem desempenhados e as atividades que os atores devem realizar para fazer funcionar essa instrumentação. A relação de prescrição busca, de fato, explicar como um procedimento consegue – ou não – levar um ator a desempenhar o papel que se espera dele[7].

A relação de prescrição é definida por dois elementos:

- a atividade de B é, ao menos, parcialmente prescrita por A; e
- a conformidade de B a essa prescrição é aceita por B como princípio de sua relação com A ou com outros atores da organização (por exemplo, um dirigente C) (Hatchuel, 1996, p. 107).

As relações de prescrição são relações desiguais, pois um dos atores é o prescritor, ao passo que o outro sofre a prescrição. No entanto, essas relações não são totalmente arbitrárias. O prescritor não é totalmente livre na definição da prescrição. Ao desejar que seu procedimento seja usado, não pode prescrever qualquer papel ao usuário. Deve prescrever um papel que não seja muito distante do papel mantido até então pelo operador. Por exemplo, uma entrevista anual de avaliação prescreve papéis que são particularmente difíceis de manter se os supervisores realizavam antes (mesmo antes da prescrição dessa entrevista), uma certa avaliaçao individual dos membros de sua equipe. Uma grande diferença entre os papéis prescritos pela instrumentação e os papéis reais dos supervisores explica pequena parte não desprezível da rejeição desse tipo de instrumentação (Estellat, Oiry, Trépo, 2004). Vemos aqui o critério de validade proposto por Louart (1995): uma instrumentação é usada se a aplicação que propõe não é muito distante das práticas da organização.

Considera-se que a relação de prescrição está em crise quando resulta na não-utilização da instrumentação (Hatchuel, 1996). Duas vias podem ser consideradas para sair dessa crise. A primeira, a mais comum nas organizações atuais, é quando o prescritor, aquele que conceitualiza a instrumentação, considera que a não-utilização da instrumentação não é normal e que não existe razão que justifique o comportamento dos supervisores em não aplicar a instrumentação. Nesse caso, ele pode usar de seu eventual poder hierárquico para impor sua aplicação. Por exemplo, um Diretor RH pode exigir um relatório individualizado sobre o número de entrevistas anuais realizadas neste ou naquele serviço. Mas a consequência mais provável desse comportamento é uma distância entre a instrumentação e as práticas reais dos atores. O prescritor acredita que a instrumentação transforme as práticas profissionais dos atores. Na realidade, esse uso é, em geral, simulado.

Uma segunda via, menos comum, pode ser usada para sair da crise da relação de prescrição. Ela considera que a não aplicação da instrumentação, ou mesmo seu uso não padronizado, o que implica numa diferença muito grande entre os papéis prescritos pela instrumentação e os papéis reais dos atores, não é uma situação anormal, mas que, ao contrário, faz sentido. Essa segunda via vai considerar, em primeiro lugar, os usos reais como re-concepções da instrumentação de gestão e não simplesmente como uma aplicação não adequada da prescrição; em segundo lugar, vai considerar a análise desses usos como uma fonte de informação crucial acerca das necessidades dos atores em matéria de instrumentação. Ao usar um instrumento de um modo imprevisto, os atores revelam novas facetas na sua relação com a instrumentação. Portanto, é possível considerar uma concepção em ciclo das instrumentações de gestão. Sua primeira versão seria apenas uma experiência para suscitar usos ou não usos por parte dos usuários. Neste primeiro momento, toda a atenção estaria focalizada no processo de gestão da informação, o qual permitiria aos mentores da instrumentação acompanhar e analisar sua adoção. Em seguida, essa análise e avaliação poderia produzir uma segunda versão da instrumentação a fim de responder às múltiplas expectativas específicas dos usuários e apropriar novos usos não previstos, surgidos durante a experiência.

Essa segunda via coloca em questão também uma fronteira que não havíamos mencionado até então: a que separa a concepção do uso. O argumento normalmente mobilizado para justificar a existência de uma diferença radical entre a concepção e o uso de uma instrumentação se apoia principalmente na ideia de que o usuário toma a instrumentação como um dado. Ele pode rejeitá-la, se recusar a usá-la, mas não poderia transformá-la. Parece-nos que se deve considerar essa ideia com prudência. De fato, em muitos casos, pode-se considerar que um usuário é capaz de modificar a instrumentação que utiliza.

O exemplo dos referenciais de competências individuais é particularmente significativo neste debate. A princípio, ficaríamos tentados a dizer que os supervisores usam os referenciais sem estarem autorizados a modificá-los. Eles são pensados e refletidos previamente, às vezes por grupos de trabalho em que os supervisores estariam representados, outras vezes apenas pelos Diretores RH. São apresentados portanto, como uma lista de competências, ao mesmo tempo, completa e intocável. A entrevista de avaliação pelos supervisores deveria ser realizada com base nessa lista de competências. A análise dos usos reais que são feitos desses referenciais nas entrevistas mostra claramente que a realidade é muito diferente dessa visão estática da instrumentação apresentada como definitiva (Brochier, Oiry, 2002).

De fato, na realidade, os supervisores "dialogam" com esses referenciais. Assim, durante uma entrevista, podem entrar em acordo com seu subordinado acerca da ideia de que tal competência mencionada no referencial não se aplica ao seu setor específico. Assim, "desconsiderando" competências individuais do referencial inicial, os supervisores rumam para uma primeira forma de re-concepção desses referenciais. É um processo que está longe de ser desprezível e tem como objetivo estabelecer um acordo com o avaliado. Na prática, simplifica o referencial, conforme o sentido normativo que se deseja dar a essa operação. Pode ser considerado como uma transgressão do referencial e não como uma re-concepção propriamente dita.

Essa discussão da fronteira entre usos e concepções é, finalmente, bastante comum no quadro teórico que mobilizamos (especialmente o de Hatchuel, 1996). Nessas reflexões sobre os modos de concepção, a maioria dos autores concorda com a ideia de que não existe diferença radical de natureza entre concepção e uso. Desde 1988, Akrich, Callon e Latour haviam lançado assim a ideia de que concepções e usos não eram de naturezas distintas (1988a e 1988b; Akrich, 1993; Akrich, 1998).

No plano metodológico, a afirmação da existência de um *continuum* entre concepções e usos tem uma consequência maior. Ela implica que a análise de uma instrumentação deve trazer, obrigatoriamente, precisões sobre o processo dinâmico de seus usos, mas também sobre o processo dinâmico de sua concepção. É para respeitar esse princípio metodológico que, na identificação das fases da vida de uma instrumentação de gestão, a qual detalhamos a seguir, começamos pela análise da fase de concepção.

7.4. AS FASES DA VIDA DE UMA INSTRUMENTAÇÃO DE GESTÃO VOLTADA À GESTÃO DE COMPETÊNCIAS

A partir da categorização dos elementos que compõem uma instrumentação de gestão, bem como de seu princípio dinâmico, é possível propor uma versão sintética do processo de concepção/uso de uma instrumentação de gestão voltada para a gestão de competências individuais (ou coletivas), a qual explica as razões do esgotamento desses instrumentos e traz pistas para reduzir esse processo.

O paradoxo está no fato de que, para analisar um processo, é preciso, primeiro, apresentar uma visão estática dele (decomposição em etapas) para, em seguida, introduzir a dinâmica entre essas fases (re-composições, *gaps,* etc.), para obter, em suma, uma representação realista e compreensível do processo real. Retomando uma reflexão desenvolvida em Oiry (2004) e completada por Martin (2004), propomos representar a dinâmica de uma instrumentação de gestão voltada para a gestão de competências, a partir do esquema que segue.

Esse esquema comporta quatro fases principais.

7.4.1. Fase 1: As concepções

A primeira fase é a da concepção. Como mencionamos anteriormente, esta raramente é considerada com tanto interesse quanto as fases seguintes de uso da instrumentação. Em nossa opinião, ela merece, porém, uma maior atenção. Por um lado, informa sobre a dinâmica das outras fases. Quando da concepção, os fenômenos que estão ocorrendo são mais visíveis, pois os princípios de aplicação, os papéis, os conteúdos, etc., são menos fixos do que nas fases

A DINÂMICA DAS INSTRUMENTAÇÕES DE GESTÃO PELAS COMPETÊNCIAS

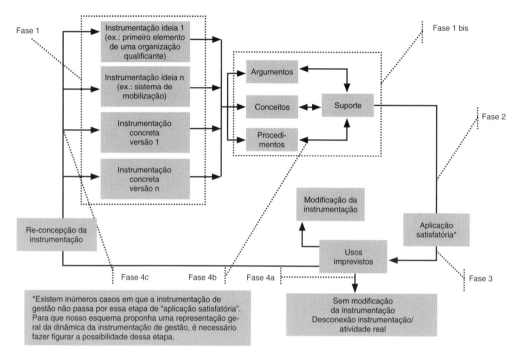

Figura 7.1

Esquema dinâmico das instrumentações de gestão.

seguintes. Por outro lado, enquadra, em parte, os usos que estão por vir da instrumentação. De fato, estes se tornam possíveis ou, ao contrário, difíceis em função das escolhas e dos compromissos feitos nessa fase de concepção.

Em Oiry (2004), constatamos que a concepção de uma instrumentação de gestão pode ser analisada como algo que corresponde à construção de uma sucessão de apropriações (Callon, 1986). Ou seja, cada ator que intervém na concepção da instrumentação constrói sua própria compreensão, isto é, atribui um objetivo específico à instrumentação (dimensão de argumentação), atribui um papel específico à aplicação da instrumentação e atribui papéis específicos aos demais atores da empresa para que a instrumentação funcione bem (dimensão procedural). Com base nisso, a concepção de uma instrumentação de gestão propõe um suporte técnico formal que parece sustentar melhor esses objetivos e esses papéis.

Esse processo de construção das apropriações é tradicionalmente decomposto em quatro momentos distintos: a *problematização*, os *dispositivos de interesse*, o *engajamento* e a *mobilização dos aliados*. Quando da *problematização*, os atores que propuseram uma nova instrumentação propõem alguns primeiros argumentos que preveem implicitamente definições dos outros atores da situação (direção, DRH, organizações sindicais, agentes de serviço, operadores, etc.). Essas identidades e esses objetivos são, em geral, descritos muito sumariamente, no entanto são identificáveis. Por exemplo, uma instrumentação de gestão

164 COMPETÊNCIAS COLETIVAS

das competências individuais prevê com frequência, implicitamente, que a direção geral é, de antemão, favorável à gestão das competências individuais (ou mesmo coletivas) – pois se trata de uma forma "moderna" de gestão – ou então que os supervisores estão interessados em avaliar anualmente as competências individuais (e coletivas) dos membros de sua equipe, etc. Esses papéis e esses objetivos podem ser identificados nos discursos que esses atores iniciais mantêm a respeito da instrumentação a ser construída.

Muito rapidamente, as definições desses papéis implícitos aparecem em "objetos intermediários" (textos, referenciais, gráficos, esquemas, quadros) (Vinck, 1995). Seus conceitualizadores buscam impô-los como "pontos de passagem obrigatórios" para os demais atores (direção, DRH, organizações sindicais, funcionários) (Callon, 1986). Estes são, portanto, instados a desempenhar o papel que lhes foi previsto. Na imposição de papéis, a relação de poder é muito clara, mas não tem um único sentido. Em função de seu lugar na hierarquia da empresa, mas também dos diferentes recursos que podem mobilizar (informação, experiência, conhecimento das regras organizacionais, etc., Crozier, Friedberg, 1977), os atores sofrem, transformam ou mesmo questionam esses pontos de passagem obrigatórios.

A articulação entre os papéis propostos pelos iniciadores do projeto e os papéis que os atores aceitam desempenhar corresponde ao segundo momento da compreensão: a aplicação de *dispositivos de interesse*. A geração do interesse pela instrumentação em questão pode ocorrer através de discussões informais, de relatórios (que mostram as vantagens da gestão por competências já aplicada em outras empresas, por exemplo) e de observações (que avaliam o aumento da massa salarial relacionado à adoção dessa nova instrumentação). Sem essa fase, a instrumentação de gestão pode ser abandonada.

Em compensação, nem todos os atores têm condição para questionar os pontos de passagem obrigatórios. Certos atores, situados em níveis hierárquicos inferiores, podem ser forçados a acatar um papel que não gostariam, já que não dispõem de poder para tornar legítima sua compreensão dos procedimentos e poder elaborar uma construção intermediária.

A terceira etapa é a do *engajamento*. Os atores considerados legítimos no projeto aceitam o papel que ajudaram a definir. Assim, estabilizam relativamente sua definição do projeto em andamento, precisando quais são, para eles, os objetivos e qual é seu interesse em participar com base no papel que acaba de ser definido. Em nossa opinião, essa estabilização não significa necessariamente que reconheçam o papel dos outros atores implicados no projeto. Na verdade, às vezes constatamos que os atores aceitam desempenhar um papel num projeto sem, no entanto, reconhecer como pertinente as identidades e/ou os objetivos que os outros atores definiram para si próprios (Oiry, 2004). O engajamento que consiste, portanto, na articulação dos papéis definidos não significa necessariamente, em nosso ponto de vista, a construção de um objetivo comum.

Por fim, a quarta etapa, a da *mobilização dos aliados* pretende tornar efetiva essa coordenação através da designação de porta-vozes que poderão falar em nome do grupo de atores que representam. Torna-se impossível, por exemplo, que o conjunto dos operários de uma empresa participe diretamente da elaboração de um referencial de competências individuais ou coletivas. Eles só podem fazer isso através de seus porta-vozes[8].

A concepção de uma instrumentação de gestão voltada à gestão de competências (individuais ou coletivas) pode ser entendida como uma fusão de compreensões/apropriações cujo resultado pretendido é a articulação entre elas. Entretanto, a heterogeneidade de compreensões/apropriações é o que predomina nesse tipo de instrumentação. A fim de propor um melhor entendimento, decidimos distinguir em nossa construção as compreensões/apropriações que consistem sobretudo em propor novos argumentos ou conceitos ("instrumentação-ideia") das compreensões/apropriações que buscam construir os suportes que permitem colocar em prática esses conceitos ("instrumentação-concreta"). Essa distinção visa simplesmente a salientar que a concepção de uma instrumentação começa normalmente por uma reflexão sobre os conceitos. Somente depois é que se busca aplicar esses conceitos em um substrato concreto. Com frequência, a análise dos instrumentos de gestão inverte essa lógica, predominando quase totalmente a preocupação com a aplicação.

7.4.2. Fase 1 bis: A Sistematização

A fase 1 bis também pertence a etapa da concepção. Nós a distinguimos, porém, pois produz-se ali um fenômeno singular: a sistematização da instrumentação de gestão. Essa operação consiste simplesmente em fazer desaparecer as inúmeras compreensões/apropriações que acabamos de mencionar e colocá-las numa forma única: aquela que será usada para apresentar e explicar a instrumentação aos futuros usuários. Esse procedimento pode parecer socialmente criticável, mas é indispensável, na verdade. Latour demonstrou, por exemplo, o quanto é fundamental esse processo de homogeneização para o caso do percurso científico (Latour, 1988). Enquanto hipótese científica, um princípio não é realmente aplicável como fundamento por outros pesquisadores enquanto não comprovado. Os cientistas precisam não de hipóteses científicas, mas de fatos científicos, isto é, de hipóteses das quais foram apagadas as incertezas, as condições específicas nas quais foram estabelecidas, etc. Para trabalhar, os cientistas precisam de fatos cujas causas e consequências (relações de causalidade) sejam ao menos verificáveis em certas condições.

É provável que a mesma situação prevaleça na área da instrumentação de gestão. Para poder usar uma instrumentação, os usuários também precisam ter algumas certezas sobre os supostos efeitos dessa instrumentação. Se lhes antecipassem a quantidade de hesitações, de escolhas e de compromissos que foram firmados para construí-la, é possível que esses usuários não as utilizassem simplesmente porque lhes pareceria muito difícil antecipar sua utilidade.

A sistematização das instrumentações de gestão é, portanto, uma etapa necessária a sua concepção. Essa sistematização leva a crer que a instrumentação é o resultado de argumentos, conceitos, procedimentos e suportes relativamente congruentes e homogêneos entre si. Na prática, porém, as controvérsias que integraram a concepção dessa instrumentação continua inscrita ali. Quando é adequadamente realizada, a sistematização pode incitar os atores

166 COMPETÊNCIAS COLETIVAS

a usar a instrumentação e convencê-los de sua utilidade. Entretanto, sua aplicação, em seguida, vai fazer vir à tona a heterogeneidade dos argumentos, dos conceitos, dos procedimentos e suportes. Uma comprovação dessa heterogeneidade é o uso "emergente" ou não previsto de certos procedimentos. Enfim, a primeira fase da aplicação da instrumentação vai conviver, portanto, com parte dessa heterogeneidade conceitual e procedural. Observe-se que essa heterogeneidade é difícil de ser antecipada ou aceita pelos atores que conceberam a instrumentação, pois, "envolvidos" por esse mesmo movimento de sistematização, não consideram o esforço de "fazer passar por homogêneo o que não é" condição própria a essa etapa.

A sistematização consiste, portanto, em esconder a heterogeneidade das compreensões/apropriações produzidas quando da concepção da instrumentação para não apresentar nada a mais e fazer surgir uma coerência forte entre os argumentos, os conceitos, os procedimentos e os suportes. Uma vez realizada a sistematização, a instrumentação está apta a ser aplicada.

7.4.3. Fase 2: A aplicação "satisfatória[9]"

Essa primeira fase de uso corresponde ao que se poderia chamar de um "estado de graça". É uma fase em que os atores, dando crédito à argumentação acerca dos resultados da instrumentação, estariam engajados sem críticas negativas. Quando ocorre dessa forma, é essa a fase em que a instrumentação funciona melhor e que tem mais adesão. Não dispomos atualmente de uma análise fina dos fatores que explicam o surgimento ou a ausência dessa fase. Diferentes razões podem explicar sua ausência ou seu desaparecimento rápido. Basta, por exemplo, que uma instrumentação se inscreva na mesma sequência temporal que uma reorganização da empresa, percebida pelos funcionários como uma ameaça para os assalariados, para que o "estado de graça" desapareça (Pichault, 1993). É possível também que os conceitos apresentados no contexto da instrumentação venham de encontro aos modos de ação coletiva e aos valores coletivos de um grupo para que essa instrumentação nunca chegue na fase de engajamento pelos funcionários. Pode ser assim rejeitada diretamente (mesmo *a priori*), isto é, antes da aplicação.

7.4.4. Fase 3: Os usos emergentes ou não previstos

A terceira fase é aquela das aplicações que seguem a fase de "aplicação satisfatória". Essa mudança de fase não significa que se ingresse sistematicamente em um período de crítica e de rejeição da instrumentação. Não há dúvida de que a aplicação de uma instrumentação de gestão permite caracterizar, no tempo, os campos em que a instrumentação funciona adequadamente (entre os jovens contratados, por exemplo), aqueles campos em que a instrumentação é avaliada como menos eficaz (entre os funcionários que chegam ao topo de seu *métier* e de sua carreira, por exemplo), mas em que a aplicação desenvolve o conhecimento acerca dos meios que poderiam ser mobilizados para melhorar essa instrumentação. Essa fase 3 é, portanto, aquela dos usos reflexivos, isto é, dos usos que levam os usuários a construírem um ponto de vista sobre a instrumentação: suas forças, suas fraquezas, suas possíveis melhorias, etc. Esses usos reflexivos produzem, por sua vez, usos emergentes, ou seja, usos da instrumentação que não tinham sido previstos quando da sua concepção. Assiste-se aí claramente a uma re-concepção dos conceitos da instrumentação por conta de seus usuários. Diante dessa re-concepção, os primeiros conceptores podem adotar três comportamentos diferentes:

- considerar esses usos emergentes, não previstos, como um desvio da instrumentação e como práticas que devem ser restringidas;
- considerar esses usos emergentes como um problema (teria sido mais eficaz antecipá-los desde a concepção da instrumentação), mas que exige uma resposta, ou seja, uma transformação da instrumentação para limitá-los;
- considerar que esses usos emergentes são, não apenas inevitáveis (pois não é possível conceber uma instrumentação que preveria todas as situações e que responderia a elas perfeitamente), mas, sobretudo, um enriquecimento da instrumentação empregada. São a prova de que essa instrumentação foi bem integrada às práticas profissionais dos funcionários e que convém, portanto, tirar proveito destas últimas para tornar a instrumentação mais adequada.

A resposta dada pelos conceitualizadores iniciais aos usos emergentes, não previstos, da instrumentação constitui a 4ª fase da vida dessa instrumentação.

7.4.5. Fase 4: As modificações na instrumentação da gestão

Considerando a diversidade das atitudes que os conceitualizadores iniciais da instrumentação podem tomar em relação a esses usos emergentes, é necessário subdividir essa fase 4 em três subfases distintas. Cada uma dessas subfases corresponde, na verdade, à maneira como os conceitualizadores iniciais da instrumentação saem da crise clássica da relação de prescrição com a qual são confrontados, uma vez que alguns atores questionam os procedimentos que lhes são atribuídos, bem como o papel que se espera que desempenhem.

A *fase 4a* corresponde ao comportamento relativamente comum dos gestionários e das direções para sair da crise da relação de prescrição. Eles têm dificuldade em reconhecer a validade das aprendizagens realizadas pelos funcionários quando do uso da instrumentação. Consideram, portanto, esses usos emergentes como desvios e transgressões da instrumentação que será sancionada. A consequência dessa conduta foi mencionada anteriormente: vê-se uma desconexão entre a atividade real dos funcionários (eles não usam a instrumentação para guiar sua ação) e a vida da instrumentação (eles simulam seu uso). Concretamente, essa situação é vista de maneira recorrente no campo das entrevistas anuais de avaliação das competências individuais. Não é muito frequente que as direções consigam, em um campo tão sensível, levar em conta os usos emergentes não previstos de procedimentos da instrumentação por parte dos funcionários. Constatando que é difícil conseguir que cada funcionário realize uma entrevista anual, preferem impor aos supervisores um índice de retorno dos formulários de entrevistas junto ao RH a tentar identificar as causas desse desafeto. Esse controle quantitativo das entrevistas não leva necessariamente os supervisores a usarem realmente os referenciais de competências para fundar suas avaliações anuais. Em contrapartida, isso os leva, de um modo muito seguro, a tirar o sentido da entrevista usando diferentes artifícios (copiar o que havia sido dito sobre fulano no ano passado, reenviar o formulário, mesmo que a entrevista não tenha ocorrido, etc.). Assiste-se, portanto, a uma completa desconexão entre a instrumentação e a atividade real dos supervisores e dos funcionários.

A *fase 4b* corresponde também a uma atitude relativamente frequente dos gestores. Ela ocorre periodicamente após alguns anos de disfunção do tipo *fase 4a*. Constatando a não conexão entre a instrumentação e a atividade real dos funcionários, os responsáveis RH decidem recomeçar a instrumentação para dar conta dos usos emergentes (nos quais, em geral, predomina a forma de críticas) e tentar rearticular instrumentação e atividade real. Essa fase pode, em um primeiro momento, permitir propor uma instrumentação cuja aplicação é mais satisfatória, porque, de uma certa forma, resolve a crise da relação de prescrição, reconhecendo a validade de certos usos emergentes e integrando-os à nova versão da instrumentação. Porém, mais frequentemente, essa melhora é de curta duração.

As dificuldades para gerar uma melhoria sustentável nessa *fase 4b* tem origem na forma da revisão da instrumentação, pois, de fato, essa revisão é restrita à metade do trabalho: re-concebe-se novamente o suporte técnico mas sem revisar novamente os argumentos, conceitos e procedimentos. Como constatamos anteriormente, esses quatro componentes da instrumentação são sistematicamente articulados e estabelecem uma forte coerência entre si. Re--conceber novamente um desses elementos sem modificar os demais, acaba por negar a sua articulação intrínseca e explica a dificuldade que as instrumentações encontram em achar um segundo fôlego, se revisadas parcialmente.

A *fase 4c* é, de longe, a mais rara. Consiste em considerar os usos emergentes não como um problema, mas como uma fonte de enriquecimento das instrumentações e que deve prever, em função desses usos, uma verdadeira revisão global da instrumentação (argumentos, conceitos, procedimentos e suportes) a fim de articulá-los entre si. Trata-se, finalmente, de não desprezar o retorno reflexivo que os funcionários fazem acerca da instrumentação e utilizar esse retorno para melhorá-la. Essa atitude é pouco comum por várias razões que se sobrepõem.

Primeiramente, como observamos, a distinção entre concepção e execução não leva a considerar a aplicação como uma oportunidade de revisão. É mais difícil, portanto, considerá-la dessa maneira. Em segundo lugar, deve-se considerar que essa revisão muito raramente apresenta uma dimensão leve ou superficial. Os funcionários não se contentam em discutir alguns pontos de competências individuais, cortar alguns e interpretar outros. Por meio dos usos emergentes, eles vão em busca de uma redefinição dos conceitos e dos argumentos da instrumentação e, então, redefinem os papéis que os atores deviam desempenhar para que essa instrumentação funcione. Em outras pa-

A DINÂMICA DAS INSTRUMENTAÇÕES DE GESTÃO PELAS COMPETÊNCIAS **169**

lavras, a re-concepção proposta pelos funcionários não se limita a um simples *lifting* dos suportes da instrumentação. Trata-se em geral de uma completa revisão da instrumentação. Essa revisão implica, especialmente, uma retomada da heterogeneidade de compreensões/apropriações inicialmente presentes na fase de instrumentação (e que haviam sido apagadas na etapa de sistematização).

Essa tarefa, além de árdua, não é facilmente "digerida" pela direção geral ou pela direção de RH (que, a partir de então, passam a não ser os únicos construtores dos conceitos da instrumentação de gestão na empresa). Finalmente, é preciso acrescentar que as instrumentações de gestão, tais como são pensadas e construídas atualmente, não facilitam nem os usos emergentes, nem sua identificação, nem sua integração em uma instrumentação reconcebida. A produção de usos emergentes tende a ser rara e não programada. É provável que a própria forma das instrumentações deve ser repensada se um dos objetivos for valorizar seus usos emergentes.

Considerando essas dificuldades, os dirigentes tendem a criar uma verdadeira "colcha de retalhos", acrescentando novas partes, sobrepondo instrumentações umas às outras e não revisando, de forma abrangente e integrada, uma instrumentação pré-existente. A vida das organizações é repleta de instrumentações que deixaram, há muito tempo, de influenciar o comportamento dos funcionários (o que é seu objetivo, no entanto). Elas são sedimentadas nos estratos da organização e regularmente substituídas por novas instrumentações. A re-concepção predominante nas empresas visa construir uma nova instrumentação e não reconfigurar a que já existia.

7.5. CONCLUSÃO

Ao mobilizar a literatura acerca dos instrumentos de gestão, mostramos que sua análise era delicada, pois esses objetos são "intangíveis" e por isso se tende, sistematicamente, a negligenciar seus efeitos sobre as organizações. Ao caracterizá-los como construções sociais, pudemos atenuar essa intangibilidade e considerar que os instrumentos de gestão articulam conteúdos e processos. Como a literatura não propõe explicitamente um princípio dinâmico que permita explicar o desenvolvimento desses processos, propusemos usar o conceito de relação de prescrição para explicar a diversidade dos usos de uma mesma instrumentação de gestão em função dos indivíduos, dos contextos, etc.

Essa abordagem analítica e esse princípio nos permitiram, num segundo momento, identificar diferentes fases na vida de uma instrumentação de gestão voltada à competências individuais ou coletivas, empregada neste artigo como ilustração desse processo. Estas fases de vida contribuem para a explicação do fenômeno de esgotamento que algumas dessas instrumentações têm apresentado. De fato, aparentemente, as instrumentações que se mostram incapazes de levar em conta os usos emergentes da instrumentação dos quais são objeto parecem estar mais ameaçadas pelo esgotamento da instrumentação de gestão empregada. Por outro lado, aquelas que teriam previsto um sistema de informação que viabilizasse o acompanhamento e a apropriação desses usos emergentes e que, por isso mesmo, teriam previsto desde o início uma revisão completa (e não apenas de seus suportes formais), deveriam ser capazes de evitar esse esgotamento.

Para ser validada, essa grade de análise deve ser testada em diferentes instrumentações de gestão como, por exemplo, nas orientadas para competências, ou mesmo em outros tipos de instrumentações.

NOTAS

1. A gestão do conhecimento (do inglês *knowledge management*) talvez esteja se tornando um dos instrumentos capazes de rivalizar com a gestão por competências.
2. Gostaria de agradecer especialmente a Christian Defélix e a Anne Dietrich por seus conselhos bibliográficos e redacionais que permitiram melhorar este texto.
3. Obra não traduzida para o português cujo título original é *Une technologie invisible? L'impact des instruments de gestion sur l'évolution des systèmes humains.* (N.T.)
4. Agência nacional francesa para a melhoria das condições de trabalho. (N.T.)
5. Ainda que muito esclarecedores sobre vários aspectos, não mencionaremos aqui os trabalhos de Moisdon (1997) nem do laboratório *Printemps* (Cuq, Sehili, Tripier, 2000). O trabalho de Moisdon trata pouco do conteúdo concreto dos intrumentos de gestão. Prefere distinguir tipos de instrumentos sem dar uma definição exata de seus conteúdos. Em contrapartida, a noção de "dispositivo de gestão", definida como um "conjunto diversificado e complexo de instrumentos, técnicas, regras, procedimentos, mas também de atores, discursos e representações e visões organizacionais", desenvolvida pelo laboratório *Printemps*, parece-nos muito próxima de nossas próprias propostas (Boussard, Maugeri, 2003).
6. O conceito de relação de prescrição se inscreve na continuidade da teoria da regulação conjunta desenvolvida por Jean-Daniel Reynaud (1989). Ele permite afinar a compreensão da maneira como os compromissos se constroem entre regulação autônoma e regulação de controle.
7. Esses porta-vozes dos trabalhadores podem ser, evidentemente, os próprios sindicatos (se a instrumentação é negociada), mas também até mesmo alguns funcionários, quando estes participam, por exemplo, dos grupos de redação dos referenciais. Sobre as dificuldades encontradas por esses diferentes porta-vozes para dar conta de sua ação e fixar seus objetivos, Oiry, 2004.
8. Vários colegas nos fizeram notar, com razão, que essa fase nem sempre existia na vida de todas as instrumentações de gestão. Apesar de sua relativa raridade, parece-nos necessário, no entanto, analisar essa fase.

REFERÊNCIAS BIBLIOGRÁFICAS

Akrich M., (1993), « Les objets techniques et leurs utilisateurs. De la conception à l'action », *Raisons pratiques*, n°4, pp.35-57.

Akrich M., (1998), « Les utilisateurs, acteurs de l'innovation », *Education permanente*, n°134, pp.79-89.

Akrich M., Callon M., Latour B., (1988a), « A quoi tient le succès des innovations ? 1 : L'art de l'intéressement », *Gérer et comprendre, Annales des Mines*, n°11, p.4-17.

Akrich M., Callon M., Latour B., (1988b), « A quoi tient le succès des innovations ? 2 : Le choix des porte-parole », *Gérer et comprendre, Annales des Mines*, n°12, p.14-29.

Berry M., (1983), *Une technologie invisible ? L'impact des instruments de gestion sur l'évolution des systèmes humains*, Ecole Polytechnique, Paris.

Boussard V., Maugeri S., (2003), *Du politique dans les organisations,* L'Harmattan, Paris.

Brochier D., Oiry E., (2002), « Dix ans de rémunération par les compétences à l'usine des Plastiques. Plaidoyer pour un pilotage des outils de gestion », *Revue de Gestion des Ressources Humaines*, n°45, pp.20-41.

Callon M., (1986), « Eléments pour une sociologie de la traduction. La domestication des coquilles Saint-Jacques et des marins-pêcheurs dans la baie de Saint-Brieuc », *L'année sociologique*, n°36, pp.169-208.

Crozier M., Friedberg E., (1977), *L'acteur et le système*, Seuil, Paris.

David A., (1998), « Outils de gestion et dynamique du changement », *Revue française de gestion*, n°120, pp.44-59.

Demailly L., (2000), « Les modes d'existence des techniques du social », *Cahiers internationaux de sociologie*, vol. CVIII, pp. 103-124.

DiMaggio P.J., Powell W.W, (1983), « The Iron Cage Revisited : Institutional Isomorphism and Collective Rationality in Organisational Fields », *American sociological review*, vol. XLVIII, n°147.

Estellat N., Oiry E., Trépo G., (2005), *L'appréciation annuelle du personnel : mirage ou oasis ?* Editions d'Organisation, Paris,.

Eyraud F., Jobert A., Rozenblatt P., Tallard M., (1984), *Les classifications dans l'entreprise : production des hiérarchies professionnelles et salariales*, Paris, Document Travail et Emploi, Ministère du Travail et de la formation professionnelle.

Gilbert P., (2003), « Jalons pour une histoire de la gestion des compétences » *in* Klarsfeld A., Oiry E., *La gestion des compétences : des outils aux processus*, Vuibert, Paris, pp.11-32.

Gilbert P., (1997), *L'instrumentation de gestion*, Economica, Paris.

Girin J., (1981), *Les machines de gestion*, Ecole Polytechnique, Paris.

Hatchuel A., Weil B., (1992), *L'expert et le système*, Paris, Economica.

Iribarne A. (d'), (2004), « La conception française du passage de la qualification à la compétence : trois proposition pour expliquer une vision de rupture – Préface » *in* Oiry E., *De la Qualification à la Compétence : rupture ou continuité ?,* L'harmattan, Paris.

Joyeau A. (2003), « Du « que changer » au « comment changer » : analyse de l'interaction entre gestion prévisionnelle des emplois et des compétences et changement organisationnel » *in* Klarsfeld A., Oiry E., *La gestion des compétences : des outils aux processus*, Vuibert, Paris, pp. 129-146.

Latour B., (1988, réed. 1995), *La vie de laboratoire. La production des faits scientifiques*, La découverte, Paris.

Louart P., (1995), *Succès de l'intervention en GRH*, Editions Liaisons, Paris.

Martin D. Ph., (2004), « Processus de décision instrumentée et dynamiques de l'action collective » *in* L'analyse des concepts (Dir. Ph. Robert-Demontrond), Edition Apogée, p.161-193.

Masson A., Parlier M., (2004), *Agir sur les démarches compétences*, Anact, Lyon, - en commande sur le site www.anact.fr.

Mayen P., Savoyant A., (1999), « Application de procédures et compétences », *Formation-emploi*, n°67, pp.77-92.

Midler C., (1986), « Logique de la mode managériale », *Gérer et comprendre*, n° 3, pp.74-85.

Moisdon, J.C., (1997), *Du mode d'existence des outils de gestion*, Seli Arslan, Paris.

Oiry E., (2004), *De la Qualification à la Compétence : rupture ou continuité ?*, L'harmattan, Paris.

Oiry E., Sulzer E., (2002), « Les référentiels de compétences : enjeux et formes », *in* Brochier D., *La gestion des compétences. Acteurs et pratiques*, Economica, Paris, pp.29-47.

Parlier M., (2004), *Actes du séminaire* « Dénomination des compétences et construction des référentiels de compétences », Paris, 13 et 14 Octobre.

Pichault F., (1993), *Ressources Humaines et changement stratégique. Vers un management politique*, De Boeck, Bruxelles.

Reynaud J.D., (1989), *Les règles du jeu. Régulation et action collective*, Paris, Armand Colin.

Segrestin D., (2004), *Les chantiers du manager*, Paris, Armand Colin.

Vatin F., (1987), *La fluidité industrielle*, Paris, Méridiens Klincksieck,.

Vinck D., (1995), *Sociologie des Sciences*, Paris, Armand Collin.

Zarifian P., (1999), *Objectif Compétence*, Liaisons sociales, Paris.

8

DO INDIVÍDUO AO TERRITÓRIO: O LONGO PERCURSO DA GESTÃO DE COMPETÊNCIAS

Christian Defélix
Ingrid Mazzilli

8.1. INTRODUÇÃO

Em 2007, o relatório Rouilleault, publicado pela Agência Nacional para a Melhoria das Condições de Trabalho (ANACT), na França, que realizou um levantamento das práticas relacionadas à obrigação trienal das empresas de negociar os dispositivos de gestão previsional dos empregos e das competências (GPEC), dedicou um capítulo inteiro à Abordagem Competência em Pequenas e Médias Empresas (PME), associando-a à perspectiva geográfica. Esse capítulo ampliava, portanto, a noção de competência para o ambiente territorial, noção inicialmente limitada ao perímetro de uma única empresa ou organização.

É possível associar gestão das competências e território? Nesse caso, duas noções devem ser distinguidas. A primeira é a da *gestão das competências individuais na escala de um território*: os associados a um sistema produtivo local, por exemplo, se organizam para desenvolver um projeto de formação a fim de satisfazer suas necessidades. Uma segunda noção se refere à *gestão de uma competência específica a um território*: os *clusters*; e, mais recentemente, os polos de competitividade reafirmam a vontade das regiões de promover uma especialização industrial ou tecnológica.

Gestão territorial das competências *vs.* gestão da competência territorial. No primeiro caso, geram-se competências individuais, mas em uma base geográfica ampliada; no segundo, não se gera mais a competência de indivíduos, nem mesmo a de uma empresa, mas a de um espaço que combina várias empresas ou organizações. Para além das palavras, qual é a realidade de uma e de outra atualmente? Por quais dispositivos ou instituições podem ser concretizadas? E como articular esses diferentes níveis, caso necessário?

Nossa proposta neste artigo é decifrar essa ampliação da gestão das competências às problemáticas territoriais. Buscaremos mostrar que, para além

174 COMPETÊNCIAS COLETIVAS

dos sinais que anunciam esse encontro entre as noções de competência e de território, as instrumentações e os dispositivos para sua gestão conjunta começam efetivamente a surgir.

8.2. A COMPETÊNCIA E O TERRITÓRIO: CRÔNICA DE UM ENCONTRO ANUNCIADO

Inicialmente ausente do vocabulário da gestão das competências, a noção de território entra em cena recentemente. Assistimos, na verdade, a um duplo movimento: por um lado, as práticas de gestão de competências ultrapassam os limites da empresa, por outro, o conceito de competência é mobilizado pelos atores ou pelos observadores dos territórios.

8.2.1. Práticas de gestão de competências que ultrapassam os limites da empresa

Várias razões se conjugam atualmente para explicar por que a gestão das competências individuais é considerada cada vez mais distante da fronteira jurídica tradicional do empregador. As modalidades concretas que emergem provêm principalmente da aquisição e da regulação dos recursos humanos.

8.2.1.1. Três fatores que suscitam a ampliação do campo de aplicação da gestão das competências

Se a gestão das competências individuais tem sido pensada no nível do território, é em razão das iniciativas conjugadas de três famílias de atores diferentes: as empresas, os sindicatos e os poderes públicos. As empresas, primeiramente, estão cada vez mais ligadas a situações de coatividade, cuja imagem emblemática é a dos setores automobilístico e aeronáutico; os pesquisadores teorizaram essas configurações sucessivamente em termos de subcontratação (Barreyre, 1968), depois, mais recentemente, em termos de rede de valor (Lecocq e Yami, 2002). Ultimamente, a coatividade é enriquecida por uma vontade crescente de coinovação: os projetos europeus, as alianças industriais e, mais recentemente, os projetos colaborativos em polos de competitividade levam à associação de competências que tem origem em organismos diferentes. Os polos de competitividade constituem, nesse sentido, verdadeiros trampolins para a realização de ações de GRH interorganizacionais. Esse é o caso, por exemplo, do processo de "empréstimo de mão de obra", o qual permite a uma PME beneficiar-se dos "conselhos de especialistas vindos de uma outra estrutura do polo de competitividade".

Um segundo ator que incita a ampliação do campo de aplicação da gestão de competências é o ator sindical. As organizações sindicais de assalariados e, em menor medida, aquelas de empregadores, demandam, de fato, a criação de uma iniciativa que pode ser denominada de "*flexicurité*", ou seja, a securitização da gestão dos percursos profissionais desenvolvidos em trajetórias interempresas, numa mesma rede de empregos (Pichault e Xhauflair, 2007). Nesse sentido, lembramos do lançamento, na França, de um projeto de modernização do mercado de trabalho ao longo de 2008 e a busca de um acordo nacional interprofissional relativo à modernização do mercado de trabalho.

O terceiro ator que contribui para a ampliação do campo de aplicação da gestão de competências é o ator público, ou antes o conjunto dos atores públicos que intervém nos territórios geográficos. Na França, a revisão constitucional de 28 de março de 2003 relançou o processo de descentralização, favorecendo o envolvimento das coletividades territoriais junto às empresas. As Câmaras de Comércio e da Indústria (Lambert, 2007), bem como os ramos profissionais (Asseraf e Chassard, 2006) visam a favorecer as cooperações interorganizacionais e a sustentar o desenvolvimento do "capital social" no seio da rede estabelecida. Essa cooperação deve ser mantida, em princípio, pelo "ator coletivo territorial", o qual é investido progressivamente de uma responsabilidade econômica, social e t'erritorial" (Bories-Azaeu et al., 2007).

8.2.1.2. As práticas de GRH em questão: aquisição e regulação dos recursos humanos

O conjunto das práticas de GRH pode ser analisado através de três grandes atividades: adquirir, estimular e regular (Defélix, 2003). A mobilização dos recursos humanos remete à avaliação e à retribuição das pessoas no trabalho. Esses processos permanecem associados à subordinação do assalariado a um empregador e não se prestam muito à mutualização, conforme as pesquisas de Martin (2007) sobre concentrações de empregadores.

Em compensação, ações de aquisição e de regulação de competências, associando várias empresas, já ocorrem atualmente. Quanto à aquisição de competências, pesquisas sobre sistemas produtivos locais, como a pesquisa apresentada em Soto-Maciel (2007), acerca do sistema desenvolvido no departamento de Ain, no leste da França, dedicado ao setor mecânico, mostram que são desenvolvidas ações combinadas de contratação de competências para as indústrias ali envolvidas. Outro exemplo é o do polo de competitividade Imaginove, na bacia lyonesa (Lyon, França), que coordena os esforços de seus membros para atrair competências de desenvolvimento e criação de *games* no território.

Por sua vez, a regulação dos recursos humanos, especialmente das competências, não fica atrás. A ambição relativa à segurança dos percursos profissionais citada anteriormente visa a permitir a um funcionário, que tenha competências particulares e que tenha deixado seu empregador inicial, poder empregá-las na mesma rede de empregos da região, mas para um outro empregador. A criação, em 2007, próximo de Grenoble (França), de um "polo de mobilidade regional" é testemunha da realidade resultante de um dispositivo interempresas que acolhe e acompanha os projetos profissionais de mobilidade ou de criação de atividade. Essa criação deve muito à mobilização de um polo de competitividade – Minalogic – que se sente comprometido com a

176 COMPETÊNCIAS COLETIVAS

necessidade de gerir as competências no âmbito do território e que, para isso, coloca em rede os indivíduos e os organismos associados. Esse polo pode ser visto como o herdeiro das ações de coordenação já empreendidas nas redes de empregos.

8.2.2. Um conceito de competência que se estende às dimensões do território

As práticas de gestão das competências individuais na escala do território começam a se tornar, portanto, uma realidade. No entanto, as competências até aqui tratadas nestes ambientes continuam no âmbito de competências de indivíduos. Mas, conforme observamos, o próprio conceito de competência tende a se estender ao território, como revelam sua aplicação pelos profissionais e a evolução dos conceitos.

8.2.2.1. Na perspectiva das práticas: uma crescente reivindicação por competências territoriais

A extensão do conceito de competência para as dimensões do território parece estar em voga atualmente nas práticas dos profissionais. Na verdade, as especializações econômicas históricas e tradicionais das cidades ou regiões francesas – a renda de Calais ou a porcelana de Limoges – cederam lugar hoje aos polos de competitividade. Essa configuração é oficialmente definida na França como uma combinação, em um dado espaço geográfico, de empresas, de centros de formação e de unidades de pesquisa públicas ou privadas que buscam trabalhar conjuntamente no seio de uma mesma estrutura a fim de identificar sinergias em torno de projetos comuns de caráter inovador, dispondo de massa crítica necessária para uma visibilidade internacional. *Minalogic*, um dos seis polos franceses de classe mundial, combina assim centros de pesquisa, universidades, grandes empresas e PME inovadoras, tanto no *software* lançado quanto em nanotecnologias. Essa combinação de recursos permite ao território de Grenoble-Isère ser mundialmente competitivo na área das soluções miniaturizadas inteligentes.

Não basta, porém, decretar a existência de polos de competitividade para que a competência territorial se torne *ipso facto* uma realidade. Essa competência territorial é encontrada se os recursos locais forem efetivamente identificados e combinados, o que apresenta dois grandes desafios na prática:

- *identificar* e, especialmente, mapear todos os recursos do território como os levantamentos de recursos e competências dentro de uma empresa (Javidan, 1998). Iniciativas começam a surgir para construir verdadeiros sistemas de informação territoriais, a exemplo da experiência feita na cidade de Sophia Antipolis (sul da França). Tais sistemas devem vencer dificuldades de vocabulário, mas, sobretudo, de retenção de informação, não sendo as empresas necessariamente inclinadas a revelar a todos o conjunto de seus recursos;

- *combinar* e, portanto, obter uma verdadeira cooperação entre atores que dispõem de vocabulários, representações e desafios diferentes, especialmente entre os setores público e privado (Defélix et al., 2006). As relações interorganizacionais são, desse modo, determinantes para o nascimento das competências-chave dos territórios (Mendez e Mercier, 2006).

8.2.2.2. Na perspectiva da teoria: um conceito de competência "elástico" abrangendo o espaço territorial

Essa reivindicação de uma competência associada aos territórios corresponde a uma transição semântica não justificada, ou pode ter um fundamento conceitual? Há coerência e pertinência em estender o conceito de competência, até então limitado aos indivíduos e às empresas, à dimensão de um território?

Trabalhos recentes preconizam a extensão do conceito da competência para um espaço interorganizacional. Uma primeira corrente teórica (Lawson, 1999, Mendez e Mercier, 2006), que faz referência à teoria dos recursos e competências, desenvolve a noção de "competências-chave dos territórios" (Mendez e Mercier, 2006). No entanto, essa expressão designa, para esses autores, não apenas um atributo do próprio território, mas a capacidade dos atores de estabelecer relações interorganizacionais, a partir das quais constroem ou renovam os recursos locais. Uma outra conceitualização é a de Retour, que sugere a expressão de "competência ambiental" (Defélix e Retour, 2007). Não se trata, porém, tanto da competência de um território, mas sim da capacidade que uma empresa pode ter de mobilizar competências que não domina em seu meio.

Defendemos aqui, todavia, a necessidade de pensar a competência especificamente territorial como diferente daquela mobilizada por atores ou empresas atuando num determinado território. Se, na verdade, a competência, segundo uma definição estabelecida, é uma combinação de recursos que permite a um ator enfrentar uma situação de trabalho (Everaere, 2000; Klarsfeld, 2000), não se poderia considerar esse ator como, não um indivíduo nem uma organização, mas uma configuração interorganizacional? Há, de fato, uma pertinência em designar a competência de uma cadeia de valor ou de uma cadeia de coatividade: não é somente a Renault que possui a competência de fabricar um carro, mas é o conjunto dos atores da rede de valor composta por Renault e seus sistemistas, que, combinando seus respectivos recursos, consegue alcançar esse objetivo. Nesse caso, propomos falar de competência interorganizacional como a capacidade de uma rede de empresas combinar seus diferentes recursos a fim de produzir um resultado conjunto.

Um caso particular dessa competência interorganizacional é, para nós, denominada de competência territorial. Nesse caso, os recursos são organismos públicos ou privados resultantes de uma proximidade geográfica e em interação uns com os outros. A definição que propomos da competência territorial é, portanto, a de uma combinação de recursos geograficamente próximos que permite ao território promover uma especialização competitiva. O próprio Porter insiste, ao definir os *clusters*, nessa combinatória de recursos: "empresas interconectadas, fornecedores especializados, provedores de serviços, firmas e indústrias relacionadas e instituições associadas (por exemplo, universidades, agências estandardizadas e associações comerciais), definindo um ambiente de competição, mas também de cooperação." (Porter, 1998, p. 78). Essa proximidade e essa interação podem originar-se de um processo industrial: a competência territorial de Saint-Nazaire, no oeste da França, é a capacidade de fabricar barcos, combinando os recursos de Aker Yards (grupo norueguês de construção naval com filial na França) e as centenas de cocontratados. Proximidade e interações podem ser suscitadas igualmente no contexto de projetos colaborativos, como em polos de competitividade.

Certamente, mesmo que o território possa ser definido como "uma organização que combina uma localização, uma herança cultural, um processo de apropriação do espaço por um grupo que tem consciência de uma identidade, de um processo de gestão, de manutenção e de autorreprodução" (Bailly et al., 1995, p. 253), resta uma certa imprecisão que pode ser associada à delimitação das fronteiras do território. Essa é mais construída do que dada, resultando das escolhas estratégicas dos atores: seus contornos são, então, evolutivos (Perrat e Zimmerman, 2003). O que conta é a existência e/ou a construção de interações, de combinações, de colaborações entre os recursos desses diferentes atores.

Por um lado, temos as ações territoriais de gestão das competências individuais e, por outro, temos uma reivindicação de competência territorial. Temos aí duas realidades desconectadas ou articuladas? Há, além dos discursos, práticas, ou mesmo instrumentações, que tentem associar o indivíduo e o território através da gestão de competências? A análise de trabalhos em andamento em dois polos de competitividade vai nos permitir entender melhor essas questões.

8.3. PROVA DOS FATOS: A EMERGÊNCIA DOS DISPOSITIVOS QUE ARTICULAM COMPETÊNCIAS INDIVIDUAIS E TERRITORIAIS NO INTERIOR DOS POLOS DE COMPETITIVIDADE

Consideremos dois polos de competitividade, utilizando uma base de informações obtida sob a forma de entrevistas semidiretas[1] e nos apoiando em fontes secundárias.[2] O primeiro, Arve-Industries, é um polo montado em torno da usinagem complexa e da mecânica de precisão. Ele visa a, simultaneamente, fazer com que empresas de subcontratação evoluam para novas formas organizacionais, utilizando para isso a integração de competências novas a fim de conceber, a médio prazo, produtos mais complexos. O segundo polo, que chamaremos Nouv'Tech, é um polo totalmente voltado para o futuro com o desenvolvimento de novas tecnologias. Esses dois polos de competitividade desenvolvem, de fato, dispositivos que articulam, de forma diferente, as competências individuais e a competência territorial, cujo exame revela que sua articulação deve ser consolidada.

8.3.1. *Arve-Industries* e *Nouv'Tech*: dois percursos de articulação

Arve-Industries, polo de competitividade francês, reúne, atualmente, mais de 250 atores do território *haut-savoyard* (sudeste da França), dos quais 237 são empresas. Nouv'Tech, polo de dimensão mais regional, reúne igualmente mais de 200 parceiros. Ao passo que o primeiro visa ao desenvolvimento da competência do setor e do território através de uma melhor gestão das competências individuais, o segundo busca desenvolver novas competências individuais para construir, o mais rapidamente possível, uma competência territorial.

8.3.1.1. *Arve-Industries: como a defesa de uma competência territorial leva a gerir melhor as competências individuais*

Arve-Industries, na região de Haute-Savoie Mont-Blanc (França), enquanto polo de competitividade, difunde e defende a competência do vale da Arve e da região de Haute-Savoie em matéria de subcontratação mecânica (especialmente de torneamento[3]) e de evolução para a mecatrônica.[4] Esse polo é o herdeiro de uma longa tradição de especialização industrial na região de Haute Savoie, caracterizada por cooperações informais a exemplo dos distritos industriais italianos. Ele conta, entre as ações realizadas, com um projeto de gestão do capital humano, chamado *Talentos 2010*, desenvolvido para resolver problemáticas urgentes de contratação, de fidelização e de gestão dos funcionários.

Esse projeto nasceu no início de 2007, depois de uma reflexão feita por vários atores locais, dentre os quais o polo de competitividade Arve-Industries e atores institucionais.[5] Ele comporta dois eixos. Diante das dificuldades das empresas na contratação de *métier* para realizar os serviços de torneamento, o primeiro eixo reforça a atratividade desse *métier* e das empresas de subcontratação mecânica locais. Trata-se de desenvolver ações de comunicação e de *marketing* para a valorização e a promoção da imagem dos *métiers* em tornearia e das próprias empresas industriais, cujo objetivo poderia ser definido da seguinte maneira: "fazer evoluir (ou até mesmo construir) a imagem a fim de contratar mais". Um segundo eixo propõe um trabalho de gestão previsional, progressivo, iniciando, em um primeiro momento, com dez empresas. Nesse processo, o projeto *Talentos 2010* presta um apoio para a realização da gestão previsional dos empregos e competências (GPEC) com uma atividade de nove dias de conselho e acompanhamento. A partir dessa ajuda à GPEC, o projeto pretende estimular a transição da abordagem "empresa" para uma abordagem "polo", isto é, para uma Gestão Territorial de Empregos e Competências (GTEC).

A coleta de informações necessárias para a GTEC é baseada em duas fontes: de um lado, as GPEC das 10 primeiras empresas voluntárias; de outro, uma coleta de informações mínima realizada nas outras empresas do polo.

180 COMPETÊNCIAS COLETIVAS

No outono de 2008, cerca de 30 empresas já haviam sido objeto dessa coleta. Um mapeamento dos empregos está, assim, sendo construído. Esse dispositivo oriundo de dados da GTEC permitirá, com o tempo, obter uma visão qualitativa e quantitativa das necessidades de emprego no setor a fim de trazer pistas de reflexão sobre a adaptação dos dispositivos de formação propostos.

No caso do vale da Arve, a noção de competência territorial já pré-existia à ação descrita acima, na medida em que as diferentes PME já cooperavam na perspectiva de uma especialização territorial. Mas o que o polo de competitividade permite é um reforço dessa cooperação, por meio de um agente novo: os recursos humanos. Os atores locais buscam assim defender e organizar essa competência territorial, lançando esse duplo trabalho de gestão das competências individuais: a articulação entre o território e o indivíduo é feita aqui através de uma ajuda ao fornecimento e de um acompanhamento com base na GPEC.

8.3.1.2. Nouv'Tech: como um trabalho com competências individuais ambiciona uma nova competência territorial

O polo de competitividade Nouv'Tech não reivindica tanto a preservação do existente, mas, sobretudo, a preparação do futuro. Sua ambição é "desenvolver novas tecnologias". Essa região reivindica deter "características próprias do tecido industrial dessas tecnologias" e diz concentrar, na França, "a grande maioria dos industriais desse setor. Em uma perspectiva de desenvolvimento ambiciosa, visando a favorecer as colaborações entre industriais e centros de pesquisa no espaço do perímetro do polo Nouv'Tech, (as zonas da região) contribuirão para estruturar a cadeia de desenvolvimento dessas novas tecnologias a fim de permitir que o polo adquira, com o tempo, uma dimensão mundial.[6]" De acordo com a Agência de Desenvolvimento Econômico da região, essas novas tecnologias representam, no conjunto industrial, quase 500 empregos na pesquisa, 900 estudantes no ensino superior e 10.000 empregos na indústria.

O responsável pelo projeto *Emprego-Competências-Formação* do polo Nouv'Tech formula sua convicção na possibilidade dessa competência territorial da seguinte forma: "Em termos de competências, de redes de transporte, de recursos, tudo está aí: indústrias, centros técnicos, centros de pesquisa, maturidade das políticas de direita e de esquerda, sensibilidade da população local sobre o assunto, etc. O melhor exemplo disso é que se você oferece vaga para uma formação em tecnologias na região, você se depara com uma fila de 300 metros; já na Île-de-France (grande região envolvendo Paris), você não vê ninguém!" Com tantos recursos assim identificados, o polo de competitividade Nouv'Tech realizou uma enquete prospectiva junto a 2.000 empresas, na França, sobre seu projeto de reconversão para essas novas tecnologias. O polo promove, assim, a especialização competitiva da região que, a partir de então, se apresenta como referência no assunto.

Além disso, a Nouv'Tech lançou, no verão de 2007, um dispositivo de gestão das competências individuais sobre o território da região: o projeto *Emprego-Competências-Formação*. O objetivo desse projeto é "favorecer o encontro dos atores do emprego e da formação, a fim de adequar, de um lado, a demanda das competências dos atores econômicos e, de outro, a oferta de formação, vencendo os desafios tecnológicos de hoje e de amanhã". O projeto visa, sobretudo, a estabelecer um mapeamento das formações relativas a essas novas tecnologias sobre o território a fim de poder quantificar e qualificar a capacidade de criação de competências individuais no assunto. Essas informações estarão colocadas num portal em que os centros de formação (contínua e padrão, privada e pública) poderão indicar as formações que serão oferecidas.

Ao contrário do polo anterior, o polo Nouv'Tech não visa a preservação de uma competência territorial já existente, mas a sua construção, estimulando e reunindo os recursos existentes. Ele se apoia, para tanto, em ações de gestão das competências individuais que visam, certamente, a produzir as competências de amanhã, mas também a reforçar mais a rede de atores. Vemos, aqui, mais do que ações de gestão das competências individuais. Além das competências coletivas desenvolvidas no quadro de projetos de pesquisa em colaboração, vemos o ator territorial, que é o polo de competitividade, organizando interações e redes próprias para desenvolver especialmente as competências coletivas.

8.3.2. Uma articulação nascente entre competências individuais e territoriais a ser consolidada

Não dispomos ainda de uma avaliação nem de resultados para os dispositivos que acabam de ser descritos, pois são de caráter muito recente. Porém, desde já, tanto no caso de Arve-Industries como no de Nouv'Tech, a articulação é construída considerando competências individuais e territorial. Essa articulação emergente deve ser, no entanto, consolidada, buscando vencer alguns obstáculos.

8.3.2.1. Uma articulação em construção

Três fatores de elo ou de articulação parecem atuar nos dois casos estudados. O primeiro é a divulgação dos recursos. O polo Arve-Industries busca identificar as fontes locais de mão de obra, enquanto o Nouv'Tech busca fazer um mapeamento das formações disponíveis. Esse foco dado aos recursos revela melhor o potencial do território e, desse modo, legitima sua capacidade de combinar seus recursos.

O segundo fator de articulação é a criação de redes de atores. Um território não passa de uma constelação heterogênea se os diferentes atores – escolas, laboratórios, empresas, etc. – não trabalharem juntos. É precisamente nessa lógica de "clusterização" que os polos de competitividade acreditam construir seu valor acrescentado. O Nouv'Tech visa a reunir todos os atores envolvidos na questão do emprego no território ligado a essas novas tecnologias: industriais, organismos de formação, atores do emprego e responsáveis territoriais. O Arve-Industries, por sua vez, busca a colaboração das indústrias de torneamento por meio, não de trocas técnicas, culturalmente difíceis, mas de ações de contratação, mais legítimas nesse caso.

O terceiro fator de articulação são os próprios dispositivos de formação. Uma escola, um instituto técnico ou uma universidade produzem, claro, competências individuais formando e diplomando indivíduos. Mas, dependendo de seu papel, sua influência e sua longevidade, esses programas podem moldar uma região e contribuir para lhes aportar uma especialização econômica. No território de Isère (sudeste da França), a antiga especialização industrial de papelaria era acompanhada por uma escola de engenheiros correspondente; na era das nanotecnologias, o Instituto Politécnico de Grenoble instala uma de suas escolas no seio do polo *Minatec* e orienta seus professores de maneira coordenada.

8.3.2.2. *Uma articulação a ser consolidada por verdadeiros dispositivos*

Embora cada um dos atores expresse o interesse de unir ações de gestão referentes às competências individuais e territoriais, a articulação que acabamos de descrever encontra-se em fase experimental. Seu desenvolvimento depende da superação de várias limitações.

Um primeiro obstáculo é o de que os organismos ou instituições que demonstram preocupação com a gestão de competências individuais não são de mesma natureza daqueles focados nas competências territoriais. Portanto, constróem expectativas de resultados que não convergem inteiramente. Qual entidade, então, é efetivamente legítima para realizar essa articulação? O polo Nouv'Tech é puxado pela locomotiva dos organismos de formação, mas trabalha ainda para convencer todos os parceiros industriais: "Os territórios, sobretudo suas agências econômicas, vendem muito bem a imagem das novas tecnologias desenvolvidas na região, e o número de empresas que se instalam nesse setor não é desprezível. Quanto aos organismos de formação, todo o mundo "percebe" que há algo a ser feito sobre essas tecnologias, mas o grau de maturidade é desigual. O mundo associativo está muito implicado e é muito inovador. [Mas] são muito poucos os industriais que percebem o desafio... Muitos nem mesmo se perguntam se estarão ali daqui a vinte anos."

Um segundo obstáculo reside na pobreza da instrumentação disponível. Se a gestão das competências individuais já consegue equipar-se com referenciais, métodos de avaliação de competências e suportes de avaliação, a gestão da competência territorial permanece no campo da intuição. Na linha dos trabalhos de Javidan (1998), que propõe um percurso ordenado de levantamento dos recursos, capacidades e competências dentro de uma organização, falta hoje um método similar que articule, progressivamente, os tijolos de base, as competências individuais, com as competências organizacionais a fim de compor competências territoriais. É provavelmente por projetos colaborativos que se pode avançar, mesmo que de modo experimental, numa metodologia que articule os saberes dessas diferentes dimensões, aportados pelos diferentes parceiros do polo.

Finalmente, um terceiro obstáculo diz respeito aos próprios sistemas de gestão. Uma articulação fluida e completa entre competências individuais e uma competência territorial supõe que uma competência individual seja reconhecida e valorizada da mesma maneira sobre todo o território, e que possa, então, "transitar". Os esforços recentes para desenvolver polos de mobilidade regionais específicos para apoiar as mobilidades intra e intersetoriais seguem nesse sentido, embora constituam dispositivos ainda experimentais atualmente.

8.4. CONCLUSÃO

Observadores experientes de gestão das competências notaram que as produções relativas à competência individual e à estratégica haviam se construído sem articulação entre si e praticamente sem ligações tangíveis (Aubret et al., 2002). Corre-se o mesmo risco com a gestão das competências individuais em relação às territoriais? Nada é mais incerto no momento em que os polos de competitividade, que encarnam essa gestão da competência territorial, são oficialmente responsáveis por constituírem "motores de crescimento e de emprego" em determinadas regiões e, portanto, de forma subjacente, por desenvolverem também as competências individuais específicas a cada um dos polos. Ocorre que a trajetória de construção desta instrumentação ainda está em fase de decisão. O desafio nesse campo não é tanto o da construção teórica, mas o da produção de métodos e dispositivos. O futuro dirá, sobretudo, se os polos de competitividade podem conduzir os territórios a desenvolver competências de natureza diferente daquelas dos sistemas produtivos locais ou de outros *clusters*. A hipótese que pode ser formulada nesse sentido é a de que a natureza institucional dos polos leva a uma criação de rede ampliada e permite combinar também recursos de atores públicos.

Atualmente, surgem iniciativas para levar isso adiante. Uma proposição do Ministério da Economia da França, através de um chamado de ofertas intitulado "Capital Humano", convoca industriais para desenvolver métodos que aproximem as necessidades em competências no território. Essa é uma oportunidade para criar verdadeiros dispositivos que identifiquem as competências individuais disponíveis e assinalem com quais "tijolos" de competência territorial cada ator pode contribuir realmente. Os atores responsáveis pela gestão de Recursos Humanos nas empresas e nos serviços públicos têm um papel potencial a desempenhar nessa reflexão e nessa experiência a fim de desenvolver tais intermediações. Nesse sentido, é preciso que esses atores conquistem legitimidade para intervirem além da esfera de sua organização de origem. Trabalho não falta. O longo percurso da gestão das competências entre indivíduo e território, provavelmente, está apenas começando.

NOTAS

1. A fim de desenvolver este capítulo, entrevistamos os consultores encarregados do dispositivo de gestão territorial dos empregos e das competências de Arve-Industries, um encarregado de missão do pólo Nouv'Tech, uma responsável pelos recursos humanos e um consultor responsável pela criação do pólo de mobilidade regional associado ao

184 COMPETÊNCIAS COLETIVAS

departamento de Isère (sudeste da França). O entrevistado no pólo de competitividade Nouv'Tech nos solicitou que sua identidade não fosse mencionada.

2. Documentos fornecidos pelos pólos e artigos citados mais adiante.

3. A atividade de torneamento designa "a fabricação de peças diversas (parafusos de porca, rodelas, tampas, eixos, peças de revolução, etc.), de pequeno diâmetro, obtidas em uma torre paralela, semi-automática ou automática, usinando-as diretamente umas seguidas das outras em uma barra de metal" (Enciclopédia Larousse).

4. A mecatrônica é uma "técnica industrial que consiste em usar simultaneamente, e em simbiose, a mecânica, a eletrônica, a automação e a informática para a concepção e a fabricação de novos produtos" (Enciclopédia Larousse).

5. O *Syndicat National du Décolletage* (SNDEC), o *Centre Technique de l'Industrie du Décolletage* (CTDEC) e a *Chambre Syndicale de la Métallurgie* (CSM).

6. Conforme o *site* da Internet do pólo de competitividade.

REFERÊNCIAS BIBLIOGRÁFICAS

ASSERAF G. et CHASSARD Y. (2006), «Promouvoir la mobilité sur le marché du travail», *Horizons stratégiques,* n° 2, p. 76-85.

AUBRET J., GILBERT, P. et PIGEYRE F. (2002), *Management des compétences. Réalisations, concepts, analyses,* Dunod, 2002.

BAILLY et al. (1995), *Représenter la ville,* Paris, Economica, 1995.

BARREYRE P.-Y. (1968), *L'impartition. Politique pour une entreprise compétitive,* Paris, Hachette.

BORIES-AZEAU I., LOUBES A., FABRE, C. (2007), «Un nouveau modèle d'anticipation sociale des restructurations: l'action collective dans le cadre d'un réseau d'entreprises», *Actes du XVIIIe congrès de l'AGRH,* Fribourg, Suisse, 21 p.

DEFELIX C. (2003), «Ce que gérer les compétences veut dire», *in* GUENETTE A.-M., ROSSI M. et SARDAS J-C. (éd.), *Compétences et connaissances dans les organisations,* SEES et Revue Economique et Sociale, p. 121-128.

DEFELIX C., CULIE J.-D., RETOUR D. et VALETTE A. (2006), «Les pôles de compétitivité, laboratoires d'innovation en ressources humaines ?», *Revue française de gestion industrielle,* vol. 25, n° 3, p. 69-86.

DEFELIX C. et RETOUR D. (2007), «Gérer les compétences dans les organisations : bilan et défis pour les années 2000», in LE BERRE M. et SPALANZANI A. (coord.), *Regards sur la recherche en gestion. Contributions grenobloises,* Paris, L'Harmattan, p. 119-133.

EVERAERE C. (2000), «La compétence: un compromis multidimensionnel fragile», *Gestion 2000,* n° 4, juillet-août, p. 53-71.

JAVIDAN M. (1998), «Core competence: what does it mean in practice?», *Long Range Planning,* vol. 31, n° 1, p. 60-71.

KLARSFELD A. (2000), «La compétence, ses définitions, ses enjeux», *Gestion 2000,* n° 2, mars, p. 31-47.

LAMBERT C. (2007), «L'interface entre entreprise et territoire: un nouveau métier pour les chambres de commerce et d'industrie?», *Cahiers du CEREN,* n° 19, p. 5-19.

LAWSON C. (1999), «Towards a competence theory of the region», *Cambridge Journal of Economics,* n° 23, p. 151-166.

LECOCQ X. et YAMI S. (2002), "From value chain to value networks : toward a new strategic model", *in* LUNDAN S. M. (éd.), *Network Knowledge in International Business,* Cheltham, Edward Elgar, p. 9-27.

MARTIN D. (2007), «Relation d'emploi et mutualisation des ressources entre entreprise d'un même territoire: le cas des pratiques de rémunération des groupements d'employeurs», *in* BERTHE B. (coord.), Travailler dans un groupement d'employeurs, Presse Universitaire de Rennes, p. 121- 141.

MENDEZ A. et MERCIER D. (2005), «Trajectoires territoriales et 'empreinte' de l'histoire: le cas de Grasse et de la Ciotat en région PACA», *Géographie, Economie, Société,* n° 7, p. 347-363.

MENDEZ A. et MERCIER D. (2006), «Compétences-clés des territoires. Le rôle des relations interorganisationnelles», *Revue française de gestion*, n° 164, p. 253-275.

PERRAT J. et ZIMMERMAN J.-B. (2003), «Stratégie des firmes et dynamiques territoriales», *in* DUPUY C. et BURMEISTER A. (coord.), *Entreprises et territoires, les nouveaux enjeux de la proximité,* Les Etudes de la Documentation Française, p. 15-32.

PICHAULT F. et XHAUFLAIR V. (2007), «La flexicurité revisitée à l'aune des pratiques effectives», *Actes du XVIIIe congrès de l'AGRH*, Fribourg, Suisse, 16 p.

PORTER M. (1998), "Clusters and the new economics of competition", *Harvard Business Review*, vol. 76, n° 6, p. 77-90.

ROUILLEAULT H. (2007), "Au-delà de l'obligation triennale, la GPEC dans les PME, les branches et les territoires", in *Anticiper et concerter les mutations: rapport sur l'obligation triennale de négocier le dispositif de gestion prévisionnelle des emplois et des compétences,* Paris, Ministère de l'Economie, des Finances et de l'Emploi – La Documentation française, p. 139-172.

SOTO-MACIEL A. (2007), *Constitution du capital social des dirigeants de PME dans un SPL. Le cas Mecabourg,* thèse de doctorat en sciences de gestion, Université Lyon III.

ÍNDICE

Instrução: "CC" refere-se à expressão "competência(s) coletiva(s)"; "CE", à "competência(s) estratégica(s)"; "CI", à "competência(s) individual(ais)" e "CO", à "competência(s) organizacional(ais)".

A

ACAT, empresa
estudo de caso envolvendo duas CC, 59-78
Aprendizagem e competência coletiva, 83-100
CC, identificação e definição, 83-86
CC, CI e CO, relações, 84-85
compreensão da aprendizagem organizacional, 85-86
o coletivo, 84
em um serviço hospitalar, 87-97
limites da aprendizagem coletiva e da CC, 95-97
modos de aprendizagem, 91-94
"seniorização" como processo principal, 91-92
formais não preponderantes, 93-94
mobilização de múltiplos atores, 93
o trabalho no SAL, 87-91
gestão dos fluxos e trabalho coletivo, 88
grupo de trabalho, 88-90
papel central dos internos, 90-91
resultados da aprendizagem, 94-95
tipo de competência produzida a partir de, 97-100
Atributos, 53-54, 65-69, 72-78, 144-145

B

Batiscop, empresa de construção civil
estudo de caso envolvendo estratégia e competências, 138-141

C

Capital humano *ver* Competências, articulação das
Capital social *ver* Competências, articulação das
Competência coletiva, 4-6, 49-79, 83-100
como elo-chave da gestão das competências, 49-79
estudo de duas CC, 59-78
empresa ACAT, 59-78
apresentação, 60-62
CC intergrupo, 69-78
interpretação dos atributos e das fontes, 72-78
processo "realizar", 69-71
CC intragrupo (engenheiros), 63-69
compreender, formular e responder aos clientes, 63-65
interpretação dos atributos e das fontes, 65-69
metodologia, 62-63
gestão das CC, 54-59
fontes, 54-58
organizações, 56-58
composição das equipes ou dos coletivos de trabalho, 56
estilo de administração, 57
interações formais, 56
propulsores de CC associados à GRH, 57-58
pessoas, 54-56
capital das CI, 54-55

cooperação, 55-56
interações afetivas, 55
relações informais, 55
resultados esperados, 58-59
tabela de leitura das CC, 50-54
atributos, 52-54
engajamento subjetivo, 54
linguagem compartilhada, 53
memória coletiva, 53
referencial comum, 52-53
definições, 51-52
Competência estratégica, 3-20, 28-33
Competência individual, 3-20, 28-33, 83-100
Competência organizacional, 3-20
Competências, articulação das, 3-20
e teoria dos recursos e do capital social, 3-20
articulações possíveis, 18-20
capital humano e CI x capital social e CC, 16-18
capital social, 12-13
como recurso individual, 12-13
sob formas coletivas, 12-13
capital e ciências da administração, 13-15
CO, fundamentos empíricos, 8-10
e capacidade de coordenação e de ação coletiva e CI, 8-9
e limitação dos individualismos e estímulo à cooperação, 9-10
rotinas organizacionais, 8, 10
definições e objetivos, 3-6
noções de capital humano e social, surgimento das, 10-12
noções de CO e CE, surgimento das, 6-8
teoria dos recursos e teoria do capital social, relações, 15-16

E

Engajamento subjetivo, 54, 60, 66-67, 70, 74-75, 78, 79, 143
Estratégia, 131-152
estudo de caso em cooperativa de construção civil, 131-152
análise e discussão, 141-151
CC, 143-148
administração das expectativas individuais, 148
aprendizagem individual, coletiva e organizacional, 150
atributos, 144-145
autonomia, 150
capacidade de aprender e de construir, 144
capacidade de cooperar, 144
capacidade de desenvolver a competência cognitiva, 143

capacidade de escuta e de respeito mútuo, 149
capacidade de iniciativa e de proposição de projetos, 143-144
capacidade de se comunicar com o exterior da empresa, 144
compartilhamento de ideias e visões, 149
CE, 141-143
CE e CC como uma "alquimia complexa", 149-151
contratação diversificada, 150
defesa da qualidade da oferta da empresa, 142
domínio da cadeia de comercialização dos serviços ofertados, 142
domínio interno de toda a cadeia da concepção de um canteiro de obras, 142-143
fatores de dinamismo organizacional, 147-148
flexibilidade nas relações sociais, 150
fontes, 145-147
formação, 151
forte comprometimento e responsabilidade das equipes de produção, 142
movimento cooperativo e valores, 151
participação em escolhas estratégicas, 151
processo de partilha, 149
questionamento contínuo, 150
verbalização, 150
empresa Batiscop, 138-141
coleta e tratamento dos dados empíricos, 141
escolhas metodológicas, 140
questões de pesquisa e implicações teóricas e metodológicas, 132-138
diálogo entre estratégia e RH, 133-138
leitura estratégica, 134-137
leitura RH, 137-138
vias de convergência, 138

F

Fontes de criação de competências, 54-58, 65-69, 72-78, 145-147

G

Gestão de projetos ver Organização por projetos

ÍNDICE 189

Gestão de recursos humanos (GRH), 25-43
  e modelagem das estratégias concorrenciais,
    25-43
  competência em GRH e em estratégia,
    25-28
  CI e CE, relações, 33-37
    fragilizadas pela volatilidade dos RH e
      pelo *turnover,* 37
    fronteira tênue entre as, 33-34
    mediatizadas pelas práticas e políticas
      de GRH, 34-36
    oportunizando efeitos-sistema, 36
  CI, CC, práticas de GRH e CE, 28-33
    capacidades dinâmicas, vetor de
      renovação e de
      integração das
      competências, 31-33
    intenção estratégica e escolha de políticas
      de RH, 28-31
    competências distintivas, 28
    intenção estratégica, 28
    políticas e práticas de GRH, 30
    RH, 31
    visão dos RH, 29
  contribuição das CC às CE, 37-40
    como elemento constitutivo, 38-39
    como incentivo de desenvolvimento, 38
    CC como reforço contra a imitação dos
      RH, 39-40
  teoria dos recursos, estratégias de
    externalização e impacto
    na segmentação das CI,
    40-42
  teoria dos recursos e segmentação dos
    RH, 40-41
  identificação das competências-chave,
    40
  CE e competências do ambiente, 42

I

Instrumentações de gestão, proposta de critérios
    de análise, 157-173
  desconstrução e análise dos instrumentos,
    158-163
  desconstrução da "invisibilidade", 158-159
  instrumentos como construções sociais,
    159-160
  instrumentos como conteúdos, 160-163
  dinâmica dos instrumentos, 163-166
  instrumentação como processo, 163
  princípio dinâmico do processo, 164-166
  fases de uma instrumentação voltada à
    gestão de competências,
    166-173
  fase 1: concepções, 166-170

fase 1 bis: sistematização, 169-170
fase 2: a aplicação "satisfatória", 170
fase 3: usos emergentes ou não previstos,
  170-171
fase 4: modificações na instrumentação da
  gestão, 171-173

L

Linguagem compartilhada, 52, 53, 78, 97, 143,
  144, 153

M

Memória coletiva, 37, 39, 52, 53, 60, 66, 78, 97,
  106, 143, 144-145, 153

O

Organização por projetos, 103-125
  critérios para interpretação das competências,
    104-111
  abordagem clássica ou sequencial, 105-107
  abordagem transversal, 107-108
  natureza das competências exigidas nos
    projetos de
    desenvolvimento, 110-111
  necessidade de uma abordagem transversal,
    109-110
  metodologia do estudo empírico, 111
  relações entre os níveis e tipos de
    competências, 111-123
  nível coletivo: síntese das CI funcionais
    e das CO de integração,
    122-123
  nível individual: competências funcionais,
    112, 114-116
    necessidade das CI funcionais
      específicas no projeto
      de desenvolvimento,
      114-115
  nível organizacional: competências de
    integração, 116-122
  comunicação interna, 121
  desenvolvimento simultâneo das
    competências funcionais,
    116
  documentos e objetos físicos do projeto,
    120
  plataforma de cooperação inter-*métiers,*
    121-122
  processo de gestão dos projetos, 120

P

Perspectiva geográfica *ver* Território
Projetos, organizações por *ver* Organização por
  projetos

R

Referencial comum, 37, 39, 52-53, 60, 69, 72, 78, 79, 97, 106, 143, 144, 153
Relações informais, 55

S

Serviço hospitalar, 87-97
  estudo de caso envolvendo aprendizagem e competências, 87-97

T

Teoria do capital social, 3-20
  e articulação de competências, 3-20
Teoria dos recursos, 3-20
  e articulação de competências, 3-20
Território, 177-187
  do indivíduo ao, 177-187
    competência: extensão às dimensões do território, 180-18
    reivindicação por competências territoriais, 180-181
    dispositivos que articulam CI e territoriais dentro dos polos de competitividade, 182-187
    Arve-Industries, 183-184
    Nouv'Tech, 184-185
    competências individuais-territoriais, 185-187
      articulação em construção, 185-186
      consolidação por verdadeiros dispositivos, 186-187
    gestão de competências ultrapassando os limites da empresa, 178-180
      ampliação do campo de aplicação, 178-179
      aquisição e regulação dos RH, 179-180